中國學術思想 研究輯刊

三 編
林慶彰 主編

第 3 冊

荀子社會思想研究
袁信愛 著

從解蔽心看荀子的知識論與方法學
潘小慧 著

花木蘭文化出版社

國家圖書館出版品預行編目資料

荀子社會思想研究　袁信愛　著／從解蔽心看荀子的知識論與
方法學　潘小慧　著—初版—台北縣永和市：花木蘭文化出
版社，2009〔民98〕

目 2+136 面／目 2+72 面；；19×26 公分
（中國學術思想研究輯刊 三編：第3冊）

ISBN：978-986-6528-73-6（精裝）

1.（周）荀況　2.荀子　3.研究考訂　4.學術思想

121.27　　　　　　　　　　　　　　　　　98001636

ISBN - 978-986-6528-73-6

中國學術思想研究輯刊
三 編 第 三 冊　　　　　　ISBN：978-986-6528-73-6

荀子社會思想研究
從解蔽心看荀子的知識論與方法學

作　　者　袁信愛／潘小慧
主　　編　林慶彰
總 編 輯　杜潔祥
出　　版　花木蘭文化出版社
發 行 所　花木蘭文化出版社
發 行 人　高小娟
聯絡地址　台北縣永和市中正路五九五號七樓之三
　　　　　電話：02-2923-1455／傳眞：02-2923-1452
網　　址　http://www.huamulan.tw 信箱 sut81518@ms59.hinet.net
印　　刷　普羅文化出版廣告事業
封面設計　劉開工作室
初　　版　2008 年 9 月
定　　價　三編 28 冊（精裝）新台幣 46,000 元

荀子社會思想研究

袁信愛　著

作者簡介

袁信愛，一九五九年生於台北市，四川省南川縣人。一九九四年畢業於台灣天主教輔仁大學哲學研究所博士班，現任天主教輔仁大學哲學系副教授。長期從事中國哲學的研究與教學，並有數十篇相關論文的發表。目前專攻中國人學與中國古典生死學的探究，著有《人學省思》（文史哲出版）與《中國哲學史》（文津出版），另有「海歆工作室－袁信愛的人學天地」（http://http://hk.geocities.com/ai1927）之教學網站的設置。

提　　要

　　本論文共分五章，共計十餘萬字：第一章「緒論」，係對荀子其人其學作一概括性的介紹。第二章「荀子的社會思想本論」，係對荀子的社會思想作一具體的說明和完整的闡釋。第三章「荀子的社會思想之哲學基礎」，係對荀子的社會思想所依據與發揮的哲學理論作一整體性的論析。第四章「荀子的座會思想之反省與評議」，係對荀子的社會思想之兩個重要課題作一析論與反省，並試圖就歷來學者對荀子之較為持平的論議，以期為荀子尋得一個公允，合宜的歷史定位與價值評定。第五章「結論」，係對荀子的社會思想之論作一審視，並點出當代學者可就不同研究視域而從《荀子》乙書中獲得啟迪。

　　本文的目的即在結構化與系統化荀子的社會思想，期藉「社會、政治、經濟、教育」等四個次結構的論析，以透顯荀子之社會思想的主軸在其「禮義之統」的意識型態之確立與落實。而此意識型態的形構又有其「天道觀、致知論、倫理學、論理學」的哲學基礎。故本文的研究路徑係分別依結構的舖陳與功能的論析，以進探荀子社會思想的具體方案；依意識型態與社會環境的互動關係，以進探荀子社會思想的哲學理據。從而展現荀子對於人世的關懷，對於人文的重視，及對於人生的肯定。

目

次

前　言

　　荀子是我國歷史上受人誤解最深，引人爭議最多的一位大思想家。然而荀子對於我中國文化之型塑的影響，卻也是不容後世學者所漠視的。

　　本論文共分五章，總計十餘萬字：第一章「緒論」，係對荀子其人其學作一概括性的介紹。第二章「荀子的社會思想本論」，係對荀子的社會思想作一具體的說明和完整的闡釋。第三章「荀子的社會思想之哲學基礎」，係對荀子社會思想所依據與發揮的哲學理論作一整體性的論析。第四章「荀子的社會思想之反省與評議」，係對荀子的社會思想的兩個重要課題作一解析與反省，並試圖就歷來學者對荀子之較為持平的論議加以探討，以期為荀子尋得一個公允、合宜的歷史定位與價值評定。第五章「結論」，係對荀子社會思想之論作一審視，並點出當代學者可就不同研究視域而從《荀子》乙書中獲得啟迪。

　　本文的目的主要在於將荀子的社會思想結構化與系統化，期藉「社會、政治、經濟、教育」等四個次結構的論析，透顯荀子社會思想的主軸在其「禮義之統」的意識形態之確立與落實，而此意識型態的形構又有其「天道觀、致知論、倫理學、論理學」的哲學基礎。故本文的研究路徑分別依結構的鋪陳與功能的論析，以進探荀子社會思想的具體方案；依意識型態與社會環境的互動關係，以進探荀子社會思想的哲學理據。從而展現荀子對於人世的關懷，對於人文的重視，及對於人生的肯定。

　　人不是完美的，人有其自然本性上的弱點；但人也是有智慧的，可以化阻力為助力，而為人世的共同存在謀得更美好的生活福祉，更完善的道德倫理。只要人能體認其自身所應負的存在職責，訴諸理智思慮地為人類的整體幸福而努力，人是可以依憑其自身之力來達到人世之正理平治的理想善境。

這是荀子社會思想的基本信念，也是荀子對人文治世的終極期許。

筆者不敢自稱已還諸荀子社會思想的本貌，但筆者確實努力地期由現代學術理論的角度，去重新審視荀子學說的點滴論析，企圖從中釐清並重建荀子社會思想的整體觀照與理論體系。故筆者寫作本文的基本心態及主要用意，是要藉對荀子社會思想的詮釋，進而作一反省與評議，以便陳示荀子社會思想的內在侷限與外在困境。

筆者不敢奢望本論文能激起世人對當前民主政治的失制、社會結構的脫序、道德規範的淪喪之現實景況，作一整體性的深省，但仍期望能藉此以警示世人對當前的意識形態作一重估，瞭解欲求現實的歸治、理想的落實，重點不僅在「分析問題」，而尤應重「解決問題」。

荀子所提出的具體解決方案，固然有其時空背景上的制限，不能全然符應當前「政治—社會」的實際需要，然本其師法孔子的「因革損益」之建制理念，秉承其「隆禮義而殺詩書」的義理統貫之人文信念，我人仍可超越其具體解決方案，而把握其透過經驗歸納與理智推度而得的治世共理—禮義之統，從而提綱挈領地規劃出符應現實需要，又能落實人文理想的具體解決方案。這是筆者對荀子之社會思想的一點點研究心得，也是筆者研究荀子社會思想的寫作動機。

很感謝項退結教授的開放式指導，使筆者得能自由發揮對荀子之社會思想的研究心得，因此若有論析失當之處，文責由筆者自負。尚祈前輩先進不吝雅正！

最後，筆者也要感謝家父母和張振東院長對筆者在生活與工作上所付出的關愛與體恤，以及諸位師長和親友所給予筆者的支持與鼓勵，使筆者得以順利的完成本篇論文的寫作，謹此一併致謝！

第一章　緒　論

我國制度化的政治型態確立於西周之時；透過「封建—宗法」的同體複構之建制，結合「政治—宗族」之雙重約制力量的規範，訴諸禮文儀節之同化，而成就西周初年的平治之世。及至西周末年，王室東遷，王權旁落，遂轉入春秋戰國時代，諸侯爭霸，群雄逐鹿，「政治—社會」乃由治而亂。相應於傳統規範失控而起的自由時風，激發了新興的知識階層對「政治—社會」之亂象因由的理性反省，以致在社會上，是有諸子百家，競議爭鳴之勢；在政治上，則由封建貴族之政治型態漸入君主專制之治。而荀子即是出現在此轉型之際，彙整先秦諸子之議，而另闢新境的一代大儒。

蓋因受時勢影響所致，荀子立論遂以「政治——社會」之平治，爲其主要訴求之視域，而重人文建制之效，論禮法兼制之要，以「政治——社會」之正理平治，爲其設備之終極要旨。故本文即欲就其社會思想之角度，觀其相關（社會、政治、經濟、教育）之陳議與其哲學基礎，以圖釐清荀學理論之基本結構。復就其理學之反省與評議，以審視其理論實踐之功能效益。終以古今諸學者對其之析評，以求重新對其學說做一客觀、公允之價值定位。

第一節　荀子的生平事蹟

荀子，名況，趙人。一稱荀卿，亦稱孫卿。〔註1〕有關其生平事蹟，可參

〔註1〕荀子姓氏之考證，歷有多議：《史記》之〈荀卿傳〉、〈春申君傳〉、〈李斯傳〉等，皆稱「荀卿」。《韓非子》、《戰國策》、《孫卿新書》、《韓詩外傳》、《鹽鐵論》、《漢書》等，則皆稱「孫卿」。而今，兩稱並世，同指荀子。然對之所以

考下列三份文獻之記載，以求其梗概。

司馬遷，《史記・孟子荀卿列傳》：

> 荀卿，趙人。年五十始來游學於齊。騶衍、田駢之屬皆已死。齊襄
> 王時，而荀卿最爲老師。齊尚修列大夫之缺，而荀卿三爲祭酒焉。
> 齊人或讒荀卿，荀卿乃適楚，而春申君以爲蘭陵令。春申君死，而
> 荀卿廢，因家蘭陵。李斯曾爲弟子，已而相秦。荀卿嫉濁世之政，
> 亡國亂君相屬，不遂大道，而營於巫祝，信機祥，鄙儒小拘，如莊
> 周等，又滑稽亂世，於是推儒墨道德之行事，興壞序列，著數萬言
> 而卒，因葬蘭陵。

劉向，《孫卿新書・敘錄》：

> 孫卿，趙人，名況。方齊宣王、威王之時，聚天下賢士於稷下，尊
> 寵之。若騶衍、田駢、淳于髡之屬甚眾，號曰列大夫，皆世所稱，
> 咸作書刺世。是時，孫卿有秀才，年五十始來游學。諸子之事，皆
> 以爲非先生之法也。孫卿善爲詩、禮、易、春秋。至齊襄王時，孫
> 卿最爲老師。齊尚脩列大夫之缺，而孫卿三爲祭酒焉。齊人或讒孫
> 卿，孫卿乃適楚，楚相春申君以爲蘭陵令。人或謂春申君曰：湯以
> 七十里，文王以百里。孫卿，賢者也，今與之百里地，楚其危乎？
> 春申君謝之，孫卿去之趙。後客或謂春申君曰：伊尹去夏入殷，殷
> 王而夏亡；管仲去魯入齊，魯弱而齊強。故賢者所在，君尊國安。
> 今孫卿，天下賢人，所去之國，其不安乎？春申君使人聘孫卿，孫
> 卿遺春申君書，刺楚國。因爲歌賦以遺春申君，春申君恨，復固謝
> 孫卿，孫卿乃行，復爲蘭陵令。春申君死，而孫卿廢，因家蘭陵。
> 李斯曾爲弟子，已而相秦。及韓非號韓子，又浮丘伯，皆受業爲名
> 儒。孫卿之應聘於諸侯，見秦昭王，昭王方善戰伐，而孫卿以三王
> 之法說之。及秦相應侯，皆不能用也。至趙，與孫臏議兵趙孝成王
> 前，孫臏爲變詐之兵，孫卿以王兵難之，不能對也，卒不能用。……

有二稱之起，則有三議：一謂避諱改稱，如司馬貞之《史記索隱》；一謂語音
通轉，如謝墉之《荀子箋釋》；一謂姓氏混一，如胡元儀之《郇卿別傳考異》。
其中以謝墉之議，似較合理。至於其稱「卿」一端，則世有三解：一說時人
相尊而說爲卿，如《史記索隱》；一說荀子在齊三爲祭酒，視爲列大夫之長，
故尊稱爲卿，如《郇卿別傳考異》；一說蘭陵人善字爲卿，蓋以法孫卿也，故
視卿爲荀子之字，如《孫卿新書》。

孫卿後孟子百餘年，……孫卿卒不用於世，老於蘭陵。……蘭陵多
善為學，蓋以孫卿也。

汪中，《荀卿子通論》：

荀子，趙人，名況。年五十始游學來齊，則當湣王之季，故傳云：
田駢之屬皆已死也。又云：及襄王時，而荀卿最為老師。蓋復國之
後，康莊舊人，唯卿在也。襄王之十八年，當秦昭王四十一年，秦
封范睢為應侯。儒效、彊國篇，有昭王、應侯答問。則自襄王十八
年以後，荀卿去齊游秦也。其明年，趙孝成王元年。本書荀卿與臨
武君議兵趙孝成王前，則荀子入秦不遇，復歸趙也。後十一年，當
齊王建十年，為楚考烈王八年，楚相黃歇以荀卿為蘭陵令。本傳云：
齊人或讒荀卿，荀卿乃適楚，而春申君以為蘭陵令。則為齊王建初
年，荀卿復自趙來齊，故曰：三為祭酒。是時春申君封于淮北，蘭
陵為其屬邑，故以卿為令。後八年春申君徒封于吳，而荀卿為令如
此。又十二年，考烈王卒。李園殺春申君，盡滅其族。本傳云：春
申君死，而荀卿廢，因家蘭陵，列著數萬言而卒，因葬蘭陵。荀卿
之卒，不知何年。堯問篇云：荀卿迫于亂世，鰌于嚴刑，上無賢主，
下遇暴秦。鹽鐵論毀學篇：方李斯之相秦也，始皇任之，人臣無二；
然而荀子為之不食，覩其罹不測之禍也。據李斯傳：斯之相，在秦
并天下之後，距春申君之死十八年，距齊湣王之死六十四年。是時
荀子蓋百餘歲矣。荀卿生于趙，游于齊，嘗一入秦，而仕于楚，卒
葬于楚，故以四國為經。託始于趙惠文王、楚頃襄王之元，終于春
申君之死。凡六十年，庶論世之君子，得其梗概云爾。

凡此三文，皆未明述荀子游學齊前之事蹟，亦未明載荀子之生卒時年。
然對後者，諸家學者多有其不同之議，茲列於后，以供參考：

謝扶雅，《中國政治思想史綱》：荀子生年為公元前二九八年，卒年為二
三八年左右。

梁啟超，《荀卿之年代及行歷》：荀子生年假定為公元前三〇七年，卒年
為二一三年，假定為九十五歲。

陳元德，《中國古代哲學史》：荀子生於西晉紀元前三一零年左右，卒於
西晉紀元前二一三年。

羅根澤，《荀卿游歷考》：荀子生年為西元前三一六年，卒年為二一三年。

蔣伯潛，《諸子通考上編》第六章：荀子生年爲西元前三一三年，卒年在西元前二一九年後，享壽在九十五以上。

游國恩，《古史辨荀卿考》：荀子生年爲西元前三一四年，卒年爲二一七年，享年九十八歲。

胡適，《中國古代哲學史》：荀子年五十游齊，約在西曆前二六五至二六○年，二三○年左右，死於蘭陵。

梁啓雄，《荀子行歷繫年表》：荀子生年假定爲西元前三三六年，卒年爲二一三年。假定爲一百二十歲。

姜尚賢，《荀子思想體系》：荀子假定生於西元前三三六年，卒於西元前二三六年左右，享年約爲百歲。

梁叔任，《荀子行歷繫年表》：荀子生年假定爲三三六年左右，卒年爲二一三年。

錢穆，《荀卿考》：荀子生年爲西元前三四○年，卒年爲二四五年以前。

陳大齊、《荀子學說》：荀子大約是民國紀元前二十三世紀末葉至二十二世紀中葉或其稍後的人。

王忠林，《新譯荀子讀本》：荀子生年爲西元前三一五年，卒年爲西元前二二八年左右。

凡此諸議，莫衷一是。但總結而論，荀子生當戰國末季，暴秦漸統天下之時，當無異議。

復從汪中之考證以觀，荀子身歷趙、齊、楚、秦四國，亦當無可置疑。

至於荀子之身世，雖無從可考，但由其生平事蹟以視，可知其爲戰國時代不爲地籍所限，不受世祿所庇之新興知識階層中的一員。

蓋在戰國時代，教育普及，尚賢風盛，有識之士莫不投身仕途，一則以謀開展己身之前途；一則亦爲期落實其治世之理想。荀子即曾經歷齊之稷下，三爲祭酒；楚之蘭陵，二爲縣令。終因仕途不順，退而著書傳經，老卒於蘭陵。

第二節　荀子的時代背景

荀子身處戰國末季之世，正值社會劇變的轉型之期。西周舊制已不復其傳統的控制效力，政治、經濟、教育等諸方面的變革，都帶動了社會的整體

變遷。使身處其間的知識份子，莫不反思社會亂象之源，以期止亂歸治，重安天下之勢。而荀子即是在此理性反省與批判的思潮下，構建其以社會思想為主體的學說理論。

　　茲就戰國時代之政治、經濟、教育等方面的變革情形，以分述當時社會變遷之景況，以期廓清荀子為論之時代背景與其所受之影響，並冀提供一個瞭解荀子學說理論的客觀性參考架構。

一、尙賢政治之盛行

　　蓋尙賢政治之論，非起於戰國，而當遠溯西周初年封建之時，太公封齊，即已採行此議。見《呂氏春秋》：

> 呂太公望封於齊，周公旦封於魯，二君甚相善也。相謂曰：何以治
> 國？太公望曰：尊賢上功。周公旦曰：親親尙恩。太公望曰：魯自
> 此削矣。〔註2〕

　　此中所透顯的即是，尙賢之議，重其實效；尙恩之議，重其道義。政治理念不同，所施行的政治措施亦各自有別。而就當時的政治局勢以觀，魯國重禮尙恩，然終不能競雄天下；齊國用法尙賢，則稱霸於春秋之初。二者雖皆與周制失控，王權旁落有關，但由其各別施政之成效，即可看出尙賢政治之發展與盛行，乃是時勢之必然歸趨。〔註3〕

　　復就政治制度之變革而論，封建廢而郡縣興，亦是為尙賢政治之得以盛行的關鍵契機。〔註4〕

　　蓋西周初年，定宗法，行封建，期以封建親戚，屏藩宗周；〔註5〕藉親緣之紐帶，以鞏固周室王權於不墜。〔註6〕故其封國與宗周之關係，在政治上即是「諸侯」與「天子」的縱向統屬關係；在宗族上則是「別子」與「元后」之橫向血親關係，並藉外婚制，以納異質諸侯於此宗法結構內，期成同質社

〔註2〕　《呂氏春秋》（四部備要本），卷十一，長見，頁9上。
〔註3〕　請參考黃俊傑著，《春秋戰國時代尙賢政治的理論與實際》，臺北市：問學出
　　　　版社，民國66年，頁164。
〔註4〕　同註3書，頁80。
〔註5〕　「富辰曰：昔周公弔二叔之不咸，故封建親戚，以屏藩周。」——《左傳・
　　　　僖二四》。
〔註6〕　「封建的目的便在屏藩周室。封建的紐帶便是宗法的親親。」——徐復觀著，
　　　　《周秦漢政治社會結構之研究》，臺北市：學生書局，民國63年，頁27。

會之整合。〔註7〕西周即在此政治與宗族之雙軸規劃下，並輔以德刑之規範約制，而成就其封閉性社會型態之政治平治。

但事實證明，封閉性的社會型態仍不足以消弭人性之欲求，不足以對應人文之複雜。

故在西周末年，就其政治結構以觀，由於層層封建的分權結果，使天子之實權旁落，而僅具形式上的控制權勢。且天子又相率亂制，立庶繼統，〔註8〕損及宗法威信，益使諸侯得以犯上亂紀，而不以為非。再就社會變遷以觀，由於工商業之發達，使商業資本侵奪農民生計，促成土地私有之自由買賣，導致貧富懸殊。〔註9〕並間接影響諸侯國勢之強弱不一，而引發諸侯間之政經衝突。由是逐使封建瓦解，宗法失控，致成春秋戰國之亂世。

而在春秋戰國之時，國家型態漸形確立。〔註10〕為求政權統一，治權一體，故有郡縣之制起。〔註11〕轉「天子──諸侯」之親緣平等關係，為「國君──官吏」之法定從屬關係，是有官僚政制之勃興。相應於此的，即是形塑社會封閉型態的「親親」之策不復見效，逆轉而促發社會開放型態的「尚賢」之策的逐漸盛行。〔註12〕

蓋在西周時代，「尚賢」之策雖已見用，但囿於親緣關係之牽制，拔擢之人才多限於貴族子裔。〔註13〕及至春秋戰國之時，親緣解紐，諸侯、國君用人唯賢，視其德能以官施之，而不計較其出身。遂使社會菁英得展長才，激發知識階層之興起，打破社會階層之傳統制限，形成菁英循環之動態流動；鼓勵自由議論的開放風氣之實用導向，以期提供執政者富強競統的實效理據。故尚賢政治之盛行與知識階層之興起實有其密切之關係。〔註14〕

尚賢政治雖然開拓了知識份子的仕途，但由於官職有限，無法收納所有

〔註7〕 同註6書，頁19。

〔註8〕 如周宣王之立少子戲繼統；周幽王之立庶子伯服為太子，皆是天子破壞「宗法──封建」之"立嫡立長"的政治秩序之實例。請參見《史記・周本紀》。

〔註9〕 請參考陶希聖著，《中國社會與中國革命》，臺北市：食貨出版社，民國66年，頁123～124。

〔註10〕 請參考曾金聲著，《中國先秦政治制度史》，臺北市：啓業書局，民國58年，頁8。

〔註11〕 同註10書，頁146。

〔註12〕 同註3書，頁28。

〔註13〕 同註3書，頁34。

〔註14〕 請參考蕭璠著，《先秦史》，臺北市：長橋出版社，民國68年，頁134。

的知識份子，致使知識份子憑其才能遊歷諸國以求謀仕。而另一方面，由於知識份子對於「政治——社會」的理性自覺，致有一些不滿現狀的知識份子雖有議政求治之論，卻不願入仕爲官。〔註15〕故在戰國時代，遂有養賢風起，以期收納知識份子，儲備官僚體系的可用之才。齊國更設稷下學宮，〔註16〕以廣納知識份子不任職而議論國事。直接的是提供知識份子一個保其安養，又可自由陳議的論政空間；間接的也是安撫了對「政治——社會」不滿的知識份子，緩和了知識階層與統治階層間的意識衝突。

而荀子一生中，在齊國稷下的經歷對其思想之型塑影響最鉅。故其爲論，甚重人文建制之實，強調儒士致用之效，以期導正政治結構之理性化建制，規整政治功能之實效性運作，而落實其「人、禮、法」三者兼治的理想期許。〔註17〕

二、商業經濟之興起

在西周封建制度中，各諸侯國皆成爲一個自給自足的獨立經濟單位。農業是爲當是時的主要經濟型態，不僅提供糧食之給，亦爲力役、兵源之基礎。

但在春秋戰國時代，由於工業的發達，使農礦產量大爲增加；土地私有的普遍化，使土地可供自由買賣；運輸條件的改善，使各地交通日趨便利而頻繁；貨幣的鑄造與流通，使經濟發展脫離實物交易的傳統型態，而轉爲財貨兼顧的契約交易。〔註18〕凡此諸種，皆刺激了商業的蓬勃發展，進而成爲該時代國勢強弱之現實指標。影響所及，使春秋戰國之君主莫不致力於求國富之策，以益國強。

商業的發展亦帶動了城市的興起，使城市成爲財富與人才匯聚之地。由於城市的生活，以「人——人」之關係爲主，遂使人文思想益形發達，從而

〔註15〕請參考余英時著，《中國知識階層史論‧古代篇》，臺北市：聯經出版公司，民國69年，頁63。
〔註16〕齊國在威、宣王時代，國勢最爲強盛，並招聘天下學士講學於稷門之下。其中有儒家的孟子；有墨家的宋牼，尹文；有道家的彭蒙、田駢、慎到；有陰陽家的鄒衍；有法家的管子……。然諸子之學皆非獨尊一家之論，而係透過相激相盪的相互薰染，漸趨融通之勢。荀子即是受此環境的感染，而能參酌諸論，以道爲衡，存菁去蕪，自成其學說之大觀。
〔註17〕請參考魏元珪著，《荀子哲學思想研究》，臺北市：東海大學出版社，民國72年，頁193～196。
〔註18〕同註14，頁115～132。

成爲春秋戰國時代「政治──社會」之理性反省與批判的主導理據，且由於政治之需求與商業之刺激，使現實、功利的實用思想抬頭，進而影響各國變法圖強的政經變革，使該時之「政治──社會」臨界於一舊制瓦解、新制漸興的劇烈轉變之際。〔註19〕

但由於商業經濟的重利導向，足以導致「政治──社會」的衝突不安；商業資本的左右民生，亦足以影響「政治──社會」的穩定平治。故在春秋戰國時代諸子言論之中，多有重農抑商之議，以圖干涉商業之發展，厚實農業之存續，欲冀安定國本，維持國紀。而執政之國君，亦不願見商賈勢力的擴大，危及其既有的權勢與利益，故亦欲將商業之發展納入其政府的管制之下，藉政治以規範經濟，使經濟所得的實利符合政治所期的實效。如是，既可確保其政經的控制效力，復可成就其富強的政經期許。是以在當是時的政治層面，最爲君王所見用，成效最顯著的即是力主中央集權、重農抑商的法家之論。〔註20〕

荀子身處其世，深明「經濟」對於「政治──社會」的影響至鉅，故其立論遂由「社會──經濟」之關係入手，強調人欲與實利的互動聯繫；進而轉至「經濟──政治」之關係，強調開源節流與禮法兼制的富強實效。因此，對荀子而言，「人──人」關係才是其立論的重心，「政治──社會」即是其爲論之主軸；而其有關經濟措施之議則是安定「政治──社會」之基本需求，調解「人──人」之利益衝突的實踐理據。

三、平民教育之普及

春秋戰國時代，由於政治的衝突，使原深受周制禮文薰陶，深習六藝之教的部份貴族子裔下降爲庶民，而以其知識之傳授作爲其謀生之工具，即世稱之"儒"者；並由於經濟之變遷，使原本無緣接受教育的庶民得因財富的寬裕而有餘力求學進仕，晉身知識階層，甚至謀得官職。故在春秋戰國時代，平民教育的普及，即爲其時政經變革下的必然趨勢。〔註21〕

教育的普及，知識的傳播，也帶動了對傳統禮文的反省與批判之理性思潮的論議風氣，是有諸子百家之說起，形成百家爭鳴之勢，而使春秋戰國時

〔註19〕 同註14，頁 136～139。
〔註20〕 同註14，頁 132。
〔註21〕 同註14，頁 133。

代成爲我國思想史上的黃金時期。且因此時之學術內涵，大致皆本周文傳統，而各有所據，別有所立，是以對春秋以前之思想有融舊鑄新之效，對秦漢以後之思想有開宗立範之功，故後世學者亦多稱此時爲我國學術發展的創造時期。〔註22〕

司馬談《論六家要旨》中分此時之主要學派爲儒、墨、道德、名、法、陰陽等六家。而其中以儒家之源起最早，對於知識階層之興起影響最鉅，對於知識份子之性格的塑成關係最切，故在文化之傳承與發展上扮演著最具關鍵性的重要角色。〔註23〕

儒家所重者爲周文禮制的理念精義，以禮文爲形，以仁義爲質；形質相合，以立「內聖外王」之道，以成天下平治之統。故儒家始祖──孔子，其道一貫，其從周則採「因革損益」之方。因應勢異，求其理統，率民向道，端正時風，以期落實其平治天下之理想期許。

蓋周制禮本即係針對殷周之際的「政治──社會」之現實景況而立之人文建制，實含人文自覺與理性自省的憂患意識於其中。及至春秋戰國之時，「政治──社會」之現實景況較諸殷周之際猶爲複雜多變。復由於平民教育之普及，使社會菁英份子亦秉承此憂患意識之自警自勵，力圖構思重整「政治──社會」平治之策議，以期見用於君王，見效於時勢。而儒家即由是反思傳統，融合智德，將「政治──社會」之關係溯源於「人──人」之關係，期冀從根源處治起，以調濟「人──人」之和諧互動，進而規整「政治──社會」之整合平治。

除儒家而外，法、墨、道、陰陽、名等諸家之論，亦皆就「政治──社會」之角度設言。法家重明法尚刑以論治；墨家重兼愛非攻以論治；道家重虛靜無爲以論治；陰陽家重五德終始以論治；名家重名實定指以論治。

自西周以迄春秋戰國，是爲學術思想由合而分的轉型時期；自春秋戰國以迄秦漢，是爲學術思想由分而合的定型時期。故在戰國末年，學術發展漸趨合流，而政治發展也漸歸一統。荀子即身處其時，以儒學爲宗，以諸學爲輔，應解時蔽，歸諸正道，形構其一家之言，以期凸顯其禮義之統，以謀落實其正理之治。

〔註22〕請參考蕭公權著，《中國政治思想史（上）》，臺北市：文化大學出版社，民69年，頁3～4。

〔註23〕同註15，頁36～40。

第三節　荀子的思想傳承

荀子身處戰國末年，爲諸儒之中最爲晚出，時值學術發展漸趨合流之際，故能縱觀諸論，各有所取，而自成一格。且因是世之君主皆以富強爲持國之要務，皆重實效、功利的實用思想，故法家之策見行，縱橫之說見盛，陰陽巫祝之論亦同彰於世，致使儒家之議終不能落實其「政治──社會」之理想期許。因此，荀子起而以道自任，立「禮義之統」，以顯儒家「外王」之道。著書傳經，警世啓後，冀期重導時風，歸統於儒，中理踐行，應變見效，以圖平諸子之議，安天下之治，正華夏之道統。

荀子上本孔教，下開漢學。雖本諸經之傳，但實重義理之授。故有「隆禮義而殺詩書」〔註 24〕之議，以明求學之旨在踐行其理，而不在墨守其文。復有「青取之於藍而青於藍」〔註 25〕之議，以顯求學當以聖王爲師，進而累智積僞以超越前聖，冀爲後世之法。是以荀子雖本儒家之傳，但不拘儒學型範所限，兼採他家諸論之長，增益儒學之涵容，而獨顯其學理之特色。

一、與法家之關係

荀子雖本儒家之傳，深習周文六經之教，但因其生於趙國，浸靡法家之治；〔註 26〕游學稷下，研議法家之論；〔註 27〕入秦觀政，得見法家之效，〔註 28〕故其爲論，儒法並議，禮法相濟，內外融通，期成大治。是言：

> 隆禮至法則國有常。（〈君道〉第十二，頁 57）。

即謂禮法兼制，則得治國之常道。荀子並納法入禮，以禮爲法之本，見效於意識型態之導；以法爲禮之輔，見效於政治施爲之制。亦即欲藉禮義之統、法度之制，以調解「人──人」之衝突，整合「政治──社會」之互動，以遂成天下之正理平治，而合於善矣。是言：

> 故古者聖人以人之性惡，以爲偏險而不正，悖亂而不治。故爲之立

〔註 24〕《荀子・儒效》第八，95。
〔註 25〕《荀子・勸學》第一，1。
〔註 26〕請參考曾金聲著，《中國先秦政治制度史》，臺北市：啓業書局，民國 58 年，頁 78～79。
〔註 27〕請參考徐平章著，《荀子與兩漢儒學》，臺北市：文津出版社，民國 77 年，頁 15。
〔註 28〕請參見《荀子・彊國》第十六，頁 61～67，議秦政之論。並請參考蕭璠著，《先秦史》，頁 106。

君上之埶以臨之，明禮義以化之，起法正以治之，重刑罰以禁之，
使天下皆出於治，合於善也，是聖王之治而禮義之化也。（〈性惡〉
第廿三，39〜41）。

究實而論，先秦諸子皆本周文，而各有所取，別有所立。故荀子之學實
欲直承周制德刑並用之策，〔註29〕成就其禮法兼制之議，形構其人文治世之
道，確立其「人、禮、法」三者並濟之方。是以論禮，重禮義之統；論法，
倡法度之制；論人，主尙賢使能。即欲藉聖人之治，以禮導民，以法制民，
使成天下之平治。因此，就荀子而言，能彰人文之大統，能明治世之正道者，
唯聖賢爲能。故荀子之論，雖融通禮法，而終非法家之徒。

荀子對法家之徒亦多有批駁：

評子產、管仲者：〔註30〕

子產取民者也，未及爲政也。管仲爲政也，未及修禮也。（〈王制〉
第九，26）。

荀子即評子產只知以惠取民，而不知眞正爲政的道理。評管仲雖知爲政
之道，卻不能修行禮義，以服天下民心。蓋荀子即謂小惠不足以成大治，徒
法不足以保久安，故荀子即視唯立禮義之統，始得治世之正道，治民之正理，
而終成天下之長治久安矣。

評愼到者：

愼子蔽於法而不知賢。（〈解蔽〉第廿一，21〜22）

愼子有見於後，無見於先。（〈天論〉第十七，51）

荀子即評愼到重法不任賢，尙勢不知統。蓋荀子即謂徒法不足以成治，
唯聖賢得能正之；徒勢不足以久安，必當歸本於禮義之正統，始能導民於先，
行法度以輔制於後，才得確保長治久安之勢於世。

綜評愼到、田駢者：〔註31〕

尙法而無法，下脩而好作。上則取聽於上，下則取從於俗。終日言

〔註29〕同註26，頁 12〜13。

〔註30〕子產，姓公孫，名僑，字子產，鄭國大夫。曾鑄刑書，誅衣冠，行法刑之治。
管仲，齊人，名夷吾，字仲。曾任齊國宰相達四十年之久，行政經改革之制，
倡尊王攘夷之議，佐桓公稱霸於春秋時代之初。二者俱爲西周末年的大政治
家，同爲法家學說之先驅。

〔註31〕愼到，趙人。學本黃老，政重刑名。論法尙勢，輕賢尊君。田駢，齊人。學
本黃老，論貴齊物。二者俱爲戰國時代，轉道入法，游議稷下之學者。

成文典，反糾察之，則個然無所歸宿，不可以經國定分。然而其持
之有故，其言之成理，足以欺惑愚眾，是慎到、田駢也。（〈非十二
子〉第六，6～8）

荀子即評二者尚法而不知其統，議法而不明其利，雖為君民所好，卻誤
導其方。蓋荀子即謂禮義乃法度之本統，議法論治俱當以禮義為據。故返諸
本統，始得治世導民之正理，始成經國定分之大業，而遂成天下之平治。

評申不害者：〔註32〕

申子蔽於埶而不知知。（〈解蔽〉第廿一，22）

荀子即評申不害重勢而不知智。蓋荀子即謂君之持術得勢，終難久治。
聖人積思慮，習偽故，運用其智識以立禮義法度之施，善用其智謀以定尚賢
使能之制，由是而成天下平治之勢。故徒術不足以成勢，徒勢不足以成治，
唯正道可行其治，唯聖賢可保其勢。

二、與道家之關係

荀子雖本儒家之教，重人事之為，但論及心、性、天道，則兼採道家之
論，以形構其「天——人」之議。

荀子論天，主自然之天；視天道即在自然之常軌，既不干涉人事之變異，
反可為人文所治。是言：

天行有常，不為堯存，不為桀亡。（〈天論〉第十七，1）

天能生物，不能辨物也；地能載人，不能治人也。（〈禮論〉第十九，
78）

天有其時，地有其財，人有其治，夫是之謂能參。（〈天論〉第十七，
7～8）

故天地生君子，君子理天地；君子者，天地之參也，萬物之摠也，
民之父母也，無君子則天地不理。（〈王制〉第九，65～66）

故荀子視天道自然，而將「天——人」關係定位於「自然——人」關係。
並凸顯人之尊位，強調「人——人」關係之深究，取代「自然——人」關係

〔註32〕申不害，鄭人，相韓（昭侯）佐治。學本黃老，政主刑名。重術為制，尊君
論治。蓋在戰國時代，學兼道法之人甚多，而申不害更是以道家無為之術援
法家刑名之制的政治家，故後世學者多將之歸類於法家之林。

之探索。是以荀子視聖人不重知天道之常，但求知人文之統，以治「人——人」
關係所推展而成的「政治——社會」之世。此為荀子與同尚自然，然主無為
之道家相異之處。

荀子論性，相貫於其「自然——人」之議，視性本諸天生自然，原無善
惡可評；發而為情欲，見之於行徑，由「人——人」之互動，觀「政治——
社會」之治亂，始定善惡之分判。故善惡不在人性，但在人際。是以荀子欲
藉人文之偽以治自然之性，冀明其「天生人成」之旨。是言：

> 生之所以然者謂之性。生之和所生，精合感應，不事而自然謂之性。
> 性之好惡喜怒哀樂謂之情。

> 性者，天之就也；情者，性之質也；欲者，情之應也。（〈正名〉第
> 廿二，2～3/63）

> 凡古今天下之所謂善者，正理平治也；所謂惡者，偏險悖亂也。是
> 善惡之分也矣。（〈性惡〉第廿三，37～38）

> 性者，本始材朴也；偽者，文理隆盛也。無性則偽之無所加；無偽
> 則性不能自美；性偽合，然後聖人之名，一天下之功於是就也。故
> 曰：天地合而萬物生，陰陽接而變化起，性偽合而天下治。（〈禮論〉
> 第十九，76～78）

故荀子論性，與道家同尚自然；論偽，則本諸儒家之教。是以荀子力主
起偽化性，即與道家之論相去。

荀子論心，與道家同採「虛壹而靜」以觀道。是言：

> 人何以知道？曰：心。心何以知？曰：虛壹而靜。（〈解蔽〉第廿一，
> 34～35）

然道家所欲觀之道在自然之道，而荀子所欲觀之道在人文之道。蓋荀子
為論期成「政治——社會」之平治，故論治世之要在知人文之道。唯藉「虛
壹而靜」所成的大清明之心，始能類比自然之常，以立人文之統，成就正理
平治之道。因此，荀子論治心知道之方與道家同，但所求之道則與道家異，
故不為道家之論所限。

對道家之徒亦多有批駁：

評老子者：〔註33〕

〔註33〕老子，姓李，名耳，字伯陽，號稱老聃，楚人。倡無為守柔之議，主小國寡

老子有見於詘，無見於信。（〈天論〉第十七，51）

荀子即評老子守柔藏詘，符應自然而不知有爲，不足成治。蓋荀子本其「天生人成」之旨，重人文起僞之治，故非議老子之言過於消極，而無益人世之治。

評莊子者：〔註34〕

莊子蔽於天而不知人。（〈解蔽〉第廿一，22）

荀子即評莊子只重天道，而不知人道，蓋荀子主求人文之統，禮義之分，聖王之治，故非議莊子因任自然，泯化物我，不求人僞之論。

評它囂、魏牟者：〔註35〕

縱情性、安恣睢，禽獸行，不足以合文通治。然而其持之有故，其言之成理，足以欺惑愚眾，是它囂、魏牟也。（〈非十二子〉第六，2～3）

荀子即評二者縱性任欲，不求人僞之制，不足以成就人文之治。蓋荀子著眼於「人 —— 人」之和諧互動，放眼於「政治 —— 社會」之協調平治。若單求一己私欲之滿足，必然會導致「人 —— 人」之衝突，使人文世界陷溺於暴亂之爭，而終歸於自毀之亡。故荀子非議二者，以彰明人僞治世之要。

評陳仲、史鰌者：〔註36〕

忍情性，綦谿利跂，苟以分異人爲高，不足以合大眾，明大分。然而持之有故，其言之成理，足以欺惑愚眾，是陳仲、史鰌也。（〈非十二子〉第六，3～4）

荀子即評二者忍性堅志，孤傲自負，是猶善其身，不能兼善天下。蓋荀子重群求治，視聖賢之職志不止在自身之得道，更當求行道於世，以改善「政治 —— 社會」之大環境，率民向道，引世歸善，方始爲眞正之聖賢。故荀子非議二者，以彰明道在人際，聖賢當以行道自任爲要。

民之治。爲道家之祖。

〔註34〕莊子，名周，宋人。棄物棄知，安時處順；因任自然，大化養生。爲道家之巨擘。

〔註35〕它囂之事跡，今已不可考。魏牟，魏之公子，即中山公子牟，心向道家，但行則不及。

〔註36〕陳仲，齊人，號陵仲子。爲一輕富貴、傲王侯的隱士，不隨時勢，不求治世。史鰌，即史魚，衛大夫。正直不苟，卓然獨立於亂世。二者俱爲春秋戰國時代之聖賢君子。

三、與陰陽家之關係

　　荀子重「天生人成」之旨，強調人僞治世之道，故對其時「亡國亂君相屬，不遂大道，而營於巫祝，信機祥」（《史記・孟子荀卿列傳》）之風甚表不滿，乃著書立說以破斥此陰陽定命，不求人治之論。

　　就個人之吉凶禍福而言，陰陽家之流重觀相以論其命運，但荀子則強調事在人僞，與其形相無涉。是言：

　　　古者有姑布子卿，今之世梁有唐舉，相人之形狀顏色，而知其吉凶妖祥，世俗稱之。古之人無有也，學者不道也。故相形不如論心，論心不如擇術；形不勝心，心不勝術；術正而心順之，則形相雖惡而心術善，無害爲君子也。形相雖善而心術惡，無害爲小人也。君子之謂吉，小人之謂凶。故長短小大，善惡形相，非吉凶也。（〈非相〉第五，1〜5）

　　荀子即謂個人之吉凶禍福，皆係相類於其心術之擇，行爲之效，而得之相應相稱之報償。故論吉凶禍福，當落在後天、行爲、人際中以斷，不當決定在先天、形相、命限中以定。蓋荀子所重者乃積極、有爲的人文之治，並強調理論當具實用之效，是以其非議論相定命，消極順天之說，以圖破斥是時迷信、宿命之風，而勉人習僞求治，俾利有效改善現實之世。

　　就人世之治亂安險而言，陰陽家之流係就「神——人」之關係，論「天——人」之互動，藉巫祝卜筮之術，以求符應天意，以定斷人事之機祥。〔註37〕但荀子則就「自然——人」之關係，論「天生人成」之旨，藉人文禮法之制，以求對治自然之侷限，成就人事之正理平治。是言：

　　　所志於天者，已其見象之可以期者矣；所志於地者，已其見宜之可以息者矣；所志於四時者，已其見數之可以事者矣；所志於陰陽者，已其見知之可以治者矣。官人守天，而自爲守道也。（〈天論〉第十七，16〜19）

　　蓋荀子即視自然有其常，人文有其統。循常以治，可得治物之效；循統以治，則可獲治人之功。而荀子所重者即在求治人之功，以成治世之道。故荀子強調聖人不求知天，但求知道治世，以安天下。是以對荀子而言，卜筮

〔註37〕請參見《漢書・藝文志・諸子略》：「陰陽家者流，蓋出於羲和之官。敬順昊天，歷象日月星辰，敬授民時，此其所長也。及拘者爲之，則牽於禁忌，泥於小數，舍人事而任鬼神。」

之爲只是一套安撫民心的政治藝術之象徵形式，君王行之，可；君王信之，則不可。

　　因此，就荀子之立場以觀，陰陽機祥之說不僅是無益、無用於世治之論，且有誤導「政治——社會」趨於迷途之害，故荀子力加駁斥之。

四、與名家之關係

　　荀子有鑑於世說紛紜，混淆名實，惑亂人知，益發加速「政治——社會」之衝突惡化，故力主「正名止辯」，以求名實相符，止辯歸治。而此議正是轉名家"名實、辯說"之論，落於「政治——社會」之運作中以觀其實效，得見名家之論無用於治，遂作〈正名〉篇以駁斥之。是有立三標，破三惑之議，以彰明制名指實，別同分異之衡，以確立一民向道，使群歸治之方。是言：

> 故王者之制名，名定而實辨，道行而志通，則慎率民而一焉。故析辭擅作名，以亂正名，使民疑惑，人多辨訟，則謂之大姦。其罪猶爲符節度量之罪也。故其民莫敢託爲奇辭以亂正名，故其民愨；愨則易使，易使則公。其民莫敢託爲奇辭以亂正名，故壹於道法，而謹於循令矣。如是則其迹長矣。迹長功成，治之極也，是謹於守名約之功也。（〈正名〉第廿二，6～10）

　　蓋荀子所重者在求「政治——社會」之平治，故論名實定指之要，不重「人——物」之單純認知，而重「人——人」之合群定分，以期成「人——人」之集體共識，完遂「政治——社會」之和諧平治。

　　荀子除三惑之駁外，對名家之徒亦別有評議：

> 惠子蔽於辭而不知實。（〈解蔽〉第廿一，22）

　　荀子即評惠施只重虛辭詭辯，不求符驗徵實。蓋荀子爲論甚重符驗之徵，實用之效，故斥惠施之辯爲惑知亂世之論，既不足以明道，更不足以成治。

　　綜評惠施、鄧析者：〔註38〕

> 不法先王，不是禮義，而好治怪說，玩琦辭，甚察而不惠，辯而無用，多事而寡功，不可以爲治綱紀。然而其持之有故，其言之成理，足以欺惑愚眾，是惠施、鄧析也。（〈非十二子〉第六，8～10）

〔註38〕惠施，宋人。以善辯著名，注重邏輯推理。論議主「合同異」之說。鄧析，鄭人，與子產同時。作竹刑，主刑名。設辭非難子產之政，爲子產用其竹刑誅之。

荀子即評二者析辭巧辯，不切實用，不足治世。蓋荀子論名議辯，皆爲闡釋其禮義之統，期成其人僞之治。故非議二者之論，無益於成就「政治——社會」實用之效，不可爲治世之據。

五、與墨家之關係

蓋自春秋戰國以來，儒墨兩家即成對峙之局。僅就「天——人」關係而論：儒家從周，採「人——神」之議，倡"盡人事，聽天命"之說，肯定「天——人」間的道德聯繫；墨家從殷，採「神——人」之議，倡"天志、明鬼"之說，肯定「天——人」間的功利從屬。荀子起而轉「天——人」關係爲「自然——人」關係，倡"天生人成"之議，截斷「天——人」的從屬、聯繫，而著重「人——人」之關係的調濟，強調「政治——社會」的正理平治。故就「人文主義」的角度以觀，荀子之論即是由作爲正命題之儒家學說與作爲反命題之墨家學說中所發展出來的合命題，對前述二者皆有所取，亦皆有所捨，而自成一格。

綜觀《荀子》一書，多有因緣墨子之論而反陳抗辯、駁議之說。「所謂因緣者，禮論篇論三年之喪因墨子薄葬而發；富國篇因墨子之節用寡欲而言；樂論篇因墨子非樂而論；天論篇因墨子事天承志而說。」〔註39〕然荀子論知，重符驗、辨合；論行，重實用、功效；論名議辯，重明辨、立本。凡此諸論又皆與墨家之旨同，而荀子亦藉之以形構其人文正統之論。是以荀子與墨家學說有相反相成之實。

荀子對墨家之徒的個人評議，則專指墨子與宋鈃：〔註40〕

評墨子者：

> 墨子蔽於用不知文。（〈解蔽〉第廿一，21）

荀子即評墨子只重用物之利，不知用文之效。蓋荀子即謂單求制欲節用，固能成就「人——物」的制用之利，卻不能成就「人——人」的政治之效。而「政治——社會」的和諧平治，實是以意識型態的導正爲主。故荀子超越「人——物」的制用養生，而強調「人——人」的協調互濟；肯定人文之僞、禮義之統，始能制利成義，引導「政治——社會」歸於正理平治之善境，達

〔註39〕同註27，頁25。

〔註40〕墨子，名翟，魯人。學儒者之業，受孔子之術，而終以反儒尚質見稱。爲墨家之祖。宋鈃，又稱宋牼，宋人。學兼道墨，長於辯說。

成盡倫盡制的實用之效。

> 墨子有見於齊，無見於畸。（〈天論〉第十七，51～52）

荀子即評墨子倡"兼愛、尚同"之議，泯滅「人——物」之分差別等，是不知倫際之差，萬物之畸。蓋荀子即謂萬物有差，人倫有其等，此乃「人——物」之實情。故荀子制禮儀以分，以別「人——物」之分異，以定「人——人」之等階。因荀子所重者在「政治——社會」平治之實效，而視形式的平等，既不符應「政治——社會」之實情，且會導致實質的不平等，是有「維齊非齊」之論。因此荀子主採實質平等的禮義之分，如是既可調配「人——人」的責任分工，安排「人——人」的權益分享，亦可成就「政治——社會」正理平治的實用之效。

評宋鈃者：

> 宋子蔽於欲而不知得。（〈解蔽第廿一〉，21）

荀子即評宋鈃之言寡欲，是不知人欲之貪得。蓋荀子即謂人天生有欲，且欲多而不欲寡。若強去人欲之多得，反致人生之困頓，斷非導性致治之良方。故荀子採禮義節欲之議，藉節制欲念需求，增加物資供給，以提高客觀物質供需的主觀邊際效用。冀期由「政治——經濟」的有效施為，以完整「政治——社會」的實效控制。

> 宋子有見於少，無見於多。（〈天論〉第十七，52）

荀子即評宋鈃只見寡欲易足之利，不見多欲易治之效。荀子即謂人有物質與精神兩層次之欲求，若單就「人——物」層次之求制，仍不足成治。故荀子強調亦須兼顧「人——人」層次之求制，定賞罰以導人性情欲之取向，冀期化阻力為助力，以成「政治——社會」之平治。

綜評墨子、宋鈃者：

> 不知壹天下，建國家之權稱；上功用，大儉約，而慢差等，曾不足
> 以容辨異，縣君臣。然而其持之有效，其言之成理，足以欺惑愚眾，
> 是墨翟、宋鈃也。」（〈非十二子〉第六，4～6）

荀子即評二者之論尚同非齊，兼愛無等，重利輕義，節用棄文，不足成治，難壹天下，反致其亂。蓋荀子即謂唯立禮義，以成人文之統，以定人倫之等，以別人世之分，方能形構持國治世之準衡，完遂「政治——社會」正理平治之理想期許。故荀子甚重其禮義之統，人文之偽，以期對治墨家學說之蔽。

六、與儒家之關係

荀子與儒家之關係，可就人文制度與意識型態兩方面來講。其中之關鍵是因荀子著眼於「政治——社會」之結構與功能的重整，以求對治當是時之衡突亂象，以謀重導天下於一統平治。

蓋在周制禮文中，其人文制度是結合「封建」與「宗法」之既有發展，而將之制度化，〔註41〕以圖構建一個縱（政治）橫（人倫）關係網絡緊密的結構化控制系統；復藉「親親、尊尊」之意識型態的主導，外顯為禮文儀節的形式規範，融入此結構化的控制系統之內，一則以賦予此系統一套實質的義理內涵；一則亦佐助其系統運作的有效進行，以強化其「政治——社會」之求治致平的控制實效之運行，並確保周室王權的永續不移。〔註42〕

此為周制禮文的發生義，而其實質義則在透顯殷周之際既已出現的理性自覺的人文自省思潮〔註43〕已落實在周制禮文中，而益發提昇人在「天——人」關係中之地位，確立人對其生存環境之改善與發展的應然使命與責任擔負。

但自西周失控，轉入春秋戰國之際，理性自覺的發展也遭遇到人文自省的瓶頸，即是"自由與約制"孰著較適於作為人類對治其生存環境之依憑？而對此問題最感興趣，也最專注於處理此問題的即是為當是時新興的知識階層，因而有「百家爭鳴」之勢起。其中儒、法、墨三家皆主"約制"之議，儒家從禮，法家重法，墨家尚天志，皆冀樹立一約制性規範，以整合「群——己」，完遂天下之平治。而道家則倡"自由"之議，尊法自然；絕人文之偽，順自然之常，期使天下之人皆得自安，則天下自得其治。

荀子自承「上則法舜禹之制，下則法仲尼、子弓之義」（〈非十二子〉第六，18～19），即已明示其主"約制"之議，贊同人文之制，肯定義理之治。而其為論每以詩、書之文為據，常頌仲尼、子弓以為聖，可見荀子實以儒家後學自居。復以其立論多就「政治——社會」之求治為其終旨，可知其所關注之視域是在人文之世。而其議論之主軸則在其「禮義之統」，並兼攝"人文制度"（——社會、政治、經濟、教育）與"意識型態"（——哲學基礎）兩條支脈，以期形構一套結構縝密且確實可行的控制理論體系。如圖式：

〔註41〕請參考瞿同祖著，《中國封建社會》，臺北市：里仁書局，民國13年，第一章〈封建社會的形成〉。

〔註42〕請參考徐復觀著，《周秦漢政治社會結構之研究》，頁19。

〔註43〕「蕩蕩上帝，下民之群。疾威上帝，其命多群。天生烝民，其命匪諶？靡不有初，鮮克有終。」——《詩經‧大雅‧蕩》。

　　荀子對儒家諸子有讚有評，於此中之論議即可觀得荀子對儒學傳承之取捨，亦可知其設論之基本立場。

　　讚孔子者：〔註44〕

　　　孔子仁知且不蔽，故學亂術足以爲先王者也。一家得周道，舉而用之，不蔽於成積也。故德與周公齊，名與三王竝，此不蔽之福也。（〈解蔽〉第廿一，26～28）

　　荀子即推崇孔子智德兼備，不偏不蔽，得由三王治世之制中，觀得其中治世之理，成就其治世之統，奠定其外王致治之道，而足爲後世之法。蓋荀子所重者在「政治──社會」之正理平治，故法孔子者，亦著重其外王之道，禮義之統，以期成其平亂治世之功。

　　綜讚孔子、仲弓者：

　　　若夫總方略，齊言行，壹統類，而群天下之英傑，而告之以大古，教之以至順，奧窔之間，簟席之上，斂然聖王之文章具焉，佛然平世之俗起焉，六説者不能入也，十二子者不能親也。無置錐之地，而王公不能與之爭名，在一大夫之位，則一君不能獨畜，一國不能獨容，成名況乎諸侯，莫不願以爲臣，是聖人之不得埶者也，仲尼、子弓是也。（〈非十二子〉第六，14～18）

　　荀子即推崇二者爲智德兼備，知行相貫；明通禮義，總領方略；擇善固執，始終如一；得道之全，應變不亂的聖人。上足成治，下足美俗。惜未得勢，未能制世。蓋荀子係由「外王」之道，以肯定二者聖人之名。故二者雖未見重於時君，仍不遮掩其爲大儒典範之光輝。

　　先秦之學本無派別之分，然後世學者加以分別歸類者，則是依據漢代劉

〔註44〕孔子，名丘，字仲尼，魯人。刪詩書，訂禮樂，贊周易，作春秋。弟子三千，身通六藝者七十二人，後世尊稱「至聖先師」。爲儒家之祖。子弓，即冉雍，字仲弓，魯人。孔子弟子，名列德行科。孔子曾讚其曰：「雍也，可使南面。」（《論語・雍也》第六，頁1）。二者俱爲未得勢以成其外王之治的聖賢大儒。

－22－

歆與司馬談二者之論以定。

劉歆、《七略・諸子略》：儒家、道家、陰陽家、法家、名家、墨家、縱橫家、雜家、農家、小說家。合稱九流十家（一小說家不在九流之內）。

司馬談、《論六家要指》：陰陽家、儒家、墨家、名家、法家、道德家。凡六家。

而荀子之〈非十二子〉則分六說十二子：它囂、魏牟；陳仲、史鰌；墨翟、宋鈃；愼到、田駢；惠施、鄧析；子思、孟軻。並視諸皆未明禮義之統，未得正道之全，蔽於一曲之見，立說成辯以惑知亂世。故荀子舉仲尼、子弓以爲大儒（——知識份子）之典範，期以止姦歸道，樹立治世之正統，確定言議之規準，以爲後儒之師法。是言：

> 彼大儒者，雖隱於窮閻漏屋，無置錐之地，而王公不能與之爭名；
> 用百里之地，而千里之國莫能與之爭勝；笞棰暴國，齊一天下，而
> 莫能傾也。是大儒之徵。其言有類，其行有禮，其舉事無悔，其持
> 險應變曲當。與時遷徙，與世偃仰，千舉萬變，其道一也。是大儒
> 之稽也。其窮也，俗儒笑之；其通也，英傑化之，嵬瑣逃之，邪說
> 畏之，眾人媿之。通則一天下，窮則獨立貴名，天不能死，地不能
> 埋，桀跖之世不能汙，非大儒莫之能立，仲尼、子弓是也。（〈儒效〉
> 第八，83～89）。

蓋荀子即視諸等皆爲知識份子，未別立家派以名之。並推崇仲尼、子弓爲知識份子之表率，其觀道得全，其言行中禮，其處世合義，足爲知識份子所師法，以助成天下之正理平治。

但因荀子爲學，上尊孔子，遠紹其志。故對同尊孔學的諸儒亦多有評議，期顯孔學之眞義，強調知行之相稱，藉明禮義之正統。

評子張氏者：〔註45〕

> 弟佗其冠，衶禫其辭，禹行而舜趨，是子張氏之賤儒也。（〈非十二
> 子〉第六，48）

評子夏氏者：〔註46〕

〔註45〕子張，姓顓孫，名師，字子張，陳人。事跡不詳。

〔註46〕子夏、姓卜商，字子夏，衛人。俱通六藝，傳授後儒，有功於孔門經傳之傳。荀子之重禮傳經疑似源承子夏一脈，然荀子不獨重經傳之文，更重禮義之實，強調必先明道，而後行道，方爲守道，故非議子夏派之後學未深明道之眞義要領，而僅拘泥於禮文之形式，遂斥之爲賤儒。子夏曾爲魏文侯師，其徒李

正其衣冠，齊其顏色，嗛然而終日不言，是子夏氏之賤儒也。(〈非
十二子〉第六，48～49)

評子游氏者：〔註47〕

偷儒憚事，無恥而耆飲食，必曰君子固不用力，是子游氏之賤儒也。
(〈非十二子〉第六，49～50)

荀子即評三者未識孔學真義，恣意自詮言行得道，實爲知識份子中之敗
類。蓋荀子重師法，隆禮義，壹言行，故對未明學理真諦，而自以爲是，據
之惑世的知識份子深感憤怒，是有此情緒化評價之論。其對子思、孟軻〔註48〕
之評，亦同此論，是言：

略法先王而不知其統，猶然而材劇志大，聞見雜博。案往舊造說，
謂之五行，甚僻違而無類，幽隱而無說，閉約而無解。案飾其辭，
而祇敬之，曰：此真先君子之言也。子思唱之，孟軻和之。世俗之
溝猶瞀儒，嚾嚾然不知其所非也，遂受而傳之，以爲仲尼、子游(一
弓)爲茲厚於後世，是則子思、孟軻之罪也。(〈非十二子〉第六，
10～14)

蓋荀子承習孔學者，本諸經傳之傳，得其義理之教，是有「隆禮義而殺
詩書」(〈儒效〉第八，95)之議，以彰明義理之教雖須藉重經傳之傳以見世，
但學者不應拘泥經傳之文，而略其義理之旨。故對荀子而言，義理爲體，經
傳爲用，學者當即用見體，踐行於世，方是真得孔學之真諦。是言：

聖人也者，道之管也。天下之道管是矣，百王之道一是矣。故詩、
書、禮、樂之歸是矣。詩言是其志也；書言是其事也；禮言是其行
也；樂言是其和也；春秋言是其微也。故風之所以爲不逐者，取是
以節之也；小雅之所以爲小雅者，取是而文之也；大雅之所以爲大
雅者，取是而光之也；須之所以爲至者，取是而通也。天下之道畢

悝，吳起俱爲援儒入法的先導人物；其徒禽滑釐則爲墨家之鉅子。

〔註47〕 子游，姓言，名偃，字子游，吳人。曾任武城宰，興禮樂，又舉用澹臺子羽，
刷新政治。子游曾評子夏派只重禮的形式，不重禮的精神，故子游爲論重禮
求義於知道，卻不用力於行道，仍不得視爲明道、得道之實。

〔註48〕 子思、姓孔，名伋，字子思，魯人，孔子之孫。傳述曾子之學，論重中庸，
歸本於孝。孟軻，姓孟，字子輿，鄒人。受業於子思之門，爲儒家後起之大
儒，祖述孔子之道，力拒楊墨之說。爲論重道德自覺，開儒家「內聖」之教。
重義輕利，尊王斥霸；內主性善，外倡仁政。後世視其直承孔子之志，而尊
其爲「亞聖」。

是矣。(〈儒效〉第八，65～69)

荀子即謂經傳之文，皆在闡述聖人之道。故學者當透過經文之習，以直觀聖人之義；積禮起偽，落實於行，以貫徹聖人之教，方是真悟聖人之道。是言：

學惡乎始？惡乎終？曰：其數則始乎誦經，終乎讀禮；其義則始乎為士，終乎為聖人。真積力久則入。學至乎沒而後止也。故學數有終，若其義則不可須臾舍也。為之，人也；舍之，禽獸也。故書者，政事之紀也；詩者，中聲之所止也；禮者，法之大分，類之綱紀也。故學至乎禮而止矣。夫是之謂道德之極。禮之敬文也，樂之中和也，詩書之博也，春秋之微也，在天地之間者畢矣。(〈勸學〉第一，26～30)

蓋荀子即視詩、書、禮、樂、春秋諸經中即已涵攝天地間之萬理，而禮（一廣義之禮，貫通知行）又獨得統類之義，故荀子力主隆禮義之統，以為治世之道，期臻其正理平治之理想善境。

荀子論及「禮義之統」，非止言其為外在、客觀的約制規範而已。蓋禮義之為禮義，成之於聖人有鑑於時勢之變，時世之亂，遂積思慮，習偽故，就既已成俗之規範，加以因革損益，以求其有辨合，有符驗，而更能對治人文之實，更能成就人文之治。禮義既明，禮文既制，則訴諸聖王之導，約制之效，以內化於人心，使各自積偽成習，而動止皆本禮義，言行皆中規矩，真積力久，則世俗自美，世政自治。故對荀子而言，聖人乃與時俱出，循治亂之更迭，本諸禮義之旨，形構更切合實效之方策，冀以深入揭示更真實、更明確的「禮義之統」。是以荀子乃就「禮義之統」，以兼治人文制度與意識型態，以期成其「政治——社會」之得正理平治之旨。

蓋儒家之學，孔子開其端，孟荀承其續。孟子重德，主性善之論，採存心養性之議，上習孔子「內聖」之教，下開儒家「心性」之學；荀子重智，主性惡之論，採化性起偽之議，上法孔子「外王」之道，下開儒家「義理」之學。茲因二者所重各異，所傳亦別，是開孔學之兩脈。但儒學經傳之得傳諸後世，則應歸功於荀子之重經傳之積習以明儒學之真諦。是見清代汪容甫之《荀卿通論》即評曰：

荀卿之學，出於孔氏，而尤有功於諸經。蓋七十子之徒既歿，漢諸儒未興，中更戰國暴秦之亂，六藝之傳，賴以不絕者，荀卿也。周公作之，孔子述之，荀卿傳之，其揆一也。

第四節　荀子的著述與傳經

荀子著述甚豐，劉向之《孫卿新書·序錄》中即云：

> 所校讎中孫卿書，凡三百二十二篇，以相校，除複重二百九十篇，
> 定著三十二篇。

劉向所定著之三十二篇，即爲現行流傳之《荀子》乙書中之三十二篇。而班固之《漢書·藝文志》中所言之三十三篇，實爲三十二篇之誤。

唐代楊倞改《孫卿新書》之名爲《荀卿子》簡稱《荀子》，凡二十二卷，並爲之做注，稱易篇序，而成《荀子注》乙書，流傳最廣，自宋以來歷代皆有校刻本。

清代王先謙以謝墉之校刻本爲基礎，收集清朝學者對於《荀子》考訂訓詁的研究成果，內容翔實，極具參考價值，亦最爲後世學者所重。

《荀子》乙書之眞僞，歷有多議，但較爲時人所接受者，則爲該書大多爲荀子本人所寫，部份則爲後人僞作之論，如梁啓超與胡適二位先生之言。

梁啓超先生即言：

> 《荀子》全書，大概可信。惟〈君子〉、〈大略〉、〈宥坐〉、〈子道〉、
> 〈法行〉、〈哀公〉、〈堯問〉七篇，疑非盡出荀子手，或門弟子所記，
> 或後人附益也。(〈漢書藝文志諸釋〉，74)

胡適先生則言：

> 《漢書藝文志·孫卿子》三十二篇，又有賦十篇。今本荀子三十二篇，
> 連賦五篇，詩兩篇，在內。大概今本乃係後人雜湊成的。其中有許多
> 篇，如〈大略〉、〈宥坐〉、〈子道〉、〈法行〉等，全是東拉西扯拿來湊
> 數的。還有許多篇的分段全無道理，如〈非相〉篇的後兩章，全與〈非
> 相〉無干；又如：天論篇的末段，也和天論無干。又有許多篇，如今
> 都在大戴小戴的書中，(如〈禮論〉、〈樂論〉、〈勸學〉諸篇)。或在《韓
> 詩外傳》之中，究竟不知是誰鈔誰。大概〈天論〉，〈解蔽〉，〈正名〉，
> 〈性惡〉四篇全是荀卿的精華所在。(《中國古代哲學史·荀子》，26)

筆者則以爲〈大略〉篇以前之諸篇，文體相近，文理相融，皆屬可信可據之文。其中〈賦〉篇雖係文學作品，形式與他篇有異，但亦足透顯荀學理路與其爲論主旨，亦屬可信之文，惟因其義已見彰於他篇之中，故本文未引之爲據。〈大略〉乙篇則顯係荀門弟子所作之摘要整理的筆記，可資參考之處甚多，故本文亦多引以爲據。對於〈大略〉篇後之諸篇則存而不論，不予引述。

有關荀子傳授經傳之脈絡，則可參考清代皮錫瑞與汪容甫二者之論。
皮錫瑞之《經學歷史》中即云：

> 惟荀卿傳經之功甚鉅。〈釋文序錄〉《毛詩》，一云：「孫卿子傳魯人大毛公」，則《毛詩》爲荀子所傳。《漢書·楚元王安傳》「少時嘗與魯穆生、白生、申公同受《詩》於浮丘伯。伯者，孫卿子之門人。」《魯詩》出於申公，則《魯詩》亦荀子所傳。《韓詩》今存外傳，引荀子以說《詩》者，四十有四，則《韓詩》亦與荀子合。〈序錄〉「左丘明作傳以授曾申，申傳衛人吳起，起傳其子期，期傳楚人鐸椒，椒傳趙人虞卿，卿傳同郡荀卿。」則《左氏春秋》，荀子所傳。〈儒林傳〉云：「瑕丘江公受《穀梁春秋》及《詩》於魯申公。」申公爲荀卿再傳弟子，則《穀梁春秋》亦荀子所傳。《大戴》〈曾子修身〉、〈大略〉二篇文，《小戴》〈樂記〉、〈三年問〉、〈鄉飲酒義〉載荀子〈禮論〉、〈樂論〉篇文，則二戴之《禮》亦荀子所傳。劉向稱卿善爲《易》，其義略見〈非相〉、〈大略〉二篇。是荀子能傳《易》、《詩》、《禮》、《樂》、《春秋》，漢初傳其學者極盛。（《經學歷史》，47）

汪容甫之《荀卿子通論》中則云：

> 荀卿之學出於孔氏，而尤有功於諸經經典。〈敘錄〉《毛詩》徐整云：「子夏授高行子，高行子授薛倉子，薛倉子授帛妙子，帛妙子授河閒人大毛公，毛公爲《詩》，故訓傳于家，以授趙人小毛公。一云，子夏傳曾申，申傳魏人李克，克傳魯人孟仲子，孟仲子傳根牟子，根牟子傳趙人孫卿子，孫卿子傳魯人大毛公。」由是言之，《毛詩》，荀卿子之傳也。《漢書·楚元王交傳》「少時嘗與魯穆生、白生、申公同受《詩》於浮丘伯。伯者，孫卿門人也。」《鹽鐵論》云：「包邱子與李斯俱事荀卿。」劉向〈敘〉云：「浮丘伯受業爲名儒。」《漢書·儒林傳》「申公，魯人也，少與楚元王交俱事齊人浮丘伯受《詩》。」又云：「申公卒以《詩》、《春秋》授，而瑕邱江公盡能傳之。」由是言之《魯詩》，荀卿子之傳也。《韓詩》之存者，《外傳》而已，其引荀卿子以說《詩》者，四十有四，由是言之，《韓詩》，荀卿子之別子也。《經典敘錄》云：「左邱明作傳以授曾申，申衛人吳起，起傳其子期，期傳楚人釋鐸，椒傳趙人虞卿，卿傳同郡荀卿名況，況傳武威張蒼，蒼傳洛陽賈誼。」由是言之，《左氏春秋》，荀卿之傳也。

〈儒林傳〉云：「瑕邱江公受《穀梁春秋》及《詩》于魯申公，傳子至孫爲博士。」由是言之，《穀梁春秋》，荀卿子之傳也。荀卿所學，本長于《禮》。〈儒林傳〉云：「東海蘭陵孟卿善爲《禮》、《春秋》，授后蒼疏廣。」劉向〈敘〉云：「蘭陵多善爲學，蓋以荀卿也。長老至今稱之，曰蘭陵人善字爲卿，蓋以法荀卿。」又二戴《禮》並傳自孟卿。《大戴禮‧曾子立事》篇載〈修身〉、〈大略〉二篇文，《小戴》〈樂記〉、〈三年間〉、〈鄉飲酒義〉篇載〈禮論〉、〈樂論〉篇文。由是言之，曲臺之禮，荀卿之支與餘裔也。蓋自七十子之徒既歿，漢諸儒未興，中更戰國暴秦之亂，六藝之傳賴以不絕者，荀卿也。周公作之，孔子述之，荀卿子傳之，其揆一也。故其說霜降逆女，與《毛詩》同義。〈禮論〉、〈大略〉二篇，《穀梁》義具在。又〈解蔽〉篇說卷耳，〈儒效〉篇說風雅頌，〈大略〉篇說魚麗國風好色，並先師之逸典。又〈大略〉篇「春秋賢穆公，善胥命」，則爲《公羊春秋》之學。楚元王交本學於浮邱伯，故劉向傳《魯詩》、《穀梁春秋》，劉歆治《毛詩》、《左氏春秋》，董仲舒治《公羊春秋》，故作書美荀卿，其學皆有所本。劉向又稱荀卿善爲《易》，其義亦見〈非相〉、〈大略〉二篇。蓋荀卿於諸經無不通，而古籍闕亡，其授受不可盡知矣。（《荀子集解》、汪中〈荀子通論〉、頁814～817）

是見漢世經學多溯源於荀子之傳。故梁啓超先生即評自漢以後之儒學，實傳荀學一脈而已。是言：

孔學在戰國，則因已僅餘孟荀兩家，最爲光大。而二源者，孔子之時，便已參商，迨及末流，截然相反。孟子治《春秋》，荀子治《禮》，孟子道性善，荀子道性惡；孟子稱堯舜，荀子法後王。此其大端也，若其小節，更僕難終。孟子既沒，公孫丑、萬章之徒，不克負荷，其道無傳。荀子身雖不見用，而其弟子韓非、李斯等，大顯於秦。秦人之政，壹宗非、斯。漢世六經家法，強半爲荀子所傳。而傳經諸老師，又多故秦博士。故自漢以後，名雖爲昌明孔學，實則所傳者，僅荀卿一支派而已。（《中國學術思想變遷之大勢》，46）

故自漢武帝採董仲舒之議，罷黜百家，獨尊儒術，立五經博士，以傳儒學經典，使儒家成爲我文化之正宗，荀子實居承先啓後之關鍵地位，實有功於儒學之傳播與闡揚也。

第二章　荀子的社會思想本論

　　自周平王東遷（西元前 770 年），到秦始皇統一天下（西元前 221 年）的五百年間，是我國歷史上最為著名的春秋戰國時代，也是我國學術思想最為發達，最具原創性的光輝時代。

　　造成此學術鼎盛的主體，即為當時知識階層的社會菁英份子。所要處理的主要問題，也即是由當時政治衝突、經濟發展與規範失效所引發的社會解組（Social disorganization）〔註1〕危機。因此，春秋戰國時代社會思想的勃興，不僅反映出該時代社會變遷（Social change）〔註2〕的動態實況，亦為該時代學術發展的必然取向。

　　春秋戰國時代的知識階層即為由西周貴族階級的士階層轉化而來。西周之士，本是一群接受文武教育，居處於政治權力邊緣的低級貴族。在宗法、封建的階層分職中，與庶民接觸最為直接，最為頻繁，也最能了解民生疾苦。但隨著西周末年的政經變遷，使介於統治階層與被統治階層的士群首先產生了激烈的變化。

　　由於在政治上挫敗，以致失其權勢地位的貴族，與因經濟發展而得接受

〔註1〕「如果社會成員不願有效的遵守社會規範，道德權威失去了它的控制與支配力量，個人行為發生紊亂的現象，即傳統社會規範失去了它既有道德權威，個人有迷惘而無意義的行為發生，社會秩序遭受破壞，那麼這個社會規範結構就產生解組的現象。」──陳秉璋著，《社會學理論》，臺北市：三民書局，民國 74 年，頁 196～197。故社會解組即其社會結構失序，而其主要導因則在社會規範無法再有效的執行其社會控制功能所致。

〔註2〕「社會變遷係指以社會互動和社會關係所構成的社會結構裏的結構與功能上的變遷。」──蔡文輝著，《社會變遷》，臺北市：三民書局，民國 75 年，頁 7。

教育，進仕爲官的庶人之不斷加入，遂使士階層之成員益形擴增。而二者間政治地位的互換，亦造成此政治社會菁英的上下流動，而打破原本封閉的階層社會之靜態制限，遂使原依宗法、封建定位的士階層轉化爲依知識、才能定位的新興知識階層。〔註3〕

春秋戰國時代官僚制度的建立，尚賢政策的落實，與自由議論風氣的盛行，又促發知識階層的菁英份子針對時蔽，反思傳統，擘劃未來的理性批判思潮之勃興，遂有諸子百家並世爭鳴的盛況之起。〔註4〕

觀諸爲論皆以對治當世人文社會之紛亂爲其等之主要訴求。故“如何重整社會秩序，使社會復歸整合”，即成爲該世學者的共同課題。

蓋在西周時代，由於周制禮文的一元化統治，使學術思想囿限於既定的範圍之內，難以反映現實社會的實際需要。及至春秋戰國之時，周制失控，學術思想乃得自由發展，遂呈多元化之分裂，而有諸家言論之各競雄長的局面產生。是以莊子即言：「天下大亂，聖賢不明，道德不一，天下多得一察焉以自好。」（《莊子・天下》第卅三，11），即是形容該時傳統權威規範的淪喪，致成諸子百家各陳己見，各以爲是的混亂景象。

但對中國文化的發展來說，春秋戰國時代卻正是最具原創性、關鍵性的一個重要時期。因爲自此而後的學術思想，皆不脫離本時期之理論型範，而各有精進。故欲了解中國文化之內涵，則必當返本溯源的去探究春秋戰國時代的學術情勢，方可觀得其實。

蓋在社會變遷的過程中，感受最爲深刻，反應最爲激烈的，即是該社會成員中的知識份子。知識份子以其特殊的身份、地位，得與社會整體之運作保持一個智性上的適當距離，而可對之作一深入的觀察與客觀的評析。故知識份子之言論最足以反映一個時代的現實景況，進而亦可主導一個時代的發展方向。

在農業發達的社會中之知識份子，由於生活環境單純，故著重於詮釋自然現象與人文發展之關係。而自然現象之變化，遠非人力之所能控制，是以其立論偏重詮釋，強調順應。但在商業發達的社會中之知識份子，則由於生

〔註3〕 請參考余英時著，《中國知識階層史論（古代篇）》中之〈古代知識階層的興起與發展〉一文，臺北市：聯經出版公司，民國69年，頁4～240。

〔註4〕 請參考黃俊傑著，《春秋戰國時代尚賢政治的理論與實際》，臺北市：問學出版社，民國66年，頁12～130。

活環境的複雜，故著重於解析社會現象與人文發展之關係。而社會現象之變化，乃源於人類自身之所為，是以其立論偏重實用，強調化成。〔註5〕

　　春秋戰國時代的知識份子，即是在此工商發達的時代背景下，依據各自對社會變遷的解析差異，而形構各具實用效益的不同理論體系。其中影響現實政治層面最鉅的是法家之論；影響社會層面最深的則是儒家學說。〔註6〕

　　儒家學說由孔子開其端，孟荀承其續。是為先秦百家中，最具保守色彩的一派學說。然因其強調溫和改革之議，不合春秋戰國時代尚功利、重實效的政治需求，故未得見用於當世之時。及至漢代秦興，武帝採董仲舒之策，罷黜百家，獨尊儒術，儒家學說方始躍升為我國文化之正統大宗，主導我國政治社會之發展以迄於今。〔註7〕

　　孔子生於周禮重鎮之魯國，深受周禮之薰陶，而其本人亦以「從周」為一生之職志，故其傳授於後學者亦為周制禮文的六藝之教。蓋在孔子之時，周制雖衰而未崩，是以孔子尋思應解時亂之方，認為唯有恢復周制，因革其失，乃能平亂歸治。

　　但春秋之亂，即已顯現周制禮文的內在侷限，不足以解決由社會變遷所引發而來的現實問題，縱然復興周制之形式架構，仍不能獲致長治久安的終極理想。

　　因此，孔子乃反思周公制禮成文之用心，參酌三代「因革損益」之道，強調德智並舉之實，提昇周公制禮成文的「工具理性」之智性運作，成就以"仁"為宗的「價值理性」之道德自省。使在現實層面上，既維護貴族階級之既得利益的合法性，亦顧及到庶民階級之利益取得的合理性。亦即是藉兩階級間的利益之調配，使雙方得在互惠互助的互動關係中，各安其份，各盡

〔註5〕請參考陶希聖著，《中國社會與中國革命》，臺北市：食貨出版社，民國66年，頁162～163。

〔註6〕「由於能夠反映政治局勢性質，適合個人利益需要，法家意識型態更因掌權的信奉者人數增加而增強其影響力，可以說是春秋戰國時期官僚階層的塑造者之一。它不但催化了封建後的中國進入了世俗化政治體系的發展過程，更是對中國數千年來政治體系的菁英甄補方式發生了決定性的影響力。」——李錫錕著，〈政治意識形態擴散之研究：春秋戰國之案例〉，載於《社會科學論叢》，臺北市：臺灣大學法學院，民國76年，頁25～83。該文亦指出孔子個人意識型態對當時士階層的性格形成之影響。而士階層在春秋戰國時代亦是為社會之中堅力量。故筆者推論儒家學說對該時社會之影響最深，惟因受政治導向之關係，未得彰顯其效。

〔註7〕請參考張承漢著，《中國社會思想史》，臺北市：三民書局，民國75年，頁11。

其力。故孔子爲論以仁爲宗，以義爲質，以禮爲行，以德爲治，開「內聖、外王」之教，而奠定儒家學說發展之基型。

孟荀皆生於周制崩解的戰國時代。孟子上承孔子「內聖」之旨，下開儒家「心性」之學。視時勢之亂，在人心爲物欲所蔽，天賦善端無由得顯，故力主「存其心，養其性」（《孟子‧盡心》上，1），「由仁義行」（〈離婁〉下，19），即是要人「反身而誠」（〈盡心〉上，4），見道德本源在人自心自性的「良知良能」上。人人若皆能由內及外的從自身做起，自然可以改變社會風氣，導引時局重歸於治。因此，孟子論政，強調「王道仁政」，以提昇政治運作的道德品格，強化尊重民意的施政原則，肯定先富後教的治民方策。惟其實踐之不易，在其陳義過高，訴諸理想，而疏略現實社會之實存困境。故就經驗實效言，「性善」之論雖彰顯人性之存在尊嚴，但不能保證社會必然因此而治。然就理論之傳承言，孟子「仁義」之後，則深得孔子禮樂教化的「價值理性」之道德自省的本旨，而奠定儒家「內聖」理論之型範。是以後世學者皆以孔孟並稱，以尊崇二者在文化道統上之卓統貢獻。

荀子學本儒家，雜染諸論。上承孔子「外王」之道，下開儒家「治世」之業。視時勢之亂，在人欲橫流，利益相衝突所致。故其立論以人際關係之互動與社會結構之形塑爲主，強調職能分工，名位分等，利益分享，性僞分判之治。即欲就重整社會規範，導正社會風氣，恢復社會秩序，以致成其「正理平治」的理想社會，爲其成論立說之終極要旨。是以荀子肯定"靡染、習化"的環境影響，重視"積學、成僞"的教育薰陶，"禮本、法輔"的政經之制，以期落實其「人文化成」的實踐要求，成就其止亂應變的禮義之治。故就經驗實效言，荀子之論尤能完遂社會控制（Social control）的整合要求，消弭因訴諸心性存養之自省自爲而起的不確定性之潛在危機。然就理論之傳承言，荀子「禮法」兼制之施，則本諸周公制禮成文的「工具理性」之智性運作的本旨，而奠定儒家「外王」理論之具體範式。

綜觀荀子之論，智德相涵，禮法相參，實開儒家經世致用之新機。而其論旨復藉經傳之傳，影響遠及後世，梁任公先生即言：「自漢以後，名雖爲昌明孔學，實則所傳者僅係荀卿一支派而已。」〔註8〕是以儒家學說之流傳，儒學地位之得顯，荀子貢獻至鉅。惟其「性惡」之議不爲後世學者所喜，以致迭遭貶

〔註 8〕 梁啓超著，《中國學術思想變遷之大勢》，臺北市：華正書局，民國 70 年，頁46。

損，而未得列名聖統，實對荀學理論的一大曲解，亦為儒學發展的一大阻碍。

　　蓋孟荀的設論，皆本諸孔學，而分執兩端。孟子主德，肯定個體價值，故其立論強調由「內聖」以致「外王」之徑，重視教化的啓迪，而倡言心性的存養。荀子主智，肯定集體共識，故其立論強調循「外王」以成「內聖」之徑，重視教化的形塑，而倡言禮義的積習。兩者路徑雖異，但皆關注於人與其社會環境的互動關係，是以兩者之論據亦多有所同。然因荀子較重理性批判與經驗實證，故其為論較具整體性、計劃性、合理性與實效性之色彩。

　　荀子學說之菁華即在其社會思想之析論。按荀子以為人不能脫離其社會而獨存，必賴社會之供養而得安維其存續。故荀子對於社會現象之解析，社會發展之導進，皆有其深刻、周全之論議。而其中尤以對社會、政治、經濟、教育四方面的探究，最足以彰顯社會思想的論旨要義。蓋社會者，人所依之而存；政治者，人所依之而安；經濟者，人所依之而養；教育者，人所依之而化。四者相依相輔，不即不離。是以本章即欲就荀子對此四者之有關言論與具體主張，各作闡述與詮釋，以期構現其人文建制之整體觀照與總體規劃，俾利彰明荀子立論求治之實踐宗旨。

第一節　社會觀

　　就時間縱軸言，荀子生於戰國末年，即為周秦朝代更替之際，亦為社會變遷將達定型之時；就空間橫軸言，荀子生於三晉中之趙國，復遊學於齊，皆屬法家學說盛行之域。荀子本人則深習源於魯國之儒家學說，嫻熟於周禮之制。〔註9〕

　　故由荀子一生的座標圖中，即可看出其學說立論的焦點，在以儒家所重之禮與法家所尚之法，針對其所身處的戰國末年之社會問題，冀求為社會之發展擘劃出一個正確的導向，資作社會導進之指標。

　　蓋在荀子的社會觀點裏，視周禮定制的西周社會為一社會現象之常態典範，故與之對較，春秋戰國時代的社會現象即為一非常態的亂世。

〔註9〕「禮經傳授，高堂生之前，雖不可考，然荀卿一書，皆崇禮由禮之言，兩戴記又多採荀卿文字，則其必傳自荀門。」——梁啓超著，《中國學術思想變遷之大勢》，頁48。蓋高堂生與二戴所傳授者係《儀禮》，而《儀禮》所載者為周代貴族之各種禮節儀式。故筆者由是推論，以荀子之重學論有據，則必嫻熟於周禮之制，遂而崇之、傳之。

　　是以荀子即由今古社會現象之對照中，去尋思導致社會現象變動的重要因素。經由社會環境與個人行爲之互動關係中，荀子歸結出個人心性欲求之自利傾向，乃是導致社會紊亂，人際衝突的根本原因。遂反思孔子「因革損益」之議，與周公制禮成文的理性運作，而肯定唯有透過人智慮思維的積學與發展，擬定具體可行的社會整體之規劃，才能有效的控制人類行爲，節制人情私欲，導入「正理平治」的和諧社會，使天下安治。

　　在荀子之整體社會觀中，首先由社會之源起而了解到人類社會生活之產生係基於生存競爭與人文需求之刺激使然。歸結其根本，則在人運用其理性智能，對應其心性欲求，節制其自利傾向，而有此社會型態的人文建制之起。

　　並視人文社會與生物社會之不同點，在人不但能運用其理性智能，以利用自然，宰制萬物，供養其生存；且能發展此理性智能，以成就人文社會的道德規範與行爲準據，藉以維繫人際互動之和諧，與群己關係之穩定。

　　其次由人際利益相衝突導致社會問題之所以產生，而闡釋制禮定分之必要性。並藉社會之功能分工與結構分化，來說明「維齊非齊」之要旨。期由諸社會階層之分等，以有效利用社會資源，合理分配社會利益，重整社會關係，而使社會復歸常態整合之境。

　　但要有效的使社會復歸常態之整合，並維持此整合之久續，則必須訴諸禮法並濟的社會控制，始克爲之。荀子即視禮爲其社會控制的統類綱領，屬柔性手段，見效於意識型態之導引；而視法爲其社會控制的具體條律，屬硬性手段，見效於實際行爲之約制。故荀子特別強調法在社會控制上的實踐成效，以期維持社會正義，樹立社會公道，端正社會風氣，規整社會議論，安定社會秩序，而落實社會「正理平治」之踐行，使歸於善，合於道矣。

　　荀子並有鑑於「社會——政治」間之密切互動關係，而欲從「政治——教育」與「政治——經濟」兩路徑上，規劃其社會政策之具體方案，使人民皆無失教、失業、失養、失依之患，以增進社會福利，安定社會秩序，確保社會安全，而完遂其「社會——政治」和諧互動之期許，以貫徹其「正理平治」的理想之治。

一、社會源起

　　荀子以爲人類生活即係社會生活，故人類生活之安危存亡即爲其所身處的社會環境之治亂與否所決定。是以欲了解社會問題之所以產生，即應返本溯源

的去探究人類社會之所以形成的根本源起，以期釐清社會問題的生發基底。

蓋荀子係就生存競爭與人文需求兩方面，以論析人類社會之源起成因。

（一）生存競爭

> 水火有氣而無生；草木有生而無知；禽獸有知而無義；人有氣有生
> 有知亦且有義，故最為天下貴也。力不若牛，走不若馬，而牛馬為
> 用，何也？曰：人能群，彼不能群也。（〈王制〉第九，69～71）

人為自然世界中之一份子，與其他生物一樣須為生存之得維續，而與自然環境相搏鬥。然人何以能在此優勝劣敗，適者生存的殘酷鬥爭中，掙脫其形體上之侷限，超越其環境上之束縛，而得利用自然，宰制萬物以供其生養？荀子以為此中之關鍵，即在人之「能群」。

然荀子所謂之「能群」，非指人天生即具"結群"之本然社會性，〔註10〕而係指人在其求生存的掙扎過程中，體會到唯有團結群力，凝聚群智，才能在此自然淘汰的生存競爭裏，求得個體生命的生養與存續。故荀子論及人之「能群」，實係就人之理性運作，認知結群共生的實際效益，而肯定群居互助之功能正足以滿全其生養生續之功利需求，遂乃結合成結，而有人類社會之起。

但事實上，在自然生物的整體世界裏，營群居共生之生活方者非只人類一支而已。舉凡猴子、蜜蜂、螞蟻等亦有其各自不同的社會生活型態。然其等不如人類一樣能克服自然環境與生理形軀之制限，進而利用自然，宰制萬物，以改善其生存空間，增益其生養條件者，何故？

荀子以為此中之差異即在人有其理性，且能發揮此理性之功能運作，以提昇其對治自然環境之能力，化解其生存競爭中之困境。故荀子視人與禽獸之別，不在人之生物本性，而在人之理性知義。所謂知義，即指人之理性功能的運作效應。是言：

> 人何以能群？曰：分。分何以能行？曰：義。故義以分則和，和則
> 一，一則多力，多力則彊，彊則勝物；故宮室可得而居也。故序四
> 時，裁萬物，兼利天下，無它故焉，得之分義也。（〈王制〉第九，

〔註10〕若言人天生即具本然之社會性，則顯與荀子所強調之人生而即具好利惡害，迫求自利的本性特徵相違。蓋荀子以為，人之結群是以滿足其自利需求為前提，待社會形成後，藉由社會化的過程，使「群」的觀念內化於人的意識內，以認同社會生活之型態，接受社會環境之培育，踐行社會規範之期許，而形塑其「社會性」。故對荀子而言，「社會性」應是來自人後天的社會化之形塑而成；其關鍵則在人類社會之源起。

71～73）

然人不獨有其理性知能，且能發展此理性知能，故能化「工具理性」爲「價值理性」，〔註11〕而得形塑人文世界的道德規範，以調節「天—— 人」、「人—— 人」間之互動效應，使皆得其宜。是以人運用其理性知能，不僅得利用自然環境以維續其生，亦能調適人際關係以安定其和。因此，人之爲萬物之靈，實有其卓異之處，而優於萬物者也。

（二）人文需求

> 故百技所成，所以養一人也。而能不能兼技，人不能兼官，離居不
> 相待則窮。（〈富國〉第十，5～6）

荀子這段文字應作二解：一者是在說明社會之源起；一者則是在說明社會生活之必要性。

蓋人雖爲克服自然條件之制限，而結群共生，以求其個體生養存續之得安保。但人除此生理欲望之追求滿足外，亦有其心理欲望之待求滿足。荀子是言：

> 人之情，食欲有芻豢，衣欲有文繡，行欲有輿馬，又欲夫餘財蓄積
> 之富也，然而窮年累世不知不足，是人之情也。（〈榮辱〉第四，60
> ～62）

荀子即由以指出人與物之關係，不僅是利用物來滿足其生理需求，亦是利用物來提昇其生活品質，以滿足其心理需求。但人的能力有限，獨立生存必不能自養周全，故須依賴他人之協助，藉互助互惠的分工合作，始能成全其個體生活之存養與發展，而不致困窮。是以社會之源起，即在藉社會群體之互助合作，以滿全人類追求欲望之實現的積極效應。

而在社會形成之後，復因個人之能力有限，所能擔負的社會功能亦各自有別，故需要各人在社會分工的定位中，貢獻其一己之力，以謀求社會整體的共同效益，而得各取所需。然若人離群索君，則不但不能分享此社會整體的共同效益，亦且危及其個體生活的存養與發展，而導致其存在的困境。是

〔註11〕蓋荀子重視以理性認知來指導人的實際行爲，故雖欲藉禮之客觀建制來完遂其社會整合之目標；但實欲化禮之外在規範約制爲人之內在價值判準，即藉社會化過程，將禮義之教、法度之制，內化爲人的主觀道德意識，以調和人之客觀認知與主觀反省的理性衝突，使人認同社會規範，而視當然之理，自動自發的遵循其制，完遂眞正復徹底的社會整合之期許。是以荀子即欲將「禮義」形塑爲人類的集體共識，以貫徹其社會控制之功能效應。

以荀子認為「人生不能無群」，人必得依賴社會生活之供養，才能維續其個體
之生命。

　　總結而論，荀子即是由人之生存競爭與人文需求兩方面而歸結出：人類
社會之源起乃在人本其自利欲求，運用其理性知能，體認唯有結群共生的社
會型態，才能結合群力，互助互惠，以滿足其一己之欲求，而有人類社會之
所由起。

　　但人類社會之形成雖是因於人類欲望之追求滿足而起，然亦會因個體在
此欲望之追求滿足的動態發展過程中之不加節制，而導致社會整體中利益分
配的失衡，形成人際關係上的衝突爭端，危及社會整體的和諧秩序，遂致衍
生各種紊亂侵奪的社會問題。故荀子以為對治社會問題的有效途徑，即是在
設定社會規範，分判社會階層，以期合理的安排社會整體的利益分配，節制
個體欲望的無限追求，導正人文世界的風俗時尚，俾使人類社會能在一理性
化的建制規範下，達臻一個人人皆得其安養，而個體生活亦得維續其發展的
和諧平治之理想社會。

二、社會階層

　　荀子以為社會問題之所以產生，即在人際利益之相衝突所致。是言：

> 人生而有欲；欲而不得，則不能無求；求而無度量分界，則不能不
> 爭；爭則亂，亂則窮。（〈禮論〉第十九，1～2）

　　故要根本解決社會問題，唯有透過合理的規範，整體的規劃，使人皆能
各安其份，各盡其力，各取所需，才能維持社會之秩序，復歸社會之整合。
荀子是言：

> 窮者，患也；爭者，禍也。救患除禍，則莫若明分使群矣。（〈富國〉
> 第十，6～7）

　　荀子視人之獨有特性在人之有理性知能，而理性知能的積極功能即在人
之有辨，所展現出來的具體效應即是知義明分。是言：

> 故人道莫不有辨，辨莫大於分。（〈非相第五，28〉）

　　蓋荀子視人之理性知能不獨能使人利用自然以供其生養，亦是為人對治
其社會環境之最有效工具。是言：

> 兼足天下之道在明分。（〈富國〉第十，43）

> 農分田而耕，賈分貨而販，百工分事而勸，士大夫分職而聽，建國

諸侯之君分土而守，三公摠方而議，則天子共己而止矣。出若入若，
天下莫不平均，莫不治辨，是百王之所同，而禮法之大分也。(〈王
霸〉第十一，97～99)

蓋荀子以為，社會結構之分化是相應於其功能之分工而來，以期使各環
節皆能發揮其最大效益，而謀求「社會——政治」之最大福祉。是言：

無分者，人之大害也；有分者，天下之本利也。(〈富國〉第十，23)

荀子透過其經驗觀察與理性思維，而肯定社會和諧之道在定分以求合。
是言：

故先王案為之制禮義以分之，使有貴賤之等，長幼之差，知愚、能
不能之分，皆使人載其事，而各得其宜，然後使愨祿多少厚薄之稱，
是夫群居和一之道也。(〈榮辱〉第四，73～74)

荀子認為人皆有謀求私利之滿足的本能取向，若訴諸自裁，則必致為亂。
故荀子強調，要使社會利益得到合理分配，社會結構得到合宜分化，社會資
源得到合度運用，唯有藉助人君的智慮德操與地位權勢，始能為之。是言：

人君者，所以管分之樞要也。(〈富國〉第十，24)

人君明分定職，條理事業，材技官能，莫不相稱得當，則人民必會敬分
安職，而同化於其禮法之制。是言：

故職分而民不探，次定而序不亂，兼聽齊明而百姓不留。如是，則
臣下百吏至於庶人，莫不修己而後敢安正，誠能然後敢受職。百姓
易俗，小人變心，姦怪之屬莫不反愨，夫是之謂政教之極。(〈君道〉
第十二，61～64)

故荀子認為，欲落實政教之理想，確保天下之安和，則人君必當慎體「明
分使群」之旨，而見諸成制。是言：

分均則不偏，埶齊則不壹，眾齊則不使。有天有地而上下有差。明
王始立而處國有制。夫兩貴之不能相事，兩賤之不能相使，是天數
也。埶位齊而欲惡同，物不能澹則必爭，爭則必亂，亂則窮矣。先
王惡其亂也，故制禮義以分之，使有貧富、貴賤之等，足以相兼臨
者，是養天下之本也。書曰：維齊非齊。此之謂也。(〈王制〉第九，
15～19)

故荀子反對自由、平等的社會，而強調階層分化的社會。因在平等的社
會裏，人民以其自由之權利，爭奪私利，以滿足私欲，反足以造成強暴侵凌

的不平等社會。因此荀子強調社會階層分化之必要，在使之合於人際實然之差異，以導向人文差等之分判，而得形構社會之次序，安定社會之關係，完遂人群社會之和諧整合的平治期許。

蓋在周制中，即已分定「貴族」與「庶民」兩大階段，分屬「統治者」與「被治者」兩大階層。而人的階級定位是在其出生之時即已確定，世襲相傳，固定不變。是故，西周的封建社會型態即是為一階級間互不流通的封閉性階層社會。但隨著周制的失控，社會的階層區分不再能維持其既有之約制效力，人的階級定位也相隨的改由其成就表現而予以決定，是有「布衣卿相」之起。

荀子雖認同周制社會的階層區分，但亦相應於社會變遷的現實趨勢，而強調理性化政治導向的正確路徑，遂以人之知行禮義為社會階級地位轉換之準據。是言：

> 雖王公士大夫之子孫，不能屬於禮義，則歸之庶人。雖庶人之子孫也，積文學，正身行，能屬於禮義，則歸之卿相士大夫。（〈王制〉第九，2～3）

荀子即視社會流動有助於社會品質之提昇，而肯定此種社會現象存在之正面效益與其必要性。〔註12〕是言：

> 大儒者，天子三公也；小儒者，諸侯大夫士也；眾人者，工農商賈也。禮者，人主之所以為群臣寸尺尋丈檢式也，人倫盡矣。（〈儒效〉第八，122～123）

在周文控制下的西周社會，由於長久的安治，而漸趨僵滯。春秋戰國時代雖亂，但卻因知識階層的興起，打破社會階層的靜態封閉，帶動社會菁英的循環周流，而使社會之互動關係呈現出活潑的生機。

〔註12〕蓋荀子肯定社會之階層分化有其功能上之必要性，即係透過職能分工、分層負責的原則，以求得社會之整合。但荀子不苟同周制之依據世襲原則來定階級地位之分判，認為此舉會造成社會階層的封閉，形成社會發展的僵滯，無法有效化解社會階層間之階級衝突。故荀子強調社會流動之必要性，藉菁英份子在「政治──社會」間的周流循環，使個人得以透過社會所肯定的個人成就，來改變其所佔有的社會地位，如此不但可保留社會階層之形式結構，且能充份發揮其功能，而獲得其實質效應。另一方面，也可打破社會階級間的形式不平等，而成就實質平等的社會肯定。是以，荀子所主張的是開放性的階層社會，並以「禮義」作為社會流動的定位判準；亦以「禮義」作為制衡階級衝突之中介管道，使人能安於此社會階層之分化，而維持其結構與功能的有效運作。

　　若就此種社會變遷的動態歷程之消極功能而言，其可使社會解組的潛在危機浮現出來，而使社會得有一重整復平的契機。然就其積極功能而言，此種社會變遷的動態歷程則可使社會得以重現活潑生機，而不致僵滯成一機械化的體制運作。

　　但社會的變遷必促使傳統的權威規範失制；而權威規範的失制，又會引發個體行為的無所適從；而個體行為的無所適從，則終將導致人際關係的緊張衝突，是有各種社會問題之迭起。

　　故荀子認為欲導正社會風氣，安定社會秩序，唯有重建社會規範的權威效力，重塑社會階層明分定位，以確定社會行為的價值判準，才能達成有效的社會控制，使社會復歸和諧互動的整合局面，而得維續社會整體的發展生機。荀子是言：

　　　　分莫大於禮。（〈非相〉第五，28）

　　荀子即視「禮」為重整社會建制，重導社會和諧之實效理據。是言：

　　　　故人無禮則不生，事無禮則不成，國家無禮則不寧。（〈修身〉第二，
　　　　9～10）

　　按荀子之意，即視「禮」為一理性化實效規範，大至國家政治建制，小至個人言行思維，皆在其約制效力涵攝範圍之內。故若能確實行之，真誠守之，即可彰顯其效，而成就天下平治。

三、社會控制

　　西周定制，主之以德禮，輔之以刑罰，而遂成其社會控制。〔註13〕但春秋戰國之時，由於時勢之變遷，而有儒法分重兩端之論。儒家崇禮，以樹立社會控制之道德規範，而重教化之治；法家崇法，以形構社會控制之法制規範，而重刑罰之治。是開中國傳統社會控制理論之兩大系統。〔註14〕

〔註13〕「社會控制……社會是互動的體系，這種體系含有控制其組成員的機能，賞罰、社會化、內心化及符號的使用操作，都是執行這種機能的工具。」——《雲五社會科學大辭典：社會學》，臺北市：商務印書館，民國72年，頁97。

〔註14〕「氏族社會裏面，政治思想和政治組織的發展，便產生了『德』與『刑』的政治思想與制度。德以感化，刑以威畏；德主懷柔，刑主裁制。這是歷代中國政治思想和政治制度的兩大系統。儒家主前者，法家主後者，儒法的分歧，即在於此。」—— 曾金聲著，《中國先秦政治制度史》，臺北市：啟業書局，民國58年，頁12。

　　荀子崇尚禮法，不泥其制。蓋禮者，形諸於外，則爲儀文典章之型範；化諸於內，則爲道德理想之準繩。法者，制之於外，使人明其所不當爲；約之於內，則使人知其所可以爲。是以人守法而循禮，知禮而明法，兩相互濟，則人不獨不能爲亂，亦不欲爲亂。如是而收社會整合之效，成就社會正理之治。故荀子兼採儒法之長，而合爲其社會控制之論。是言：

　　　　隆禮至法，則國有常。（〈君道〉第十二，57）

　　故對荀子而言，則視「禮法」爲其成就社會整合，維護社會安全，安定社會秩序，使社會成員重新認同其歸屬的最有效工具。亦即欲藉「禮」以定社會制度，以別社會角色，以立社會規範，以維社會秩序，以安社會關係，以成社會整合。是言：

　　　　故喪祭、朝聘、師旅，一也；貴賤、殺生、與奪，一也；君君、臣
　　　　臣、父父、子子、兄兄、弟弟，一也；農農、士士、工工、商商，
　　　　一也。（〈王制〉第九，67～69）

　　並用「法」爲輔，以佐禮制之實效。蓋荀子以爲，法之本源，在禮義；法之行措，在賞罰。而禮法規制的基本精神，則在求其相稱等宜。是言：

　　　　凡爵位官職，慶賞刑罰，皆報也，以類相從者也。（〈正論〉第十八，
　　　　40）

　　按"報"者，「對應」之謂也。爵賞、刑罰與人之行爲效果對應得當，即謂之「稱」。故"稱"者，即「社會正義」之表徵。人君行賞論罰得其稱者，始能維續社會正義之規準，樹立法制效力之威信，而使臣民順服，天下安治。是言：

　　　　刑稱罪則治，不稱罪則亂。（〈正論〉第十八，43）

　　故治世之法嚴明，規準唯一，是以刑罰得當；亂世之法紛淆，規準不一，是以刑罰失當。荀子乃愷切陳辭，期使法制之施，能本諸正義之規準，行措得當，才能有效導正臣民之思行，而歸返禮義之常軌。因此，「社會正義」的判準確立，即是荀子構建其社會控制理論的基本訴求。是言：

　　　　一物失稱，亂之端也。（〈正論〉第十八，40）

　　推荀子之意，乃視禮爲其社會控制的統類綱領，屬柔性手段，見效於意識型態之導引；而視法爲其社會控制的具體條件，屬硬性手段，見效於實際行爲之約制。故荀子特別強調法在社會控制上的實踐成效，而重視立法之周全，用法之靈活，以落實法制之功能效應。是言：

　　　　法而不議，則法之所不至者必廢。職而不通，則職之所不及者必隊。

故法而通，無隱謀，無遺善，而百事無過，非君子莫能。故公平者，
職之衡也；中和者，聽之繩也。其有法者以法行，無法者以類舉，
聽之盡也。（〈王制〉第九，11～13）

即期使執法之人可靈活運用其法律知識，以處理法律條文所未及盡之
處。並針對執法時，所邁遇到的處理困境，以研議舊法之合宜性與新法之可
行性，務期使法律條文得以盡其周詳，法制效力得以有效運作。進而深植人
心，使人自節其欲，自制其行，而自不爲非矣。

故荀子乃視刑法賞罰實爲一不得已又不得不然的社會控制機制，〔註15〕
而其要旨則在求「刑期無刑」之理想大治。是言：

刑罰不怒罪，爵賞不踰德，分然各以其誠通，是以爲善者勸，爲不
善沮。刑罰綦省而威行如流，政令致明而化易如神。（〈君子〉第廿
四，10～12）。

故禮之施，法之制，即在期成社會整合之治。是言：

脩禮以齊朝，正法以齊官，平政以齊民。然後節奏齊於朝，百事齊
於官，眾庶齊於下。（〈富國〉第十，122～123）

如是即可成就社會和齊之效，完遂政治靖平之功。然荀子亦有感於社會
輿論之盲從，若不加以正確的導引，即可能危及社會之整合，破壞社會之和
諧。是言：

凡議必先立隆正，然後可也。無隆正則是非不分，而辨訟不決。故
所聞曰：天下之大隆，是非之封界，分職名象之所起，王制是也。
故凡言議期命是非，以聖王爲師。（〈正論〉第十八，102～104）

即欲藉「政治──教育」之互濟，以導正人民言議之合於聖王之道，而
不亂其思，不發妄論，使社會能安於平治。是言：

故析辭擅作名，以亂正名，使民疑惑，人多辨訟，則謂之大姦，其
罪猶爲符節度量之罪也。故其民莫敢託爲奇辭以亂正名。故其民愨，
愨則易使，易使則公。其民莫敢託爲奇辭以亂正名，故壹於道法，
而謹於循令矣。如是則其迹長矣。迹長功成，治之極也，是謹於守
名約之功也。（〈正名〉第廿二，7～10）

〔註15〕 「所謂『慶賞』即正制裁（Positive Sanction）；而『刑罰』，即負制裁（Negative
Sanction）。唯有制裁分明，始能維護社會秩序和國家安全。」── 張承漢著，
《中國社會思想史》，頁80。

故荀子「正名」之論，即爲確立是非善惡之標準，言行思維之依據，以遂其社會控制之效，社會整合之實，而奠定正理平治之迹成。

總結而論，荀子即以"禮義之化"爲其社會控制之體，以"刑法之施"爲其社會控制之用，而形構其社會控制之論。是言：

> 治之經，禮與刑，君子以脩百姓寧，明德慎罰，國家統治四海平。（〈成相〉第廿五，14～15）

故要成就社會整合，天下平治，「社會控制」即是一個必要且必然的措施。

四、社會政策

荀子深知「社會──政治」間存有密切相依的互動關係，故要求人君當嘉惠人民，以施行社會救濟，增進社會福利，維護社會安全，俾利消解「社會──政治」間造成衝突之可能性，以防危及「社會──政治」間之安定。是言：

> 庶人駭政，則君子不安位。……庶人駭政，則莫若惠之。（〈王制〉第九，19～20）

荀子即在其禮義法度之社會規範確立後，申述其社會政策〔註16〕之具體方案，以期落實其社會實務工作，弭解影響「社會──政治」安定之潛在危機。

其社會政策之具體施爲，則有如下數點：

> 選賢良，舉篤敬，興孝弟。（〈王制〉第九，20）

一藉政治之提倡，彰顯社會道德典範，以改善社會民情風氣，導正社會價值取向。

> 收孤寡，補貧窮。（〈王制〉第九，20）

一藉政治之輔導，社會之救濟，以安保孤寡失依，貧窮失養之人皆得維續其生計，皆得存續其生命。

> 姦言姦說姦事姦能，遁逃反側之民，職而教之，須而待之，勉之以慶賞，懲之以刑罰。安職則畜，不安職則棄。（〈王制〉第九，3～5）

〔註16〕「社會政策不論它的目標或方法，都是趨向社會控制方向的一貫態度。……社會政策可說是解決或對付社會問題的基本原則或方針。……如無社會政策，則社會問題將得不到適當或合理的解決，個人與團體的安全和福利，也得不到合法的保障，社會國家皆將蒙受其害。」──《雲五社會科學大辭典：社會學》，頁87。

一藉職業教育以安撫爲非作歹之人，使其習得一技之長，以維持其生計；並輔以法度之管訓，使其不復思亂。但若仍不知改過遷善，仍不能安職守份者，則誅之。

> 五疾，上收而養之，材而事之，官施而衣食之，兼覆無遺，才行反時者死無赦。（〈王制〉第九，5～6）

一藉政治之輔導，職業之教育，使殘障者皆能依其材能得職，皆能獲其衣食安養，而不失爲社會有用之人。但若仍不能體念人君惠民之德，而欲爲非致亂者，則誅之。

大體而論，荀子乃是欲就「政治──教育」與「政治──經濟」兩條路徑，以調合「社會──政治」之互動效應。

蓋就「政治──教育」之路徑言：

> 不教而誅，則刑繁而邪不勝；教而不誅，則姦民不懲；誅而不賞，則勤屬之民不勸；誅賞而不類，則下疑俗儉而百姓不一。故先王明禮義以壹之，致忠信以愛之，尚賢使能以次之，爵服慶賞以申重之，時其事，輕其任，以調齊之，潢然兼覆之，養長之，如保赤子。若是，故姦邪不作，盜賊不起，而化善者勸勉矣。是何邪？則其道易，其塞固，其政令一，其防表明。（〈富國〉第十，80～84）

人君彰明禮義，愼行法度，施諸教化，制諸得稱，則可使社會大眾知曉正理，同化於治。

蓋就「政治──經濟」之路徑言：

> 使民夏不宛喝，冬不凍寒，急不傷力，緩不後時，事成功立，上下俱富；而百姓皆愛其上，人歸之如流水，親之歡如父母，爲之出死斷亡而愉者，無它故焉，忠信、調和、均辨之至也。故國君長民者，欲趨時遂功，則和調累解，速乎急疾；忠信均辨，說乎慶賞；必先脩正其在我者，然後徐責其在人者，成乎刑罰。三德者誠乎上，則下應之如景嚮，雖欲無明達，得乎哉！（〈富國〉第十，75～79）

人君守禮行義以成其德，故能養民得其實，使民得其宜，刑法賞罰得其效，而獲民眾之愛戴，服順其治。

循此「政治──教育」、「政治──經濟」兩條路徑，落實其社會政策之具體施爲，即可成就「社會──政治」之和諧互動的理想宗旨。是言：

> 生民則致寬，使民則綦理，辯政令制度，所以接天下之人百姓，有

非理者如豪末，則雖孤獨鰥寡，必不加焉。是故百姓貴之如帝，親
之出死斷亡而不愉者，無它故焉，道德誠明，利澤誠厚也。（〈王霸〉
第十一，125～127）

　　荀子以爲人民循禮守法，蒙德獲利，則自不會有越軌爭亂之爲，而人君亦
可安保其權位，成全其大治，榮享其美名。因此，荀子期勉人君施政應以愛民
爲念，以人民之福祉爲要，藉社會政策之落實，使人民皆無失教、失業、失養、
失依之患，以增進社會福利，安定社會秩序，確保社會安全，而得完遂「社會──
──政治」之和諧互動，以成就「正理平治」之理想社會的終極期許。

第二節　政治觀

　　荀子深知要徹底解決社會問題，改善社會環境，導引社會發展，唯有藉助
政治施爲始可爲之。荀子是由「社會──政治」之互動關係，而論析其政治期
許，故荀子之社會思想，亦可視爲中國古代「政治社會學」[註17] 理論之一系。

　　荀子設論，理智推理與經驗檢證並重，目的與手段兼涵，故其議政，理
論與實踐相衡，理想與實用互參，是得成就通貫儒法，汰蕪存菁，損長益短
的中正治道，而裁成其「正理平治」的理想政治之議。

　　荀子首由國家之起源實相應於社會現實之需要，而強調國家乃係人文社
會發展之高度理性化的政治組織。並期藉此政治組織的實際施爲，以有效利
用人力資源，合理分配經濟利益，確實控制社會秩序，使得完遂「政治──社
會」之互動效應，以成就天下平治之理想期許。

　　故荀子即要求領導此政治組織的人君應秉其正道而行，修身治國，興利
除害，使百姓得養，而天下安寧。若其不然，則人民有權擇從道之君以歸向
之，以彰顯正道至理，使相制於君。是以荀子雖有「革命」之議，但其要旨
則在彰明正道至理之要，以調和君民互動之關係，使君愛其民，而民敬其君，
兩不相違，而成就人道之極。

〔註17〕「政治社會學，最簡單的定義是『對社會體（Society）與政治體（Polity）、
　　　　社會結構與政治制度間的相互關係的研究』。……政治社會學家在『合法性與
　　　　分裂性』（legitimacy & cleav-age）的課題下，討論政治體如何取得社會同意，
　　　　與如何處置不同的利益和不同的價值。」──Alex lnkeles 等著，沙亦群譯，
　　　　《意識形態與社會變遷（ldeology and Social Change）》，臺北市：巨流圖書公
　　　　司，民國 72 年，頁 120～121。

但君不可獨治，必賴其臣吏以佐成其治，故荀子乃有其官僚政制〔註18〕之明確擘劃，圖藉政治組織之結構分化與職能分工，以求提高政治運作之行政效率，落實其政治理想的實踐施為。

然徒具政治組織之形式，而不得其人以盡行其實，則仍不能成治，故荀子乃有「尚賢使能」之議，以期貫徹其德者在位，能者在職的理想官制；並藉稽核其效，以定奪臣吏之升黜去留，使維持政治體制之活力，而發揮其實際效益。

蓋在此官僚政制中，卿相論列百官之長，對君王實際施政之影響至鉅，〔註19〕故荀子論君擇相之要，在其德能相輔，統率臣吏，撫理百姓，使忠順於君，而君得垂裳安樂，天下亦得和諧平治矣。

荀子以天下之大，諸事之繁，視非智德兼備，倫制全盡，統類條理，應變不窮的聖王，則莫之能治。故荀子勸勉時君近法後王之道，遠紹先生之制，以禮義法度定其分，尚賢使能用其人，統貫聖王治世之理，成就聖王正理之治。

荀子復以聖王之治若能確實踐行，則不循世襲之傳，不待擅讓之禪，而自有得民心之歸向的明君（諸侯）以承天子之職，續成其治，而不致為亂矣。若有興兵相抗爭者，則王者明君必本其仁義之德，愛民之念，禁暴除害以平之，使維持聖王之道得以永續，而安保人民福祉之不棄。

聖王之道即在禮法之制。禮法者，乃係聖人積思慮，習偽故所形構而成的治世之理，安民之制。貫其統類，則舉禮以應之。故禮義者，治之端治；法度者，治之經理；君子者，治之樞要。法度溯源於禮義，禮義溯源於君子。三者互動互依，而安之得當，行之成效，即是符應了荀子「天生人成」之旨。

按荀子強調人文社會當本人智思慮以理，當循人文建制以治。蓋天有其常

〔註18〕 「理論上，現代官僚體制是以『理性——法定』模式為基礎的行政組織。在此模式下，行政機關依據法定的規程組織之，行事講究效率。」——陳鴻瑜著，《政治發展理論》，臺北市：桂冠圖書公司，民國71年，頁201。另參考：「韋伯定義科層官僚制支配為一種藉由科層式行政幹部來管理的合法性支配，其最理性的表現形式為一種『持續性的，受到法規拘束的公務經營機構（Betrieb von Amtsgeschäften）』；在官職安排上，則遵循規定之職權範圍以及官位階層劃分之原則來組織。」——Wolfgang Schluchter 著，顧忠華譯，《理性化與官僚化——對韋伯之研究與詮釋》，臺北市：聯經出版事業公司，民國75年，頁79。有關官僚體制之功能，則參考陳鴻瑜著，《政治發展理論》，頁207～209。

〔註19〕 請參考楊懋春著，《當代社會學說》，臺北市：黎明文化事業公司，民國70年，頁562～570。

道，依自然之常道以運行其實；人有其常統，依人文之常統以運作其治。故天人分立，各理其司，各稱其職，由是而成就荀子「人文主義」的政治理論體系。

一、國家起源

蓋國家之形成乃是社會發展的必然歸趨。〔註 20〕因為社會之形成是基於人民之存養欲得滿足所致，而調和人際之利益衝突，統整人民之才能運作者，唯國家組織之政治體制始能為之。荀子是言：

> 萬物同宇而異體，無宜而有用為人，數也。人倫竝處，同求而異道，同欲而異知，生也。皆有可也，知愚同；所可異也，知愚分。埶同而知異，行私而無禍，縱欲而不窮，則民心奮而不可說也。……無君以制君，無上以制下，天下害生縱欲，欲惡同物，欲多而物寡，寡則必爭矣。（〈富國〉第十，1～5）

故為節制人性之欲求，充裕財貨之供給，裁成生民之所需，遂有國家組織之政治建制的成立。〔註21〕是言：

> 量地而立國，計利而畜民，度人力而授事，使民必勝事，事必出利，利足以生民，皆使衣食百用出入相揜，必時臧餘，謂之稱數。（〈富國〉第十，19～20）

是見在荀子的觀點裏，「國家」乃是一個必要的政治建制，以養民、安民為其主要任務。

然國家之成立，必得有其基本要件。荀子是言：

> 無土則人不安居，無人則土不守，無道法則人不至，無君子則道不舉。故土之與人也，道之與法也者，國家之本作也。（〈致士〉第十四，9～11）

按荀子即視土地、人民、道與法等四者，為國家成立之基本要件。蓋國家既為社會發展之高層次的人文建制，自必以人民為其建制之訴求主體。而人民之生養則必依賴於土地之利用方始得成；人民之安和亦必賴於道法之施行方始見效。故有土有民，斯有國；有道有法，國家乃治。土者，民之本；道者，法之源。是以國家之本務即在用土以養民，立道以制法。故要國家安

〔註20〕請參考 Dr. Samuel Koenig 著，朱岑樓譯，《社會學》，臺北市：協志出版公司，民國 59 年，頁 91～96。

〔註21〕「國家，要言之，是一個社會控制機構。」──朱岑樓譯，《社會學》，頁 97。

治，人君之為，道法之施，即為決定其成敗關鍵之所在。是言：

> 國者，天下之制利用也；人主者，天下之利勢也。得道以持之，則
> 大安也，大榮也，積美之源也。不得道以持之，則大危也，大累也……
> 故人主，天下之利勢也，然而不能自安也，安之者必將道也。（〈王
> 霸〉第十一，1～3）。

是以君之道，即在「脩其道，行其義，興天下之同利，除天下之同害。」
（〈正論〉第十八，18～19），以成就治國安民之實，而善盡天下平治之職志。

荀子視君為國之主，而民為國之本。是言：

> 天之生民，非為君也；天之立君，以為民也。（〈大略〉第廿七，75）

因此，君之所為必當以利民之所需，安民之所成為其持國治世之要務。
是言：

> 故古者列地建國，非以貴諸侯而已；列官職、差爵祿，非以尊大夫
> 而已。（〈大略〉第廿七，75～76）。

即寓意國家之設立，政制之形構，乃係一切為民。故對荀子而言，為謀
求人民之共同福祉，國家的成立自有其必要性；而為求國家政治之有效運行，
經濟利益之合理分配，作為政制組織之領導者的人君即當有其條件上之嚴格
限制，方得承擔養民、教民、管民、安民的治國要務，以確保國家社會的長
治久續。

荀子論人君治國之道，在行"禮義之統"。是言：

> 隆禮貴義者，其國治；簡體賤義者，其國亂。（〈議兵〉第十五，21）

故一國之治亂，端賴人君之能否行守其「禮義」之道以持國。治者，民
心歸向；亂者，民心背離。因此，「禮義」之道不惟人君治國之準據，亦為制
衡人君權勢之準據。荀子是言：

> 從道不從君。（〈臣道〉第十三，19）

君以道治民，則民從之；君不以道治民，則民不從。此即荀子「革命」
思想之所據。

但「革命」者，非政道之常軌，乃係規正政道之無可奈何的激烈手段，
救國圖存之不得不然的最後措施。故荀子「從道不從君」之議，實是著重其
積極的"以道制君"之制衡思想，以期促使人君之所為能以民為本，以國為
重，興利除害，存道成勢，俾保其政權之久續。否則，道之不存，勢必不續，
民怨積反，國必危殆。是言：

道存則國存，道亡則國亡。(〈君道〉第十二，47～48)

人君若不行其道，則人民可擇「從道」之君以歸之。民去則國亡，政權自將移轉而不返。此即 "失道" 之君所咎由自取，而非天意之所爲之。是以，荀子論國，即就其政道之常軌立言，以闡明其治道之所當爲。是言：

道者，古今之正權也。(〈正名〉第廿二，74)

蓋權立衡定，則百姓得安，而國家得治，人主亦必得其榮勢。

故推究荀子之意，即視「國家」爲人類社會發展過程中之必要存在的高度理性化之人文建制，以有效利用人力資源，合理分配經濟利益，確實控制社會秩序，使得完遂「政治 —— 社會」之互動效應，而成就天下之正理平治。

二、官僚政制

春秋戰國時代，封建制度已形瓦解，官僚政制則逐漸形成。〔註 22〕荀子深知此種官僚政制之發展，不惟是政治分工之由簡入繁的必然趨勢，亦肯定其爲提高行政效率的必要措施。是言：

若夫貫日而治平，權物而稱用，使衣服有制，宮室有度，人徒有數，喪祭械用皆有等宜，以是用挟於萬物，尺寸尋丈，莫得不循乎制度數量然後行，則是官人使吏之事也。(〈王霸〉第十一，99～101)

荀子對此官制之結構分化與功能分工，亦有其明確的擘劃：

宰爵：知賓客祭祀饗食犧牲之牢數。

司徒：知百宗城郭立器之數。

司馬：知師旅甲兵乘白之數。

大師：脩憲命、審詩商、禁淫聲，以時順脩，使夷俗邪音不敢亂雅。

司空：脩隄梁，通溝澮，行水潦，安水臧，以時決塞，歲雖凶敗水旱，使民有所耘艾。

治田：相高下，視肥磽，序五種，省農功，謹蓄藏，以時順脩，使農夫樸力而寡能。

虞師：脩火憲，養山林藪澤草木魚鼈百索，以時禁發，使國家足用而財物不屈。

鄉師：順州里，定廛宅，養六畜，閒樹藝，勸教化，趨孝弟，以時順修，

　　　使百姓順命，安樂處鄉。

工師：論百工，審時事，辨功苦，尚完利，便備用，使雕琢文采不敢專
　　　造於家。

傴巫跛擊：相陰陽，占祲兆，鑽龜陳卦，主攘擇五卜，知其吉凶妖祥。

治市：脩採清，易道路，謹盜賊，平室律，以時順脩，使賓旅安而貨財
　　　通。

司寇：扜急禁悍，防淫除邪，戮之以五刑，使暴悍以變，姦邪不作。

冢宰：本政教，正法則，兼聽而時稽之，度其功勞，論其慶賞，以時慎
　　　脩，使百吏免盡，而眾庶不偷。

辟公：論禮樂，正身行，廣教化，美風俗，兼覆而調一之。

天王：全道德，致隆高，綦文理，一天下，振毫末，使天下莫不順比從
　　　服。

（參考〈王制〉第九，82～95）。

　　凡此諸職即已綜攝一國內政之諸務，負有直接治理眾庶百姓之事的實
責，對一國內部之安定與否影響至鉅。然官制既定，如何使之見效，即端賴
人主用人之策的是否得其人而官施之。荀子是言：

　　故人主欲彊固安樂，則莫若反之民；欲附下一民，則莫若反之政；

　　欲修政美國，則莫若求其人。（〈君道〉第十二，36～37）

　　蓋荀子以為能發揮官僚政制之最大效益者，唯使"賢者在位，能者在職"
始能成之。故荀子「尚賢使能」之議，實係相應於其官僚政制之所需而立之
論。

　　荀子有鑑於人有其材質上的差異，故"適才適用"即為其選派官職之參
考依據。是言：

　　原愨拘錄，計數纖嗇而無敢遺喪，是官人使吏之材也。脩飭端正，

　　尊法敬分而無傾側之心，守職循業，不敢損益，可傳世也，而不可

　　使侵奪，是士大夫官師之材也。知隆禮義之為尊君也，知好士之為

　　美名也，知愛民之為安國也，知有常法之為一俗也，知尚賢使能之

　　為長功也，知務本禁末之為多材也，知無與下爭小利之為便於事也，

　　知明制度權物稱用之為不泥也，是卿相輔佐之材也，未及君道也。

　　能論官此三材者而無失其次，是謂人主之道也。（〈君道〉第十二，

　　108～113）

故人主當有知人之明，擇其善者而用之，度其德能而官施之，以盡其“適才適用”之旨。

荀子雖以周制爲其重整政治結構之基底，但亦反對西周職官世襲之制，而強調考核其施爲，以定其升黜去留，使維持政治體制之活力，以發揮其實際效益。故言：

> 其取人有道，其用人有法。取人之道，參之以禮；用人之法，禁之以等。行義動靜，度之以禮；知慮取舍，稽之以成；日月積久，校之以功。故卑不得以臨尊，輕不得以縣重，愚不得以謀知，是以萬舉不過也。故校之以禮，而觀其能安敬也；與之舉措遷移，而觀其能應變也；與之安燕，而觀其能無流慆也；接之以聲色權利忿怒患險，而觀其能無離守也。彼誠有之者與誠無之者，若白黑然，可詘邪哉。故伯樂不可欺以馬，而君子不可欺以人，此明王之道也。（〈君道〉第十二，73～78）

故明主當以德能爲用人之準繩，以禮法爲制人之依據，使德必稱位，而能必稱官，以彰其分制合治之效。荀子是言：

> 故明主譎德而序位，所以爲不亂也；忠臣誠能然後敢受職，所以爲不窮也。分不亂於上，能不窮於下，治辨之極也。（〈儒效〉第八，54～55）

是以荀子論官人之道，重尚賢使能在先，而稽校其效在後，務期使“職能相稱，德位相當”，以發揮其官僚政制之最大實效。

附之以「賢能不待次而舉」（〈王制〉第九，1），則是在求「尚賢使能」之彈性調度的靈活運用，俾使「德以敘位，能以授官」（〈致士〉第十四，20～21）之旨，得以全盡其功，而不泥其形制。

蓋荀子以爲人受其材能所限，不能兼善諸事；而社會亦須專職分工，才能整合其效。是言：

> 農精於田，而不可以爲田師；賈精於市，而不可以爲賈師；工精於器，而不可以爲器師。有人也，不能此三技，而可使治三官。曰：精於道者也，精於物者也。精於物者以物物，精於道者兼物物。（〈解蔽〉第廿一，50～52）

荀子即意謂精於治物之術者，使之專力於治物；精於治人之道者，使之專力於治人，務期使人各盡其長，各得其所，以成就「政治──社會」分工

合治之效。故對荀子而言，能符應其官僚政制之行政專才之要求者，唯精於
治人之道的知識份子始能爲之，始能見效。是以荀子推崇儒者之效，而言：

> 儒者法先王，隆禮義，謹乎臣子而致貴其上也。人主用之，則埶在
> 本朝而宜；不用，則退編百姓而愨，必爲順下矣。雖窮困凍餒，必
> 不以邪道爲貪。無置錐之地，而明於持社稷之大義。嗚呼而莫之能
> 應，然而通乎財萬物，養百姓之經紀。埶在人上，則王公之材也；
> 在人下，則社稷之臣，國君之寶也。（〈儒效〉第八，11～14）

但荀子雖重儒者在國治民安上可成之效，然亦不忽略儒者在現實表現上
之差異，遂有其雅俗優劣之別。故明主當有識人之明，擇其善儒以用，方可
落實其政治理想，而成就天下之平治。

蓋在荀子分層分制的官僚體系中，以「卿相」之地位最尊，其職責最重。
人主既以官僚政制以貫徹其治，故不可不愼選其相以爲輔佐。是言：

> 人主不可以獨也。卿相輔佐，人主之基杖也，不可不早具也。故人
> 主必將有卿相輔佐足任者，然後可。（〈君道〉第十二，101～102）

按荀子所言之官僚政制，類似現在所謂之「責任內閣制」。故人主授命於
相，觀其施爲而定其去留，如此既可得其國治，人主亦可安享其勢。荀子是
言：

> 君者，論一相，陳一法，明一指，以兼覆之，兼炤之，以觀其盛者
> 也。相者，論列百官之長，要百事之聽，以飾朝廷臣下百吏之分，
> 度其功勞，論其慶賞，歲終奉其成功以效於君。當則可，不當則廢。
> 故君人勞於索之，而休於使之。（〈王霸〉第十一，118～121）

故人主用人爲相而得其當，則可身佚而國治，功大而名美。荀子是言：

> 若夫論一相以兼率之，使臣下百吏莫不宿道鄉方而務，是夫人主之
> 職也。若是則一天下，名配堯禹。之主者，守至約而詳，事至佚而
> 功，垂衣裳，不下簟席之上，而海內之人莫不願得以爲帝王。夫是
> 之謂至約，樂莫大焉。（〈王霸〉第十一，54～56）

因此，人君爲公爲私，皆當愼取其相，以統率百官，遵道而制，俾使臣
民得安，而天下得治。

總結而論，荀子議「尙賢使能」之能符應其官僚政制之所需，即在彰著
人君「明分使群」之德慧智能，以成就其南面而治之道。是言：

> 論德使能而官施之者，聖王之道也，儒之所謹守也。傳曰：農分田

而耕，賈分貨而販，百工分事而勸，士大夫分職而聽，建國諸侯之
君分土而守，三公摠方而議，則天子共己而已矣。出若入若，天下
莫不平均，莫不治辨，是百工之所同也，而禮法之大分也。（〈王霸〉
第十一，60～63）

故聖王之道，於其官僚政制上之施爲，即見形於「明分使群」，「尚賢使
能」之策上，而得天下平治之效。

三、聖王之治

在荀子的整體政治建制之規劃中，官僚組織是屬於執行行政運作的治權系
統；而對政權系統，荀子則仍承西周舊制中之「天子」與「諸侯」的分位，視
「諸侯」爲一國之君，而「天子」則爲天下之君。諸侯之中，若能隆禮尊賢者，
則爲王；能重法愛民者，則爲霸。霸者，立信得勢；王者，立義得民。故王者
之治優於霸者之爲，在得民心之歸向，稱王天下，進爲「天子」，﹝註23﹞是以荀
子論政，乃本其愛民之念，指引諸侯"得民心，王天下"之方，以期使其政治
理想之得落實，而天下得治。

然荀子之所以從「爲君之道」入手，以求其政治理想之落實，乃係因其
身浸戰國末年之亂世，親睹人民在規範失控的情況下，自由無拘的順其本性
之所趨，強取謀奪以求自利，遂使其體認：無君之尊，無政之制，則人民必
自爲而無方，天下亦無從得治。是言：

故古者聖人以人之性惡，以爲偏險而不正，悖亂而不治，故爲之立
君上以埶以臨之，明禮義以化之，起法正以治之，重刑罰以禁之，
使天下皆出於治，合於善也，是聖王之治而禮義之化也。」（〈性惡〉
第廿三，39～41）

因此，荀子論政的主體結構，即以「聖王之治」爲尚，以「禮義之化」
爲宗，以「法刑之禁」爲輔，以遂成「正理平治」之良善社會，美善天下爲

﹝註23﹞「先秦儒家向有王霸之辨，而其說多不一。……尊王黜霸，始自孟子。……
以『力』與『德』爲王霸的區別。……荀子王霸之辨，能直承孔子之大處；
他亦以王爲最高的理想，但尊王而不黜霸。……行禮義與否，是荀子王霸之
辨的根據。荀子理想中的王者，就是能行禮義的。」──韋政通著，《荀子
與古代哲學》，臺北市：商務印書館，民國74年，頁113～115。此可與「禮
者，治辨之極也，強國之本也，威行之道也。」（〈議兵〉）之旨，與「從道不
從君」（〈大略〉）之論，對照以觀，俾深明其實。

其理想極致。

> 君者，民之原也，原清則流清，原濁則流濁。（〈君道〉第十二，32）

爲君者，宰制人民生養之需，掌理人民形塑之責，於民之影響至鉅。故荀子力陳明君之所當爲，以勵人君之所應爲。是言：

> 君者，何也？曰：能群也。能群也者，何也？善生養人者也；善班治
> 人者也；善顯設人者也；善藩飾人者也……省工賈、眾農夫、禁盜賊、
> 除姦邪，是所以生養之也。天子三公，諸侯一相，大夫擅官，士保
> 職，莫不法度而公，是所以班治之也。論德而定次，量能而授官，皆
> 使其人載其事，而各得其所宜。上賢使之爲三公，次賢使之爲諸侯，
> 下賢使之爲士大夫，是所以顯設之也。修冠弁衣裳，黼黻文章，彫琢
> 刻鏤，皆有等差，是所以藩飾之也。」（〈君道〉第十二，43～51）

荀子視此四統之策即已涵攝明君所當爲之施，人君若能確實行之，即可得民心之歸向，而稱王天下矣。

但人君若無至明之智，以明分使群；無至仁之德，以修道行義，則亦無守成天下，奠定天下平治之基，永保萬世平治之實。荀子是言：

> 天下者，至重也，非至彊莫之能任；至大也，非至辨莫之能分；至
> 眾也，非至明莫之能和。此三至者，非聖人莫之能盡，故非聖人莫
> 之能王。（〈正論〉第十八，24～26）

聖人者，能窮盡人倫之理；明君者，能窮盡禮法之制。〔註24〕禮法之制本諸人倫之理，君道之爲爲人道之極。而聖人備道全美，是縣天下之權稱，故〔註25〕非聖人莫之能王，天下亦得聖王之臨以成其治。

但前世之聖王有百，後世之人君又當以誰爲法？是言：

> 聖王有百，吾孰法焉？法曰：文久而息，節族久而絕，守法數之有
> 司，極禮而褫。故曰：欲觀聖王之跡，則於其粲然者矣，後王是也。
> （〈非相〉第五，28～30）

蓋對荀子而言，前世之聖王中，以舜禹爲最著者。〔註26〕然因年代久遠，其制已不復得觀，故無從法之。但相對於舜禹之後王，亦即西周之文武，則

〔註24〕「聖也者，盡倫者也；王也者，盡制者也。兩盡者足以爲天下極矣。」（〈解
　　　蔽〉第廿一，82～83）。
〔註25〕「聖人備道全美者也，是縣天下之權稱也。」（〈正論〉第十八，26）。
〔註26〕「上則法舜禹之制」（〈非十二子〉第六，19～20）。

得周公之佐，盡得先王立制之旨，禮法之義，故能成就西周粲然平治之施。是以，時君當法西周之聖王，以通貫古聖先王治世之理，而爲其後世人君所師法見用之型範。

聖王之治，在以禮義法度定其分，尚賢使能用其人。是以聖王在位，則國治而民安；聖王既歿，接其位，續其治者，必有其人。荀子對於政權的移轉，不贊同訴諸親緣相傳，〔註27〕亦不苟同擅讓之禪。〔註28〕蓋兩者之有，乃係政治體系不明，政教施爲不彰所致。若政治體制結構分明，運作得當；政教施爲行之得法，實踐成效。則在此「政治 —— 教育」的相濟互輔下，自可培育出適合續成聖王之治的明君賢主，得諸民心之歸向，而繼位爲天子。

故荀子論及政權之移轉，即訴諸於客觀判準之爲據。此客觀判準，在政治上，即是禮法之制。聖王制禮法以治其民，守禮法以成其治。故聖王亦當秉禮法之公義，移轉其政權於能成禮法之大治的明君，以持續其天子之職。換言之，在「天子 —— 諸侯」分位的政權系統裏，諸侯之中，能行其仁義之統，守其禮法之制，而確得其正理平治之效者，自會獲得民心之歸向，而舉之爲天子。故聖王不待求，而人民自會以行動推舉其所擁戴之明君，以繼承其統。是以荀子雖以「尊君」之論見著，但觀其義則仍訴諸於民心之向背，以定斷人君之權位。是言：

> 聖王沒，有埶籍者罷不足以縣天下，天下無君；諸侯有能德明威積，海內之民莫不願得以爲君師。……天下歸之之謂王，天下去之之謂亡。（〈正論〉第十八，16～21）

若有不服，而欲舉兵興亂者，則王者必本其仁義之德，愛民之念，禁暴除害以平之。故王者之用兵，非爲爭奪，而係爲求全民之福祉得以安保，其政治理想得以全面落實而爲之。是言：

> 彼仁者愛人，愛人故惡人之害之也；義者循理，循理故惡人之亂之也。彼兵者所以禁暴除害也，非爭奪也。故仁人之兵，所存者神，所過者化，若時雨之降，莫不說喜。是以堯伐驩兜，舜伐有苗，禹伐共工，湯伐有夏，文王伐崇，武王伐紂，此四帝兩王，皆以仁義之兵，行於天下也。故近者親其善，遠方慕其德，兵不血刃，遠邇來服，德盛於此，施及四極。（〈議兵〉第十五，67～71）

〔註27〕請參考〈正論〉第十八，13～21。
〔註28〕請參考〈正論〉第十八，53～62。

如此不獨可保其禮法之制，亦可全其聖王之治。

四、禮法之制

荀子由「法後王」之議，申言先王禮法之制有其治世之理。此治世之理即爲聖人積思慮，習僞故所歸結而得的統類之道。是言：

> 聖人者，以己度者也。故以人度人，以情度情，以類度類，以說度功，以道觀盡，古今一度也。類不悖，雖久同理。（〈非相〉第五，35～36）

聖人以己度所得之統類之道，即在「禮」。是言：

> 禮者，法之大分，類之綱紀也。（〈勸學〉第一，28～29）

荀子即由統貫於歷代因革損益之典章儀文，法度政事中永遠不變的共理，而歸結出：先王之「禮」即是創造法度的原則，推類事理的準繩；是人文世界的最高道德型範，是人類社會各類事物的具體規制；它統攝一切理論，綱紀一切行爲。〔註29〕是以先王依禮行義，立法定制，而能成就其平治盛世。故欲窮究先王之道，探討仁義之本，由「禮」入手即是最正確的途徑。是言：

> 百王之道，後王是也。君子審後王之道，而論百王之前，若端拜而議。推禮義之統，分是非之分，總天下之要，治海內之眾，若使一人。故操彌約，而事彌大。五寸之矩，盡天下之方也。（〈不苟〉第三，36～38）。

故人君法聖王之治，明其統類之禮，即可舉措應變，而不失其治。是言：

> 禮者，治辨之極也，強國之本也，威行之道也，功名之總也。王公由之所以得天下也，不由所以隕社稷也。（〈議兵〉第十五，78～79）

故「禮」即是立國的最高準則。是言：

> 國無禮則不正。禮之所以正國也，譬之：猶衡之於輕重也，猶繩墨之於曲直也，猶規矩之於方圓也，既錯之而人莫之能誣也。（〈王霸〉第十一，42～43）

聖王循禮行義，以強化「禮」之客觀價值，以鞏固「禮」之政治威信。是言：

> 夫義者，內節於人，而外節於萬物者也；上安於主，而下調於民者；

〔註29〕請參考李滌生著，《荀子集釋》，臺北市：學生書局，民國75年，頁12～13。

內外上下節者，義之情也。然則凡爲天下之要，義爲本，而信次之。
古者禹湯本義務信而天下治，桀紂棄義倍信而天下亂。故爲人上者，
必將慎禮義，務忠信，然後可。此君人者之大本也。（〈彊國〉第十
六，78～81）

　　禮義既定，如何使之見諸實效？聖王即立法度之制，使合理的禮義之統
成爲合法的法度之制，以補禮義踐行上未盡其效之處，以固禮義教化上形諸
實功之施。蓋禮者，塑成人內在道德之準繩，以顯善德，以禁惡念；法者，
構建人外在動止之準據，以固善志，以制惡行。荀子論及善惡之分判，是落
在人文社會之人際互動關係上立分，〔註30〕故禮法之施，也即是針對人文社
會生活的現實景況而立之約制規範，期以禮制於內，而法制於外。

　　然聖人之立禮義，制法度，乃是以禮爲行法之本，法爲輔禮之治。故法
之義在明禮，法之數在守禮，是以無法是非禮也。而能知法之義，行法之數，
應變不亂者，則唯君子能之。是言：

故法不能獨立，類不能自行。得其人則存，失其人則亡。法者，治
之端也；君子者，法之原也。故有君子，則法雖省，足以徧矣。無
君子，則法雖具，失先後之施，不能應變之事，足以亂矣。不知法
之義，而正法之數者，雖博，臨事必亂。（〈君道〉第十二，2～4）

　　推荀子之意，即爲調和「人治、禮治、法治」三者之別，而申言三者互
動之關係，使「人、禮、法」皆得並觀而論，而不失其要。〔註31〕是言：

隆禮至法則國有常，尚賢使能則民知方。（〈君道〉第十二，57～58）

　　由是以承聖王之道，而遂成天下之平治。是言：

朝廷必將隆禮義而審貴賤，若是，則士大夫莫不敬節死制者矣。百
官則將齊其制度，重其官秩，若是，則百吏莫不畏法而遵繩矣。關
市幾而不征，質律禁止而不偏，如是，則商賈莫不敦慤而無詐矣。
百工將時斬伐，佻其期日而利其巧任，如是，則百工莫不忠信而不
楛矣。縣鄙則將輕田野之稅，省刀布之斂，罕舉力役，無奪農時，
如是，農夫莫不樸力而寡能矣。士大夫務節死制，然而兵勁。百吏

〔註30〕「凡古今天下之所謂善者，正理平治也；所謂惡者，偏險悖亂也。是善惡之
　　　　分也已。」（〈性惡〉第廿三，37～38）。
〔註31〕請參考魏元珪著，《荀子哲學思想研究》，臺中市：東海大學出版社，民國72
　　　　年，頁193～196。

> 畏法循繩，然後國常不亂。商賈敦愨無詐，則商旅安，貨通財，而
> 國求給矣。百工忠信而不楛，則器用巧便而財不匱矣。農夫朴力而
> 寡能，則上不失天時，下不失地利，中得人和，而百事不廢。是之
> 謂政令行，風俗美，以守則固，以征則彊，居則有名，動則有功。
> 此儒之所謂曲辨也。（〈王霸〉第十一，138～146）

故禮義者，治之端始；法度者，治之經理；君子者，治之樞要。法度溯源於禮義；禮義溯源於君子。三者互動互依，而安之得當，行之成效，即是符應了荀子「天生人成」之旨。是言：

> 以類行雜，以一行萬。始則終，終則始，若環之無端也，舍是而天
> 下以衰矣。天下者，生之始也；禮義者，治之始也，君子者，禮義
> 之始也；為之，貫之，積重之，致好之者，君子之始也。故天地生
> 君子，君子理天地；君子者，天地之參也，萬物之總也，民之父母
> 也。無君子，則天地不理，禮義無統，上無君師，下無父子，夫是
> 之謂至亂。君臣、父子、兄弟、夫婦，始則終，終則始，與天地同
> 理，與萬世同久，夫是之謂大本。（〈王制〉第九，63～67）。

是知自然有其常，人文有其統，唯君子貫其類，明其理，以成聖王之道，立禮義以化民，定法度以制民，方得完遂其「正理平治」的理想之治。

第三節　經濟觀

荀子認為，追求欲望的獲得滿足是人類與生俱來的本能傾向，也是人類結群共生的基本導因。是以，依於人類之追求欲望的獲得滿足而衍生的經濟問題，也是荀子整體社會思想所急需處理的一個主要課題。

在荀子的整體社會思想中，是將「社會」本身視為受動而變遷的依變項，而將「政治、經濟、教育」視為影響社會變遷的自變項。並視「政治——經濟」之關係的調整，為化解現實社會衝突爭端的重要關鍵渠道。

蓋在春秋戰國時代，商業經濟的發展，不僅帶動了社會型態的變遷，也成為決定國勢強弱的關鍵要項。因此，該時代各國之政治施為的主要訴求，即在求國之由富而強。〔註32〕

〔註32〕 「諸侯為了爭取天下，無不強化自身力量，苟能富國強兵者，無不致之，無
　　　　不用之。」—— 張承漢著，《中國社會思想史》，頁37。

　　而荀子則欲將此商業經濟的發展納入其政治統制之下，俾使其整體社會計劃得以貫徹實施，以謀求社會整體的共同福祉。故荀子基本上是主張由政府來統籌管制與規劃經濟活動之運作與所得之分配，以期重導社會經濟於一穩定的和諧秩序中。荀子遂乃強調總體經濟〔註 33〕建制的分工合作，而肯定政治施爲對經濟穩定的積極功能，亦即欲藉政府的合法權力與整體規劃，來調節經濟資源的供需均衡，安排經濟利益的合理分配，並儲備國家發展的物資實力，以圖成就民富國強的理想之境。

　　在荀子的社會經濟之整體規劃中，首先針對人類欲望無法消解，而提出「節欲養生」之議，期藉禮義之道的自我約制，以節制個人欲望之追求，提高財貨供給之最大「邊際效用」〔註34〕（Marginal utility），以使人容易獲致主觀價值之滿足，而利於其「政治──經濟」計劃之有效運行。

　　對於長久以來即困擾民生至鉅的財政問題，則提出「輕賦薄歛」之議，期藉減輕稅賦，以利財貨之流通，物資供需之均衡。並由政府做適當之經濟干預，以限制商業人口，擴大農業生產勞動力，一則以維持經齊秩序之穩定，再則以解決人民失業之壓力，使人民能在安定的社會環境中，享有其富足的經濟生活。

　　荀子強調政府當以養民爲旨，不當與民爭利，故提出「開源節流」之議，以節制政府之財務支出，使國計得足；並藉調節物資之供需均衡，使民用得安。是以節用裕民，使上下俱富，即是爲人君足國安民之道。

　　政府在其富民之後，當以教民爲務，廣設教育機構，以滿足人民之文化需求，提昇人民之生活品質，使成就一個「富而好禮」的美善社會，完遂「正理平治」的理想極致。

〔註33〕　「『總體經濟』是指整個社會或國家的經濟活動與事務。」——侯家駒著，《先秦儒家自由經濟思想》，臺北市：聯經出版事業公司，民國 72 年，頁 3。

〔註34〕　「所謂效用，乃爲一種特定物品，可以滿足一個特定個人的欲望的性質。」故「人們對於一種物品所以會發生需要，便在於這種物品所具有的那種能夠滿足欲望的能力，亦即效用。」但「一種物品每新增加一個單位所增加的效用，亦即在總效用上所引起的增加數 —— 我們稱之爲該一單位的邊際效用（marginal utility）—— 是隨同該一物品在數量上的增加而逐漸減低的。這就是一般所說在消費一面所發生的邊際效用遞減定律（the principle of diminishing marginal utility）。」是以「爲期獲致最大的總效用，就必須在邊際效用均等的條件下，來組合各種財貨的使用量（或購買量），此即一般所稱之邊際效用均等定律（law of equal marginal utilities）或最大滿足定律（the principle of maximum satisfaction）。」——趙鳳培著，《經濟學概要》，臺北市：三民書局，民國 67 年，頁 10～14。

一、節欲養生

　　荀子以爲社會之所以產生衝突，其癥結不是在人之有欲，而是在人之不知節制其欲求。蓋人之有欲乃是人天生即具的自然本能，與人世的治亂無關。而社會之所以會產生衝突爭端，則是因爲個人以其自我爲本位，只求個人欲望的獲得滿足，而不顧他人的權益，破壞了社會關係的和諧互動，引發了利益衝突的脫序危機。故荀子認爲唯有透過社會規範對個人行爲的約制，使之內化爲個人的主體意識，方能有效的指導個人控制其欲望的追求，而化解人際互動中的利益衝突，使社會復歸和諧、整合的穩定秩序，人人亦可同蒙其安養而不致爲亂。是言：

> 人生而有欲，欲而不得，則不能無求，求而無度量分界，則不能不爭，爭則亂，亂則窮。先王惡其亂也，故制禮義以分之，以養人之欲，給人之求。使欲不必窮乎物，物必不屈於欲，兩者相持而長，是禮之所起也。故禮者，養也。（〈禮論〉第十九，1～5）

　　荀子即以調和人欲需求與物質供給爲其制禮義之目的。蓋物質短絀，則人欲需求必不得滿足而爭；人欲需求無窮，則物質供給必致不足而窮。故要使社會安定，人人安養，則必須要訴諸於禮義的規範約制，使人自我節制其欲望之追求，以減低其對物質之依賴，而不爲物欲所左右；並訴諸於政治的經濟施爲，提高物資供給的總生產量，以滿足人民生養富足之所需，而使政教之治得以順行。

　　荀子論欲，甚重「知——情——意」三者之關連。蓋「欲者，情之應也。以所欲爲可得而求之，情之所必不免也。以爲可而道之，知所必出也。」（〈正名〉第廿二，63～64）。即謂欲望乃人之性情的自然反應，足以影響人之意志的抉擇實踐，而左右人之理智的計慮謀略。故要對治因欲望之追求滿足而引發的社會衝突，唯有透過理智的反省，標定價值的判準（即禮義之道），決定意志抉擇之所可，而超脫情性欲求的本能支配，方能實現人之爲人的存在尊嚴，成就人文社會的和諧平治。是言：

> 故欲過之而動不及，心止之也。心之所可中理，則欲雖多，奚傷於治？
> 欲不及而動過之，心使之也。心之所可失理，則欲雖寡，奚止於亂？
> 故治亂在於心之所可，亡之情之所欲。（〈正名〉第廿二，60～62）

　　是以荀子力斥「去欲、寡欲」之說，視之爲昧於存在實然之誤。蓋人之有欲，是人性自有；人之多欲，是人情自然。是言：

雖爲守門，欲不可去，性之具也。雖爲天子，欲不可盡。欲雖不可
盡，可以近盡也。欲雖不可去，求可節也。所欲雖不可盡，求者猶
近盡；欲雖不可去，所求不得，慮者欲節求也。道者進則近盡，退
則節求，天下莫之若也。(〈正名〉第廿二，64～67)

按荀子以爲，人之欲望既不可除去，則訴諸禮義之道的自我約制，即可
節制欲望的追求，而提高財貨供給的最大「邊際效用」，使人容易獲得主觀價
值上之滿足，而不思爲亂。故在荀子而言，「節欲養生」之議，即爲有助於其
整體經濟計劃之施行的首要步驟。

人人若能自節其欲以安養其生，則循禮義之制而定之「分配」政策即可
貫徹而無阻。蓋荀子以爲人際既有差等分異之別，即不能要求所得分配之均
平，而當求其合理（禮）稱義。是言：

故先王案爲之制禮義以分之，使有貴賤之等，長差，知愚、能不能
之分，皆使人載其事而各得其宜，然後使慤祿多少厚薄之稱，是夫
群居和一之道也。故仁人在上，則農以力盡田，賈以察盡財，百工
以巧盡械器，士大夫以上，至於公侯，莫不以仁厚知能盡官職，夫
是之謂至平。故或祿天下，而不自以爲多；或監門御旅，抱關擊柝，
而不自以爲寡。(〈榮辱〉第四，73～77)

觀其終旨，則在訴諸聖王之制，以求「明分達治而保萬世」。是言：

聖王財衍以明辨異，上以飾賢良而明貴賤，下以飾長幼而明親疏。
上在王公之朝，下在百姓之家，天下曉然皆知其非以爲異也，將以
明分達治而保萬世也。故天子諸侯無靡費之用，士大夫無流淫之行，
百吏官人無怠慢之事，眾庶百姓無姦怪之俗，無盜賊之罪，其能以
稱義偏矣。(〈君道〉第十二，53～57)

故人君以禮定制，明分稱義，使人人各安其養，各守其份，各盡其力，
即能成就天下之久治。

二、輕賦薄歛

長久以來影響民生最鉅的即是財稅問題。

春秋戰國之時，農業生產方式雖有進步，但由於工商業的興盛，土地私
有制的形成，一則使農民生產意願降低，再則因受商業資本的侵奪，重賦苛
稅的壓迫，使農民出售其土地，而致流離失所，並引發嚴重的失業問題，伏

下社會動亂的潛因。〔註 35〕而中國自古即以農業立國，農業為國家經濟的命脈，農民為國家兵力的來源。是以荀子論及經濟，仍以農業經濟為重，但亦不忽略商業經濟之效，而兩安之道，即在財稅之調整，使農不困於賦，而商不窮於稅。是言：

> 王者之法：等賦、政事、財萬物，所以養萬民也。田野什一，關市幾而不征，山林澤梁以時禁發而不稅。相地而衰政。理道之遠近而致貢。通流財物粟米，無有滯留，使相歸移也，四海之內若一家。（〈王制〉第九，54～56）

對於農業經濟之保護，基本上採取「什一」之輕賦，但亦顧及土地瘠沃之差異，而別以賦稅徵收之等級，以符應實際狀況之公平處理；訂定合理的農賦政策，藉「輕田野之稅，省刀布之斂，罕舉力役，無奪農時」（〈王霸〉第十一，41～42），以提高其生產意願，豐富其農作產量，使農民皆得安居樂業，而致順其上，如此，不但可安定國家之經濟主力，亦且可充沛國家之兵力來源，使國家易於達臻「富強」之境。

農業經濟直接關涉到自然資源的開發與利用，若任由人民自行為之，則必然會因人民追求私利之滿足，而破壞自然生態之均衡，影響自然資源之供給，危及人民存養之所需，故需設官治理，因應天時，調節供需，使萬物皆得其宜，六畜皆得其長，而群生皆得其命。如此才得盡其「天生人成」之旨，才能遂成人君聖德之制。是言：

> 草木榮華滋碩之時，則斧斤不入山林，不夭其生，不絕其長也；黿鼉魚鱉鰍鱣孕別之時，罔罟毒藥不入澤，不夭其生，不絕其長也；春耕夏耘，秋收冬藏，四者不失時，故五穀不絕，而百姓有餘食也；汙池淵沼川澤，謹其時禁，故魚鱉優多而百姓有餘用也；斬伐養長不失其時，故山林不童而百姓有餘材也。聖王之用也，上察於天，下錯於地，塞備天地之間，加施萬物之上。微而明，短而長，狹而廣，神明博大以至約。（〈王制〉第九，77～82）

農業生產既得其餘，則復需依藉商業運銷，才能發揮其經濟效益，充裕農民之財富。故荀子對於商業功能之肯定，是基於商業之存在是因於農業經濟之所需而立，是以商業之發展不當危及農業經濟。因此，荀子認為政府在保障商業行為所能獲致之經濟效益的同時，應當限制其從業人口，以免因商

〔註 35〕請參考陶希聖著，《中國社會與中國革命》，頁 121～124。

業行為所產生的負面影響（重利輕義的價值設定），主導社會風氣的歸趨，妨礙政教規範的有效運行，而破壞國家的團結與穩定。荀子遂有「眾農夫、省工賈」之議，期欲藉政治的干預，使人力資源大量投入生產勞動的行列，以豐裕國家經濟自足的物質基礎，以擴展國家富強的物資實力。

荀子雖以「重農政策」為其經濟思想之主體，但亦不忽略商業經濟所能獲致之均衡供需，流通財貨的實際效益。是言：

> 北海則有走馬吠犬焉，然而中國得而畜使之；南海則有羽翮、齒革、曾青、丹干焉，然而中國得而財之；東海則有紫絲、魚鹽焉，然而中國得而衣食之；西海則有皮革、文旄焉，然而中國得而用之。故澤人足乎木，山人足乎魚，農夫不斷削不陶冶而足械用，工賈不耕田而足菽粟。（〈王制〉第九，57～60）

商業行為既能有助於物資供需之調節均衡，故應予以適當之保護，適度之自由，以利其存續。是以荀子在其商業政策上，擬有「關市幾而不征」之議。推其主旨，意在便利財貨之流通，並防止商賈將稅額納入其成本計算，提高物價，加重人民之經濟負擔，形成商業資本的蓄積，擴大貧富間的懸殊差距，而影響國計民生之安定。

蓋荀子以為，社會分工是有其實際因應社會發展之必要性。而社會分工既已底定，就當尊重其專職技能，使其專力於本務之發展，故予以適當之保護，適度之自由，並不為過。〔註36〕而這也有助於保持「政治——經濟」上之和諧的互動關係。

但商業經濟對於國計民生之影響至鉅，既可操縱民生物資之供需，甚且可左右政治運作之威信。故政府當作適當之干預，不使商業經濟成為社會經濟之主流，以維持政治社會秩序之穩定，以保障國民所得利益之均平。而干預之途徑，在有形上，即是眾農夫、省工賈，設官分制；在無形上，即是制禮義，定法度，使農工商之民在社會規範的教化、約制下，自守其份，自節其欲，以謀求國家社會的最大福祉，以成就國家富強的最大效益。是言：

> 務本事，積財物，而勿忘棲遲薛越也，是使群臣百姓皆以制度行，則財物積，國家案自富矣。（〈王制〉第九，107～108）

因此，總結而言，荀子「輕賦薄斂」之議，即在保障人民經濟利益之所

〔註36〕是以侯家駒先生即稱「即使帶有統制經濟色彩的荀子，在其本上，亦是自由經濟的擁護者。」——侯家駒著，《先秦儒家自由經濟思想》，頁4。

得，使其樂其所事，而全盡其力。至於「眾農夫，省工賈」之議，則一在維持經濟秩序之穩定，一在解決人民失業之壓力，使人民能在安定的社會中，追求其生活之富足，而國家亦可因之而富裕。

三、開源節流

荀子以為政治的主旨在養民，故嚴禁政府與民爭利，是言：

> 故天子不言多少，諸侯不言利害，大夫不言得喪，士不通貨財。有國之君不息牛羊，錯質之臣不息雞豚，眾卿不脩幣，大夫不為場園。從士以上皆羞利而不與民爭業，樂分施而恥積藏。(〈大略〉第廿七，67～69)

荀子此言有二義：一則防止執政者因貪慕私利，受制於物，而亂其所為，破壞道法之威信，侵害人民之權益，終至國亂民離；再則提醒執政者當以愛民之念，公義為尚，犧牲個人之小利，以成全國家富強之共利。

人民為國家之主體，人君欲保其國，全其勢，自當以維護其全民之共同福祉為依歸，故荀子乃有「開源節流」之議，以示人君「國計之極」。是言：

> 下貧則上貧，下富則上富。故田野鄉鄙者，財之本也；垣窌倉廩者，財之末也。百姓時和，事業得敘者，貨之源也；等賦府庫者，貨之流也。故明主必謹養其和，節其流，開其源，而時斟酌焉。潢然使天下必有餘，而上不憂不足。如是，則上下俱富，交無所藏之。是知國計之極也。(〈富國〉第十，99～102)

推求荀子此言之意，即為謀求國家經濟之最大效益，政府應對（人力、物力）資源之開發、利用與分配，做積極而適當之干預，以調節財貨之供需，平抑經濟之波動，使民因國而安，國因民而富，此即為「國計之極」。〔註37〕

再就政府之財政稅收來說，由於「田野什一，關市幾而不征，山林澤梁以時禁發而不稅」(〈王制〉第九，54～55)之議，使政府的施政運作無法獲得大量的經費支援，故亦須藉助「開源節流」之策，擴大農業人口，豐裕農

〔註37〕 請參考「有效需要政策」(effective demand policy)：「主要係藉財政金融政策來調節有效需要，使景氣的波動幅度小，同時儘量促進經濟成長，減低失業率，創造多所得的富裕社會。這種政策尤其可以發揮調節景氣變動的效果。例如在繁榮時期抑制財政支出，緊縮金融，可以避免因過度的需要所導致的通貨膨脹。在蕭條時期則可以相反的手段來刺激需要。」——關屋牧著，《經濟小語》，臺北市：五南圖書公司，民國77年，頁57。

賦稅收；節制財政支出，均衡物資需求，使百吏得其養，諸政得其行，而國家得其治。

是以荀子以農業為本，而論「足國之道」在「節用裕民」，以申釋其「上下俱富」之旨。是言：

> 足國之道，節用裕民，而善臧其餘。節用以禮，裕民以政。彼裕民故多餘；裕民則民富，民富則田肥以易，田肥以易則出實百倍。上以法取焉，而下以禮節用之，餘若丘山，不時焚燒，無所臧之；夫君子奚患乎無餘！故知節用裕民，則必有仁義聖良之名，而且有富厚丘山之積矣。此無它故焉，生於節用裕民也。（〈富國〉第十，10～14）

下富則上富，民用足則國用不匱。臧其所需，焚其多餘，既可平抑物價，均衡供需；亦可保有豐富之府庫積臧，以為養民之用，以備不時之需。如此則不但能安定經濟秩序，亦且能充擴政治實力，進可得天下民心之歸向，退可守一國之富強，而成就聖王「仁政德治」之美名。

故就荀子而言，「開源節流」之議，即是相應於其「禮義之治」而得之理性化經濟措施，以成其「政治——經濟」相濟之效。是言：

> 殷之日，安以靜兵息民，慈愛百姓，辟田野，實倉廩，便備用，安謹募選閱材伎之士；然後漸慶賞以先之，嚴刑罰以防之，擇士之知事者使相率貫也，是以厭然畜積修飾而物用之足也。（〈王制〉第九，113～116）

是以人君施政當以愛民為念，以養民為要，以治民為務。故百姓足，君孰與不足？是言：

> 君子以德，小人以力。力者，德之役也。百姓之力，待之而後功；百姓之群，待之而後和；百姓之財，待之而後聚；百姓之埶，待之而後安；百姓之壽，待之而後長。（〈富國〉第十，36～38）

滿足人民生養之利，使百姓得安，即能成就人君政經之大利，而完遂天下之大治。

四、先富後教

在荀子社會分工的規劃下，工農商賈之民擔負著維續社會大眾之存養的生產勞務與調節供需之經濟功能。然因工商之民重機巧，求厚利，不易以禮義教化之，而宜以法數裁制之，使之既得其養，又不致為亂。農耕之民則因

其相隨於自然之常，應之以時序之作，環境單純，思慮樸直，故較宜以禮義教化之，而易收「正理平治」之理想實效。是以荀子「眾農夫，省工賈」之議，亦有助於順利達成其社會控制的政治效應。

人之求利張欲，為人性之自然流露。禁之，則必遭民反，而危及國安；導之，則可安民所需，而國家得治。是以荀子一本孔門「先富後教」之旨，藉諸政治施為，先富裕人民經濟之需求，再貫徹人民教育之普及，以期提昇人民物質與精神生活之品質，以圖創造一個更美好的生活環境。是言：

> 不富無以養民情，不教無以理民性。故家，五畝宅，百畝田，務其業而勿奪其時，所以富之也。立大學，設庠序，脩六禮，明十教，所以道之也。詩曰：飲之食之，教之誨之。王事具矣。(〈大略〉第廿七，51～53)

蓋荀子的理想社會是一個「均富」的社會。但要成就一個「均富」的社會，在政治上，不僅應提供一個使人人皆可追求其欲望之滿足的經濟環境，以安定其物質生活；更應提供一個使人人皆可接受知識薰陶的教育環境，以充實其精神生活。觀其終旨，即欲藉物質生活與精神生活的兩相成全，以成就一個「富而好禮」的美善社會。

荀子以為人之存在的首務，即在求其生養欲望之得滿足，故人必先積極從事於物質條件的創造與改善，以期安定其生養，進而富裕其生活，是有經濟行為之產生。但當人之物質生活獲得保障後，人之欲望必會要求更高一層次的精神生活之得滿足，是有文化活動之產生。而政府本其愛民之念，亦當在其富民之後，廣設教育機構，以提供文化歸趨之導引，俾使社會合於「正理平治」而歸於「善」。

蓋荀子之社會階層化的分工規劃裏，農工商賈為專司經濟活動之眾庶百姓，精於治物之巧，卻未明禮義之道。而荀子為求其「正理平治」之社會理想的全面落實，以使人人皆得富裕安定之生活，皆成明禮尚義之人，故將文化教育置於其經濟理想之上，以貫徹其政治理念，完遂社會之整合。是言：

> 人莫貴乎生，莫樂乎安。所以養生安樂者，莫大乎禮義。(〈彊國〉第十六，46～47)

> 禮義教化，是齊之也。(〈議兵〉第十五，38)

> 故凝士以禮，凝民以政；禮脩而士服，政平而民安。士服民安，夫是之謂大凝。(〈議兵〉第十五，117)。

因此，就荀子而言，即視禮義教化之「教育」措施爲貫徹「政治──經濟」之理念傳承的媒介管道；調節「政治──經濟」之和諧互動的重要機制。

第四節　教育觀

荀子的教育之論是爲對應其「政治──社會」之和調互濟而設之議，故重其實用之效，而強調"經驗──理智──道德"三者間的相互關聯，以證成其所論之得理，所施之見效。

蓋「政治──社會」者，皆人爲之建制，以人爲主體。故荀子論教，亦以人爲本位，期循人文之僞以導化人性之欲，調和人性之情，以安人生之存養，以利智德之清修。是以荀子之教育觀，立基於個人之求學向道，伸衍於社會之積靡習染，而完遂於政治之正理平治。

蓋家庭爲社會組織中之初級團體，人生於斯，長於斯，而從中接受「社會化」之陶成，習得因應社會生活之所需的謀生技能與行爲規範，以安養其生，安處其存。

然荀子以爲若無良好的社會環境以供其心智之發展，則人必以從俗爲善，以富利爲隆，而亂其心志。故荀子重師之教，友之輔，以勉人愼擇其師以從，愼選其友以從，以造就一個積靡習染「禮義之道」的人文環境，以遂成其師法禮義的學習效應。

荀子復視人世之亂，在人際利益之相衝突，而不得其制。故欲治人世之亂，制利益之爭，必得標本兼治，以禮義之道制人性之自利欲求，以人文之僞制人際之衝突爭端。是以化性起僞，誠內形外，即可調和「政治──社會」之互濟，而使天下大治。

化性之法，循智成禮，以禮定範，行範以制其性；循情成樂，以樂清志，和志以塑其性。禮者，制於外而化於內，故能著誠去僞而自爲常；樂者，成於內而形於外，故能窮本極變而應無遺。禮樂兼施，即可使人內外相濟，均衡智情，而動靜皆得其宜。故禮樂之教，小則個人得其安，而大則天下得其治矣。

荀子論學言教，重其實用之效，故求其言之得理，而行之見效。是以推崇「禮義之道」兼具道德之價值性，理智之合理性及經驗之實徵性。知之可明，行之可成，知行合一，則可使人之立身處世盡得其宜，而君之治國平天

下皆得其當，由是以遂成其「政治——社會」和諧互濟之效。

因此，荀子論學之要旨，即在藉教育之形塑，使人人皆能「積偽成聖」，以提昇人文世界之品質，使「政治——社會」不待制而治。是言：

> 故學也者，固學止之也。惡乎止之？曰：止諸至足。曷謂至足？曰：聖王。聖也者，盡倫者也；王也者，盡制者也；兩盡者，足以為天下極矣。故學者以聖王為師，案以聖王之制為法，法其法以求其統類，以務象效其人。（〈解蔽〉第廿一，81～83）

是以荀子設教之旨，即在助成政治之禮法規範，內化於人心之知，而外得人文之治。

一、積靡習染

荀子甚重人適應其生活環境的「社會化」（Socialization）〔註38〕過程，故在正規的聞道求學外，亦不忽略社會環境對於人之「社會化」過程的影響效力。是言：

> 居楚而楚，居越而越，居夏而夏。是非天性也，積靡使然也。（〈儒效〉第八，15～16）

人既是生活在一個社會環境中，必受其社會環境之制約，學習其社會環境中所普遍接受的生活方式，認同其社會環境中所共同遵守的價值規範，以適應其社會環境之要求，而成為該社會整體中之一員。人既不能離群索居，就必然得接受「社會化」過程的洗禮，藉由「模仿」，而求其「適應」，積久成習，視之為當然，自不以為異。故「工匠之子莫不繼事，而都國之民安習其服。（〈儒效〉第八，114～115），即是顯現「社會化」之效應。

但社會大眾習以「富利」為隆，〔註39〕縱情張欲，以貨財為寶，以養生為己為至道，〔註40〕故若以從俗為善，則天下必亂。是言：

〔註38〕「一方面，社會化是個人改變成適合於組織生活與文化傳統的過程；另一方面，它是動物界有機組織變成為人類並獲得自我的過程。因此，社會化代表兩個互補的過程：社會及文化遺產的轉移，與人格的發展。社會化是人類社會的建立與存在的重要力量。」——謝高橋編著，《社會學》，臺北市：巨流圖書公司，民國73年，頁212。

〔註39〕「不學問，無正義，以富利為隆，是俗人者也。」（〈儒效〉第八，90）。

〔註40〕「以從俗為善，以貨財為寶，以養生為己至道，是民德也。」（〈儒效〉第八，56）。

故人知謹注錯，慎習俗，大積靡，則爲君子矣。（〈儒效〉第八，116）
推荀子之意，即在示人不當盲目從俗，爭利致亂，而應運用其理性反省能力，
超越物欲所限，積學禮義，以成就智德兼備，明禮尚義之君子，從而影響眾
人，改善社會風氣，導正社會價值，使社會歸於「正理平治」之趨。是以荀
子甚重積學之效，而以師法爲尙。是言：

> 故師法者，人之大寶也；無師法者，人之大殃也。人無師法，則隆
> 性矣；有師法，則隆性矣；有師法，則隆積矣。而師法者，所得乎
> 情，非所受乎性；不足以獨立而治。性也者，吾所不能爲也，然而
> 可化也。情也者，非吾所有也，然而可爲也。注錯習俗，所以化性
> 也。并一而不二，所以成積也。習俗移志，安久移質。并一而不二，
> 則通於神明，參於天地矣。（〈儒效〉第八，107～111）

蓋荀子視「今人之性惡，必將待師法然後正，得禮義然後治」（〈性惡〉
第廿三，5～6）。故在政治上，人君當以禮義定制，提供一個導化眾人之情性
的大環境；而在個人，則應愼選所居，愼擇師友，以期防邪僻之染，積禮義
之習。是言：

> 夫人雖有性質美而心辯知，必將求賢師而事之，擇良友而友之。得
> 賢師而事之，則所聞者，堯舜禹湯之道也；得良友而友之，則所見
> 者，忠信敬讓之行也。身日進於仁義而不自知也者，靡使然也。（〈性
> 惡〉第廿三，90～92）

在荀子的教育思想中，視「師、友」是關係到個人學習效應之成敗的關
鍵。故論師重法，論友重染。

蓋師者，是個人求學過程中的模仿對象，是文化傳遞的主要管道，是啟
迪智慮思維的重要媒介。故荀子即言：

> 禮者，所以正身也；師者，所以正禮也。無禮何以正身？無師，吾
> 安知禮之爲是也？禮然而然，則是情安禮也；師云而云，則是知若
> 師也。情安禮，知若師，則是聖人也。（〈修身〉第二，37～39）。

因此，爲師者，重在以身爲正義；求學者，則重在擇其賢師以事。師所
授者，禮法之教；禮法者，聖王之制。故求學者實以聖王爲師，而遵聖王之
制。聖王者爲具權勢之聖人，其質性與眾人無異，人若積學習僞，全盡禮義，
亦可成聖，而與堯禹齊名。是言：

> 今塗之人者，皆內可以知父子之義，外可以知君臣之正。然則其可

以知之質，可以能之具，其在塗之人明矣。今使塗之人者以其可以知之質，可以能之具，本夫仁義之可知之理，可能之具，然則其可以爲禹明矣。今使塗之人伏術爲學，專心一志，思索孰察，加日縣久，積善而不息，則通於神明，參於天地矣。故聖人者，人之所積而致矣。（〈性惡〉第廿三，65～69）

故從師求學之道，「其數則始乎誦經，終乎讀禮；其義則始乎爲士，終乎爲聖人。眞積力久則入，學至乎沒而後止也。故學數有終，若其義則不可須臾舍也。（〈勸學〉第一，26～28）

而在人類行爲的發展過程中，同儕團體的影響力與日俱增。故荀子對於交友問題亦十分重視，鼓勵個人愼選良善之人以爲友，使相互勉勵，相互提攜，以靡染禮節忠信辭讓之德義，以增強個人積善成聖之信念。是言：

匹夫不可以不愼取友。友者，所以相有也。道不同，何以相有也？均薪施火，火就燥；平地注水，水流溼。夫類之相從也，如此之著也。以友觀人，焉所疑。取友善人，不可不愼，是德之基也。（〈大略〉第廿七，114～116）

蓋「家庭、師、友」即是爲社會環境中，影響個人之積靡習染的三個重要關鍵，亦是左右個人之智德發展的三個主要媒介。〔註41〕故荀子論學，甚重人在其「社會化」過程中之形塑，是而強調此三者對於個人學習效應之成敗的重要性。

二、化性起僞

荀子有鑑於時局之亂，在人亂之。故要解決時亂，自必當以人爲主體，去尋思對治之道。蓋荀子以爲，人雖爲自然界中之一員，但人獨能以其理性知能，運用其人工器械，順應自然之常軌，而宰制萬物，突破自然環境之圍限，以改善人類自身之命運。是以荀子認爲自然因素對於人類行爲之影響，是有其限制性，而非決定性。眞正決定人類行爲之形塑與發展的是來自人際互動的社會因素。是言：

故君子敬其在己者，而不慕其在天者；小人錯其在己者，而慕其在天者。君子敬其在己者，而不慕其在天者，是以日進也；小人錯其

〔註41〕請參考《雲五社會科學大辭典：教育學》，臺北市：商務印書館，民國65年，頁33。

在己者，而慕其在天者，是以日退也。（〈天論〉第十七，26～28）

蓋對荀子而言，人類的材性知能是相同的，之所以會有君子與小人之別，是因於其在人際互動中所表現的言行、德志而有此不同。是言：

> 材性知能，君子小人一也；好榮惡辱，好利惡害，是君子小人之所
> 同也；若其所以求之之道則異矣。（〈榮辱〉第四，32～33）

小人本其性而行，故爭利強奪。若任由小人充斥於世，則欲不亂世也難。故荀子認為要解決人際社會的爭亂衝突，建構一個和諧互動的人文社會，即須從根本處著手，導化人類追求自利之本然情性，施之以禮義法度的規範約制，以期成就一個「正理平治」的至善社會。是言：

> 今人之性，生而有好利焉，順是，故爭奪生而辭讓亡焉；生而有疾
> 惡焉，順是，故殘賊生而忠信亡焉；生而有耳目之欲，有好聲色焉，
> 順是，故淫亂生而禮義文理亡焉。然則從人之性，順人之情，必出
> 於爭奪，合於犯分亂理，而歸於暴。故必將有師法之化，禮義之道，
> 然後出於辭讓，合於文理，而歸於治。（〈性惡〉第廿三，1～4）

故荀子即肯定「教育」之目的，在「化性起偽」，以助「政治——社會」之協調互濟。然性偽之別為何？荀子即解釋道：

> 凡性者，天之就也，不可學，不可事。禮義者，聖人之所生也，人
> 之所學而能，所事而成者也。不可學，不可事，而在人者，謂之性；
> 可學而能，可事而成之在人者，謂之偽。是性偽之分也。（〈性惡〉
> 第廿三，11～13）

推荀子之意，即欲以人文之偽以導化人所本有的自然之性。蓋荀子深知自然之性不可除，除之則不復為人。因人既為自然界中之一員，自有其本能的需求，若除此自然之需求，則人無以維生，必將遭自然所淘汰，而歸於滅亡。故要維持人類之存在，必要保留人類本有的自然之性；但要維續人類之和諧共存，則必須訴諸人文規範之約制，以強化人類對其自然本性的控制能力，以減低自然本性對人類行為的影響效力，而彰顯人之為人的存在尊嚴。是以荀子甚重人類理性知能之功，而強調人偽化成之效。〔註42〕

荀子視偽之生，非源於眾人本然之性，而是聖人為求對治眾人順其本然

〔註42〕「性者，本始材朴也；偽者，文理隆盛也。無性則偽之無所加，無偽則性不能自美。性偽合，然後聖人之名，一天下之功於是就也。」（〈禮論〉第十九，76～77）。

之性之所爲，而起之人文規制。是言：

> 故聖人化性而起僞，僞起而生禮義，禮義生而制法度。然則禮義法
> 度者，是聖人之所生也。（〈性惡〉第廿三，28～29）

但聖人與眾人皆具同然之本性，何以其能超越本性之限，而成就人文之僞？荀子以爲此中之關鍵即在，聖人能「積思慮，習僞故」（〈性惡〉第廿三，24）。「積思慮」者，指聖人能累積前人智慮之所得，藉自己智慮之獨立判斷，汰蕪存菁，以見其道，明其統。「習僞故」者，指聖人能學習前人經驗之所成，參酌自己現實情境的經驗感受，擇其善者以從，觀其惡者以禁。雙管齊下，而得成就其禮義法度之制，塑成人文之僞。

「禮義法度」者，「政治──社會」之約制規範，外在於人之本性，制約人之言行。雖是極具實效的社會控制機制，但如何使之內化（internalization）於眾人心思，而成爲眾人心悅誠服的集體共識？荀子則視「教育」即是擔負此種轉化功能的重要措施。期欲藉教育之導化，使人人皆能崇禮義，明法度，化外在應然之制爲內在當然之理，思慮言行皆合規中矩而近於道矣。是言：

> 血氣剛強，則柔之以調和；知慮漸深，則一之以易良；勇膽猛戾，
> 則輔之以道順；齊給便利，則節之以動止；狹隘褊小，則廓之以廣
> 大；卑溼重遲貪利，則抗之以高志；庸眾駑散，則劫之以師友；怠
> 慢僄弃，則炤之以禍災；愚款端愨，則合之以禮樂，通之以思索。
> 凡治氣養心之術，莫徑由禮，莫要得師，莫神一好。（〈修身〉第二，
> 15～18）

荀子論治氣養心之旨，即在藉教育之化，使不同氣質之人皆能得禮而治，以遷化其性而爲君子。是言：

> 君子養心莫善於誠，致誠則無它事矣。惟仁之爲守，惟義之爲行。
> 誠心守仁則形，形則神，神則能化矣。誠心行義則理，理則明，明
> 則能變矣。（〈不苟〉第三，26～28）

君子養心修身以誠，則自能通禮義之化，而應萬事之變；動止自然，而合於道。是言：

> 君子博學而日參省乎己，則知明而行無過矣。（〈勸學〉第一，2～3）

故對荀子而言，人的德行之爲是來自人知慮之反省，而非來自人本性之流露。是以荀子強調以禮化性，以智成僞，形塑人文價值之判準，成就人文社會之至德。而此中之關鍵即在「教育」中之"教"與"學"。

論“教”，必言「師法之化」。是言：

> 故必將有師法之化，禮義之道，然後出於辭讓，合於文理，而歸於
> 治。（〈性惡〉第廿三，3～4）

論“學”，則必言「習偽成聖」。是言：

> 今人之性，固無禮義，故彊學而求有之也。（〈性惡〉第廿三，34）
> 故學至乎禮而止矣，夫是之謂道德之極。（〈勸學〉第一，29）
> 故學者，固學爲聖人也。（〈禮論〉第十九，37）

總結其論，即在強調：「其善者，偽也。」（〈性惡〉第廿三，1）。化之於內，即可成德成聖，而爲他人之師法。是言：

> 忠信以爲質，端愨以爲統，禮義以爲文，倫類以爲理，喘而言，臑
> 而動，而一可以爲法則。（〈臣道〉第十三，41～42）

化性而起偽，誠於中而形於外，如此即可落實荀子論學施教之理想，而調和其「政治──社會」之互濟，遂成天下之大治。

三、禮樂之教

在荀子的教育思想中，禮樂兼重，智情相濟。視「禮」爲化性移質的硬性施爲，具定範立規之效，故主智，而重行，期以禮制性；視「樂」爲化性移質的軟性施爲，具潛移默化之效，故主情，而重和，期以樂塑性。並爲求「政治──教育」能一體相貫，乃訴諸聖王之導，以踐行其效。是言：

> 聖也者，道之管也。天下之道管是矣，百王之道一是矣。故詩書禮
> 樂之歸是矣。……禮言是其行也，樂言是其和也，……（〈儒效〉第
> 八，65～67）

聖王明道，體道，行道，故爲大道之樞要。聖王行道以禮，以禮定制，而有階層之別，差等之分。爲求調和階層、差等間的和諧互動，故正樂以和齊之，使之安於禮之制，而致治。是言：

> 恭敬，禮也；調和，樂也。（〈臣道〉第十三，42）
> 樂和同，禮別異；禮樂之統，管乎人心矣。（〈樂論〉第廿，33～34）

禮、樂之施，各有其效，以導正人之所爲爲旨。禮制其外，而樂制其內，內外相濟，以安人心，均衡情智。

然荀子立學尚智，故主之以禮，而輔之以樂。蓋人心之本，以情意爲念，以智慮爲思。循理成禮，故能合於人心智慮之求；循情成樂，故能應於人心

情意之願。是以荀子即言：

> 樂也者，和之不可變者也；禮也者，理之不可易者也。（〈樂論〉第
> 廿，33）

儒家學者皆重禮樂，然獨荀子論「樂」盡得其詳。荀子論「樂」，重其所出，而視之爲人情所必不免者。是言：

> 夫樂者，樂也，人情之所必不免也。故人不能無樂，樂則必發於聲
> 音，形於動靜。而人之道，聲音動靜，性術之變盡是矣。（〈樂論〉
> 第廿，1～2）

荀子即視「樂」者，乃人爲抒發其內在情感之變化而形之於聲音動靜之所爲而有者。故觀人之爲樂，即可見其情性之變化。是以欲化性歸善，則必將愼選其樂以教，煩擇其樂以教。是言：

> 凡姦聲感人而逆氣應之，逆氣成象而亂生焉；正聲感人而順氣應之，
> 順氣成象而治生焉。唱和有應，善惡相象，故君子愼其所去就也。（〈樂
> 論〉第廿，26～28）

荀子深知音樂之入人也深，化人也速，故以之以移風易俗，而易得民心和睦之效。是論先王謹爲之文，以佐其禮治之成。是言：

> 樂者，樂也。君子樂得其道，小人樂得其欲；以道制欲，則樂而不
> 亂；以欲忘道，則惑而不樂。故樂者，所以道樂也；金石絲竹，所
> 以道德也。樂行而民鄉方矣。故樂也者，治人之盛者也。（〈樂論〉
> 第廿，30～33）

故荀子論「樂」，重其在「政治──教育」上之效應。是論先王立樂教之術，在率民一道，以應變歸治。是言：

> 故樂者審一以定和者也，比物以飾節者也，合奏以成文者也；足以
> 率一道，足以治萬變。是先王立樂之術也。（〈樂論〉第廿，6～8）

而先王立樂教之方，則在制正樂以化，使民向善。是言：

> 故制雅頌之聲以道之，使聲足以樂而不流，使其文足以辨而不諰，
> 使其曲直繁省廉肉節奏，足以感動人之善心，使夫邪汙之氣無由得
> 接焉。是先王立樂之方也。（〈樂論〉第廿，3～5）

蓋樂者，成於內而形於外，故能窮本極變而應無遺；禮者，制於外而化於內，故能著誠去僞而自爲常。〔註43〕以樂輔禮，循禮成樂，兩相互濟，則

〔註43〕「禮樂之統管乎人心矣。窮本極變，樂之情也；著誠去僞，禮之經也。」（〈樂

個人得安，而天下得治。是言：

> 故樂行而志清，禮脩而行成，耳目聰明，血氣和平，移風易俗，天
> 下皆寧，美善相樂。（〈樂論〉第廿，29～30）

故荀子重禮樂並施，智情兼制的教育方策，即在求「政治——社會」之和齊平治的理想之落實。

四、知行合一

荀子論學言教，不獨求其知，更重其行。蓋知而不行，非真知；行而無知，必亂行。知者，知禮義；行者，行禮義。禮義者，聖人之制；聖人者，人道之極。故求學者當學聖人，以全盡其知行。是言：

> 不聞不若聞之，聞之不若見之，見之不若知之，知之不若行之。學
> 至於行之而止矣。行之，明也；明之為聖人。聖人也者，本仁義，
> 當是非，齊言行，不失豪釐，無它道焉，已乎行之矣。故聞之而不
> 見，雖博必謬；見之而不知，雖識必妄；知之而不行，雖敦必困。
> 不聞不見，則雖當，非仁也。其道百舉而百陷也。（〈儒效〉第八，
> 102～105）

以見徵聞，以知徵見，以行徵知。故求學之旨，在求其踐行得效。是以荀子論知，重其經驗之得，重其理智之慮，而強調知識的實用價值、實踐徵效。

然荀子非言人必「即知即行」。因人之所行，除關涉理智之知以為之導引外，亦關涉意志之擇以為之定行。故人雖有理智知能可識禮義之旨，但人亦有其自由意志之抉擇，可無識於禮義之旨，以行其所當為，而行其所欲為，是有君子與小人之別。是言：

> 故小人可以為君子，而不肯為君子；君子可以為小人，而不肯為小
> 人。小人君子者，未嘗不可以相為也，然而不相為者，可以而不可
> 使也。故塗之人可以為禹，則然；塗之人能為禹，未必然也。雖不
> 能為禹，無害可以為禹。……用此觀之，然則可以為，未必能也；
> 雖不能，無害可以為。然則能不能之與可不可，其不同遠矣，其不
> 可以相為明矣。（〈性惡〉第廿三，70～75）

論〉第廿，34）。

　　人皆具理智知能，皆可知明禮義，而爲君子。但人可以爲君子，卻不肯爲君子，何故？按荀子以爲，此中之關鍵即在，人雖可知，卻不肯行，遂使其知不足以導行，行不足以應其所知。故聖人以禮正人之知，以樂和人之志，使人智情均衡，而知行互濟，同化於禮義之道，而完遂人之知無疑，行無過之教旨。是言：

　　　　故君子壹於道，而以贊稽物。壹於道則正，以贊稽物則察；以正志
　　　　行察論，則萬物官矣。（〈解蔽〉第廿一，52～53）

　　循禮義之道以正其心志，即可使人發爲正論，踐爲正行，參贊天地之化育，而應變不窮。故對荀子而言，欲檢視人之所論是否得其正，即應徵驗其行效，以判其所知之是否近道。是言：

　　　　凡論者，貴其有辨合，有符驗。故坐而言之，起而可設，張而可施
　　　　行。（〈性惡〉第廿三，44～45）

　　蓋禮義法度之制，乃係聖人本其大清明之心，積思慮以致其知之明，故有辨合；習僞故以徵其行之實，故有符驗。是以禮義之教，法度之施，坐而言之，可盡得其理；起而行之，可盡得其效。故禮義法度者，起可導人之所知，使知無疑；復可定人之所行，使行無過。知行相貫，即得其正，而近道矣。

　　荀子立教，在求「政治——社會」和調之效。故荀子論學言教，重其實用之效。期藉"經驗之見聞"，循"理智之思慮"，而成其"道德之禮義"。是以禮義之道，既具道德之價值性，亦具理智之合理性，復具經驗之實徵性。知之可明，行之可成，知行合一，則可使人之立身處世盡得其宜，而君之治國平天下皆得其當。由是遂成「政治——社會」和調之效。

第三章　荀子的社會思想之哲學基礎

　　自春秋以至戰國，正值我國面臨社會、政治、經濟、教育等各方面一個劇烈轉變的關鍵時期。感受最敏銳，反應最強烈的知識份子即利用此政教失控，時風自由的契機，反思傳統文化的制限，尋求哲學義理的突破，以爲導世入治的意識指引，遂有「諸子百家」的爭鳴。〔註1〕

　　其中以儒家所採行的立場是最爲溫和，也最接近西周定制的禮文之教，且賦予其新的、深化的精神與意義，故在春秋戰國之傾軋炙烈的政治層面上雖不能與法家爭長，但對當是時之知識份子的性格形成卻有相當重要的影響，使知識份子放眼時勢，胸懷救世之志，以道自任，以求治世。

　　荀子爲戰國末期最爲晚出的一代大儒，時逢政治漸歸一統，學術漸趨合流之際，復以其游學稷下之經歷，使其得觀諸論，針對其所關切的「政治——社會」之求平治的核心問題，評斷諸論的實用效益，斟酌取拾，彙整而成其獨樹一格的理論體系。故荀子雖以儒學爲宗，卻與孔孟之論略有出入，而旁染他家論析之色彩。

　　荀子的天道觀對其社會思想之形塑的影響最鉅。但其天道觀卻與孔孟之天命、天德思想不同，而係承襲道家之自然主義的天道思想而來，視天爲自然之徵象，自然爲自本自根的整體，遂乃逆轉傳統的「神──人」關係。而爲「自然──人」關係，並將超經驗的自然本體放入括弧，存而不論，故言「唯聖人爲不求知天」（〈天論〉第十七，10），遂單就經驗層面的人文世界之治理，作爲構建其社會思想的理路基底，而肯定人之「天生人成」的責任擔

〔註 1〕 請參考余英時著，《中國知識階層史論（古代篇）》，臺北市：聯經出版事業公司，民國 69 年，頁 30～47。

負與「人文化成」的使命期許。由是開出荀子之「天道」觀從道家之論；「人道」觀循儒家之議的特殊理論風貌。但荀子設論之旨在整合諸說，彙成一論，故荀子之論「天道──人道」雖明爲兩立，然實則相即不離。

荀子以人知之極爲限，以感官經驗爲認知之所由以發生的根源，故視經驗世界爲人的認知視域之基底。人雖無法得識自然本體的眞貌，但人可返諸本心，知心之徵知功能足以主導、統整人的認知歷程，藉經驗之累積與歸納，理智之分析與綜合，透過虛壹而靜的內在修爲，使心清明解蔽，致知求道，以識得作爲眞理之判準，且自身即爲絕對眞理的大道正理。因此，荀子不但肯定人能認知眞理，且肯定此絕對、客觀的眞理之可識可得。而荀子亦將道家致虛守靜的自覺觀道之修養，〔註2〕轉化爲虛壹而靜的求道致知之修爲，使儒家致知論的理論架構更形明確，方法運作也更爲紮實。

荀子「知道」之目的在求建立人文之常統，以對治時蔽，止亂歸治。故荀子即就「心知──心意」之導引以論「知道──可道」之有爲，〔註3〕而視「道」乃人之所以道的禮義之統，爲聖人以其心知反省人世之亂源在於人性之縱欲不節所致，遂積思慮、習僞故以化制人性情欲之發展而起的客觀化、約制化之人僞規範；復以此爲合理化的禮義之道，是亦可爲人心知所識，心意所從，透過外鑠之內化的約制效應，以擾化人之內在情性的發展，使歸於正理，而易於平治。因此荀子雖與孔孟同論天命，但對天命之基源定位卻各有不同，對道德約制的根源與制定亦相隨有別，而著重「政治──社會」的人道求治，冀使「理想──現實」得能相涵互濟，以達成內安個人心性，外安人世平治的人道期許。

但人道之治的得以落實，則端在治者與被治者間是否能建立起相互涵攝、相互融通的集體共識，以同求平治。荀子即循儒家正名之旨，採墨家論理之方，樹立名實定指的制名原則，確立隆正辨姦的言辯規範，近以駁名家之詭辯，斥道家之無別；遠以求天下一統的正理平治。故荀子正名止辯之要旨，即在藉符號運作的定義定用，以建立普遍認同的集體共識，期以約制人知人行，落實其人道之治。

〔註2〕「致虛極，守靜篤，萬物竝作，吾以觀復；夫物芸芸，各復歸其根；歸根曰靜，是謂復命；復命曰常，知常曰明。」（《道德經》第十六章）。

〔註3〕請參考項退結著，《中國人的路》，臺北市：東大圖書公司，民國77年，頁62～67。

第一節　天生人成——天道觀

荀子的天道觀對其整體思想的建構實有其關鍵性的影響。蓋荀子的天道思想是承襲道家自然主義的天道思想而成，與儒家孔孟的天道思想相異。荀子即言：

> 天地合而萬物生，陰陽接而變化起。（〈禮論〉第十九，77）

天地交合為萬物生發之原因，陰陽相接為變化流轉之原理。天地乃是自然之徵，具體可見；陰陽乃是自然之性，抽象無形。

> 列星隨旋，日月遞炤，四時代御，陰陽大化，風雨博施，萬物各得
> 其和以生，各得其養以成，不見其事，而見其功，夫是之謂神。皆
> 知其所以成，莫知其無形，夫是之謂天功。（〈天論〉第十七，8～10）

荀子由具體可見之果，推求抽象無形之因，而知萬物萬象之起，皆源於自然之所使然。故在「天——人」關係上，荀子逆轉傳統「神——人」之關係，而定位在「自然——人」之關係。視天道自然，本性如此，非由超自然的最高神祇授意使然。所以荀子即說：

> 雩而雨，何也？曰：無何也，猶不雩而雨也。日月食而救之，天旱而
> 雩，卜筮然後決大事，非以為得求也，以文之也。故君子以為文，而
> 百姓以為神。以為文則吉，以為神則凶也。（〈天論〉第十七，38～40）

荀子即視自然現象之變化本有萬端，以平常心視之則不以為怪，但庶民百姓由於傳統宗教信念的使然，遂視自然現象之變化為神明旨意的昭現，故訴求卜筮的占斷以定決大事的行廢。因此荀子謂君子治世當順應民情，以卜筮為文飾，藉期安撫民心，以成其治。是以對荀子而言，「神——人」關係之形上信念為知識份子特意保留與運用，以安撫庶民趨福避禍的心理需求，及緩和百姓在實際生活中的挫折感受，期以使民易於接受時政治理的一套政治藝術。〔註4〕但就知識份子自身而言，則當還諸「天——人」關係之本貌，以人知之極為止，視「天——人」關係僅為「自然——人」之關係，對於自然之上是否還存有超自然的形上本體，則予以存而不論。故荀子即謂：

> 唯聖人為不求知天。（〈天論〉第十七，10）

荀子即謂與其追索經驗現象之後的超經驗本體，不如直就經驗現象中的具體事物以求解決經驗世界中實存問題要來得重要。所以荀子強調：

〔註4〕請參考李滌生著，《荀子集釋》，臺北市：臺灣學生書局，民國75年，頁376。

無用之辯，不急之察，棄而不治。（〈天論〉第十七，37）

由此可見，荀子是位實用主義者。他所舖陳的自然主義天道觀，實是為透顯其人本主義的人道思想而預置的先在性理據。換言之，他既視天道本諸自然，為人經驗認知之極限，故在自然環境中的自然現象與自然萬物，即可為人所識所用，而使人從自然環境的制限中獲得解放，反制自然，以供人用，以足人需。是以荀子即言：

大天而思之，孰與物畜而制之。從天而頌之，孰與制天命而用之。望時而待之，孰與應時而使之。因物而多之，孰與騁能而化之。思物而物之，孰與理物而勿失之也。願於物之所以生，孰與有物之所以成。故錯人而思天，則失萬物之情。（〈天論〉第十七，44～46）

因此，荀子即以人為本位，以觀自然，而重其致用之效。他說：

故君子……其於天地萬物者，不務說其所以然，而致善用其材。（〈君道〉第十二，23～25）

是以荀子即視天道自然，與人事無關，只須委派精於治物之專家善用自然，足民所需，以利君治即可。

所志於天者，已其見象之可以期者矣；所志於地者，已其見宜之可以息者矣；所志於四時者，已其見數之可以事者矣；所志於陰陽者，已其見知之可以治者矣。官人守天，而自為守道也。（〈天論〉第十七，16～19）

荀子既以人道為主，故視利用自然為人之存在本務。不思人治，而思自然，則是顛倒本末，使人困惑之論。遂言：

天有其時，地有其財，人有其治，夫是之謂能參。舍其所以參，而願其所參，則惑矣。（〈天論〉第十七，7～8）

荀子即視天道自然，人道人偽，各有分職，各有所司。天道自然，變中有常，與人事無涉；可為人制，但不影響人事。人道人偽，善盡人事，成全人道，則人世可治，縱遇自然之變化，亦不受其影響，而仍得維持其平治。同此他說：

天行有常，不為堯存，不為桀亡。應之以治則吉，應之以亂則凶。彊本而節用，則天不能貧；養備而動時，則天不能病；脩道而不貳，則天不能禍。故水旱不能使之飢渴，寒暑不能使之疾，祅怪不能使之凶。本荒而用侈，則天不能使之富；養略而動罕，則天不能使之全；倍道

而妄行，則天不能使之吉。故水旱未至而飢，寒暑未薄而疾，祅怪未
至而凶，受時與治世同，而殃禍與治世異，不可以怨天，其道然也。
故明於天人之分，則可謂至人矣。(〈天論〉十七，1～6)

荀子即謂至人者明於天人分職，天之職在生人生物；人之職在治人治物。

天能生物，不能辨物也；地能載人，不能治人也；宇中萬物，生人
之屬，待聖人然後分也。(〈禮論〉第十九，78～79)

故人世之治亂爲人自身之所爲而致，與自然天道無關。因此荀子遂強調：

物之已至者，人祅則可畏也。楛耕傷稼，耘耨失薉，政險失民，田
薉稼惡，糴貴民飢，道路有死人，夫是之謂人祅。政令不明，舉措
不時，本事不理，夫是之謂人祅。禮義不脩，內外無別，男女淫亂，
則父子相疑，上下乖離，寇難並至，夫是之謂人祅。祅是生於亂，
三者錯，無安國。(〈天論〉第十七，33～36)

蓋荀子即藉天人分職之明示，以消解人對天神之依賴，化除人對天意之
畏恐，使政治與宗教分離，[註5]而使人深明政治的危亂，社會的衝突，乃是
人類自身行爲的失制所致，當由人類自身去承擔此惡果，亦當由人類自身去
擔負起止亂歸治的人道使命。故荀子重人道之治更甚於重天道之行，遂云：

天地者，生之始也；禮義者，治之始也；君子者，禮義之始也；爲
之，貫之，積重之，致好之者，君子之始也。故天地生君子，君子
理天地；君子者，天地之參也，萬物之摠也，民之父母也。無君子，
則天地不理，禮義無統，上無君師，下無父子，夫是之謂至亂。君
臣、父子、兄弟、夫婦，始則終，終則始，與天地同理，與萬世同

〔註5〕在先秦時代的「天──人」關係，基本上是分「神──人」關係與「自然─
─人」關係之兩條路徑的發展，但其根源則在《書經・洪範》中可找到此二
者的整合範式，亦即「神──自然──人」關係之範式。蓋〈洪範〉指出在
「自然──人」關係上，還有一位賦予自然與人文之常道常統的位格神祇，
是爲自然之常道與人文之常統的形上根源。這套天道觀主要是被保存在陰陽
及墨兩家的意識型態中：墨重天地，陰陽論五行。儒家之孔孟則透過理性的
自覺，賦予傳統的「神──人」關係以道德意涵，使「天──人」之間以德
相貫。而道、法兩家則將「天──人」關係定位在「自然──人」關係：道
重順應，法重人爲。按上述諸家皆是依其各自的天道觀，以發展其個別的人
事論，除道家力主無爲外，其餘諸家皆主有爲治世。其中又以法家強調應將
政治與宗教分離，以保持政治的獨立發展，而與他家訴諸政治與宗教的結合
之論有明顯的不同。荀子雖結合道家的「自然──人」關係與儒家的理性自
覺，但亦主張循法家之見將政治與宗教分離，以貫徹其「天人分職」之議。

久，夫是之謂大本。（〈王制〉第九，64～67）

天道循自然，人道循禮義。荀子雖視君子以禮義治人治物，而參贊天地之化育，成就天生人成之旨。但荀子亦承認人爲自然所生，稟賦自然之形、性，故人道之治亦與天道之行相接，而言：

> 天職既立，天功既成，形具而神生，好惡喜怒哀樂臧焉，夫是之謂天
> 情，耳目鼻口形能各有接而不相能也，夫是之謂天官。心居中虛，以
> 治五官，夫是之謂天君。財非其類以養其類，夫是之謂天養。順其類
> 者謂之福，逆其類者謂之禍，夫是之謂天政。暗其天君，亂其天官，
> 棄其天養，逆其天政，背其天情，以喪天功，夫是之謂大凶。聖人清
> 其天君，正其天官，備其天養，順其天政，養其天情，以全其天功。
> 如是，則知其所爲，知其所不爲矣；則天地官而萬物役矣。其行曲治，
> 其養曲適，其生不傷，夫是之謂知天。（〈天論〉第十七，10～16）

荀子於此開展了一個頗值得我人玩味的觀點。亦即荀子視人不但爲自然所生，也是爲自然所造就的一個被決定的自然生物。荀子即視自然造人，雖賦予人性、形的限制，但亦賦予人有別於萬物的理智思慮，使人得以參贊天地之化育，故荀子要人反思參贊天地之化育的人類自身，而不要去揣測人所參贊化育的自然本體。因此荀子視聖人之治人治物得其宜，盡其制，雖說不如天，卻已實顯天之大用，彰顯自然造化之大功，而誠可謂知天矣。

所以荀子之天道觀雖明從道家自然主義的天道思想，視天乃自然之天，但仍不免涵藏儒家天命、天德思想之薰染，而期冀融合兩論，明天道之旨在盡人道之治，故以人道之治爲其主訴，而重禮義，講外王，求平治，以架構其社會思想的理論體系。且因其「天人分職」之議，故其亦重整體觀照人世之制，期藉"結構與功能"的論析模式，以擘劃人盡其職務的理想途徑，以成就人文化成的治世（——涵攝自然、人文兩世界）效益，從而彰顯自然造化的大德大功。蓋若無天之盡其職司以生人，則人亦無由以盡其職司以治天，是以荀子之論「天道——人道」，雖明爲兩立，然實則相即不離。

第二節　解蔽知道——致知論

荀子設論甚重經驗的符驗與理智的辨合，故對知識的緣起與致知的方法亦多有論析，而其主旨則在闡釋人可以由其本有的認知官能，透過虛壹而靜

的修為，清心解蔽，而得認知客觀的真理、常道。

荀子明白的人有天賦自然的認知官能，可以認知實在之物的客觀之理，故人的認知是可能的。

> 凡以知，人之性也；可以知，物之理也。（〈解蔽〉第廿一，78～79）

即謂人有其能知之官能：即五官與心；〔註6〕亦有其所知之對象：即物之理，人之道。荀子雖視人的認知源起於感覺官能與外在實物相接觸而起之知覺經驗，然若無心之徵知，則仍不能構成認知的要件，視同無知。是以他說：

> 形體、色理以目異；聲音清濁、調竽、奇聲以耳異；甘、苦、鹹、
> 淡、辛、酸、奇味以口異；香、臭、芬、鬱、腥、臊、洒酸、奇臭
> 以鼻異；疾、癢、凔、熱、滑、鈹、輕、重以形體異；說、故、喜、
> 怒、哀、樂、愛、惡、欲以心異。心有徵知。徵知，則緣耳而知聲
> 可也，緣目而知形可也。然而徵知必將待天官之當薄其類，然後可
> 也。五官薄之而不知，心徵知而無說，則人莫不然謂之不知。（〈正
> 名〉第廿二，17～21）

荀子則視人有天賦五官，而五官亦各受其結構之限制，行使其各別的感覺功能，接納其各自所相應的客觀刺激，形成各類不同的感覺印象。但諸感覺印象所呈現的只是直接經驗中之外物表象的反映模式，若無心之徵知作用的參與，仍不能成就真正的認知。故心將各感覺官能所提供的感覺與料，按經驗之累積，加以分析歸類，形成個別概念，由是成就「感性之知」。如此既可緣耳而知聲之同異，緣目而知形之出入，亦且產生因之而起的情緒反應。但心之辨識功能不只止於此「感性之知」，尚可透過反省與推理的運作，綜合各類概念，形成普遍共相，指涉物理，涵攝物象，而得據以作出主客相應的實在判斷，成就「理性之知」。因此荀子即說：

> 坐於室而見四海，處於今而論久遠，疏觀萬物而知其情，參稽治亂
> 而通其度，經緯天地而材官萬物，制割大理，而宇宙裏矣。（〈解蔽〉
> 第廿一，41～43）

故荀子雖以感官經驗作為人心認知的基礎，但亦肯定人心能超越此感官經驗的限制，藉類比與推理的能力，知通統類，深及物理。然荀子不獨求知，亦求制。是以荀子致知之目的，在先知其理，後求其制；能知始能制。如荀

〔註6〕 「耳目鼻口形能各有接而不相能也，夫是之謂天官。心居中虛，以治五官，
　　　　夫是之謂天君。」（〈天論〉第十七，11～12）。

子即云：

> 所以知之在人者謂之知；知有所合謂之智。所以能之在人者謂之能；
> 能有所合者謂之能。（〈正名〉第廿二，5～6）

荀子即謂人既有知有能，可知事理，可行所能，即當運用其知能，兼贊天地之化育與人世之平治。因此荀子致知之要旨即在善致其用，以成對自然之制與對人世之治。〔註7〕

但人的認知能力有限，不能徧知萬理，故當量力而爲，視知能所及之範圍去作深研，否則旁雜無當，亦是徒勞無功。因此他說：

> 以可以知人之性，求可以知物之理，而無所疑止之，則沒世窮年不
> 能徧也。其所以貫理焉雖億萬，已不足浹萬物之變，與愚者若一。（〈解
> 蔽〉第廿一，79～80）

蓋荀子視天道自然，人心只須觀察自然現象之變化，理出統領變化之常則，據以爲人制天用天的理據即可，無由亦無須再加深研，而殆忽人生之本務。因荀子關切的是人世的治亂，肯定的是人世的治亂必待人類自身去尋求解決的途徑，故既不認同傳統的形上信念，亦無法開出現代的科學知識。〔註8〕

荀子既肯定人有認知眞理的能力，可以認知眞理，但亦承認在人認知眞理的過程中，亦會有產生謬誤的可能性存在。而此謬誤的產生是起因於人認知上的偏差，只見其一，不見其二，是有蔽塞之患。故言：

> 故爲蔽：欲爲蔽，惡爲蔽，始爲蔽，終爲蔽，遠爲蔽，近爲蔽，博
> 爲蔽，淺爲蔽，古爲蔽，今爲蔽。凡萬物異則莫不相爲蔽，此心術
> 之公患也。（〈解蔽〉第廿一，6～7）

人不知其蔽，而自以爲得見眞理，發於言，踐於行，而正是導致人知混淆，人世紊亂的根本原因。因此荀子即說：

> 凡人之患，蔽於一曲，而闇於大理。治則復經，兩疑則惑矣。天下
> 無二道，聖人無兩心。今諸侯異政，百家異說，則必或是或非，或
> 治或亂。……私其所積，唯恐聞其惡也。倚其所私，以觀異術，唯
> 恐聞其美也。是以與治雖走，而是己不輟也。豈不蔽於一曲，而失
> 正求也哉。（〈解蔽〉第廿一，1～4）

是以荀子慨嘆曲知之人，囿於成見，未識大理（——正道），不獨自亂，

〔註7〕請參考〈君道〉第十二，23～29，有關「君子——禮」之論析。
〔註8〕同註4書，頁361。

亦足惑世，實是蔽塞之禍矣。故言：

> 夫道者體常盡變，一隅不足以舉之。曲知之人，觀於道之一隅，而
> 未之能識也。故以爲足而飾之，内以自亂，外以惑人；上以蔽下，
> 下以蔽上，此蔽塞之禍也。（〈解蔽〉第廿一，24～26）

　　故荀子以爲要消解蔽塞之禍，免除心術之患，必要「兼陳萬物而中縣衡焉」（〈解蔽〉第廿一，29）。即是要人整體觀照事理，不存成見，藉經驗之累積與歸納，復由理智的分析與綜合，構建一個客觀的眞理判準（──正道），據以衡量一切事理，乃可消解蔽塞之禍，而得見眞理。蓋事理雖有百萬，但若識得大理，即如提綱挈領，統類條理，順而不亂。因此，荀子特別強調此客觀眞理之判準的必要性，以作爲認知眞理的依據。是以他說：

> 道者，古今之正權也。（〈正名〉第廿二，74）

　　道者，既爲認知眞理之依據，其本身即爲眞理。且不獨爲天地之大理，亦爲人世之正理。故云：

> 故君子壹於道，而以贊稽物。壹於道則正，以贊稽物則察；以正志
> 行察論，則萬物官矣。（〈解蔽〉第廿一，52～53）

　　道既是如此重要，但人何以知道？蓋荀子既視人與天地同屬自然，故由人所稟賦於自然所成的認知官能，特別是訴諸君臨五官，知通統類的心之認知，始可識得人與天地之共理。但如何使心知不受蔽塞之禍患，而得清明之觀照，以識得此大道共理？荀子則強調必得藉心之虛壹而靜的修爲，始得成就其清明之觀照，而得知道。故荀子即云：

> 人何以知道？曰：心。心何以知？曰：虛壹而靜。心未嘗不藏也，
> 然而有所謂虛；心未嘗不滿也，然而有所謂壹；心未嘗不動也，然
> 而有所謂靜。人生而有知，知而有志；志也者，藏也；然而有所謂
> 靜。人生而有知，知而有志；志也者，臧也；然而有所謂虛；不以
> 所已臧害所將受謂之虛。心生而有知，知而有異；異也者，同時兼
> 知之；同時兼知之，兩也；然而有所謂一；不以夫一害此一謂之壹。
> 心臥則夢，偷則自行，使之則謀，故心未嘗不動也；然而有所謂靜，
> 不以夢劇亂知謂之靜。未得道而求道者，謂之虛壹而靜。作之，則
> 將須道者之虛則人，將事道者之壹則盡，盡將思道者靜則察。知道
> 察，知道行，體道者也。虛壹而靜，謂之大清明。萬物莫形而不見，
> 莫見而不論，莫論而失位。（〈解蔽〉第廿一，34～41）

　　荀子即謂虛壹而靜乃求道致知之方，以成其大清明之心。虛者，不以所已臧害所將受，即是要人開放心胸，不拘泥於舊識，不自縛於成見，而能廣納新知，以充擴所知。壹者，不以夫一害此一，即是要人可以兼知眾理，但當統類眾理，識得共理，執此共理，專心深研。蓋共理之得，在殊理之知。故認知殊理，始可歸納出共理；認知共理，便可演繹出殊理，兩者並不相妨害，但以專一於共理之得為要，是能不蔽於殊理之異，而得見其統類之綱紀。靜者，不以夢劇亂知，即是要人摒除塵囂雜念，清靜其心，保持心境的平和，才能任道自現，清明觀道。荀子即言：

> 故人心譬如槃水，正錯而勿動，則湛濁在下，而清明在上，則足以見鬚眉而察理矣。微風過之，湛濁動乎下，清明亂於上，則不可以得大形之正也。心亦如是矣，故導之以理，養之以清，物莫之傾，則足以定是非，決嫌疑矣。（〈解蔽〉第廿一，54～57）

　　因此，荀子即視虛壹而靜的修為，為心之求道致知的必要且唯一的途徑。既然能導之以理，養之以清，即可消解心蔽之患，而識得真理。故荀子肯定有絕對的真理（亦即是大道正理）的存在，人也有認知此絕對、客觀之真理的能力。只要人能秉持此虛壹而靜的求道之修為，依循致知之途徑，即可認知此絕對而又客觀的正道真理。

第三節　化性起偽——倫理學

　　荀子雖然重視知「道」之要，但因其關切的是人世的平治，故其所重視與深研的「道」，非指天地之道，而是人之所以道。因此他說：

> 道者，非天之道，非地之道，人之所以道也，君子之所道也。（〈儒效〉第八，24）

　　這是因為荀子強調天人分職，視天地間之事，由自然之常則以理之，人見其所成，推知其常軌，以便於制用即可；而人所當關注與所當尋思處理的本務，則是在對治人間之事，期循人文之常統，以規整人世之發展。故治之要即在知人之正道，乃言：

> 故心不可以不知道；心不知道，則不可道，而可非道。人孰欲得恣，而守其所不可，以禁其所可？以其不可道之心取人，則必合於不道人，而不知合於道人。以其不可道之心與不道人論道人，亂之本也。

夫何以知？曰：心知道，然後可道；可道然後守道以禁非道。以其
可道之心取人，則合於道人，而不合於不道之人矣。以其可道之心
與道人論非道，治之要也。（〈解蔽〉第廿一，30～34）

荀子即就「心知──心意」以論「知道──可道」。視心知若知道，則
心意必可道，而爲道人。人先知道，然後可道；可道，然後守道；守道，然
後以禁非道。故荀子視以「道」爲正權，以論非道，才能明辨其非，而導之
正，使天下歸治。

但人道之內容爲何？荀子即言：

道也者，何也？曰：禮（義）、（辭）讓、忠信是也。（〈彊國〉第十
六，41）

總言之，人道即禮義之道。但禮義非人性本有，乃係聖人積思慮，習僞
故，制定而成的客觀規範。且以其有辨合，有符驗，故亦爲絕對、客觀的眞
理。蓋聖人之心性與俗人無異，唯其能修養虛壹而靜的大清明之心，得觀人
性之本然，知情欲不節是爲亂世之因，遂立禮義，制法度，起人文之僞，以
化人性之情，而得主導人世的平治。因此荀子便謂：

聖人積思慮，習僞故，以生禮義而起法度。然則禮義法度者是生於聖
人之僞，非故生於人之性也。若夫目好色，耳好聲，口好味，心好利，
骨體膚理好愉佚，是皆生於人之情性者也，感而自然，不待事而後生
之者也。夫感而不能然，必且待事而後然者，謂之生於僞。是性僞之
所生，其不同之徵也。故聖人化性而起僞，僞起而生禮義，禮義生而
制法度。然則禮義法度者是聖人之所生也。（〈性惡〉第廿三，24～29）

荀子即謂聖人以其心知知人世之亂在人之縱欲不節，故爲導化人性之發
展，消解人際之衝突，使合於正理平治之要求，遂立禮義，制法度，起人文
之僞，以期成約制之功，達臻至善之效。是以就聖人而言，其路徑是「化性
──起僞」，即禮義法度是聖人爲化制人性之發展而起制的人文之僞；但就眾人
而言，其路徑則是「起僞──化性」，亦即藉禮義法度之僞的外鑠，使人的「心
知──心意」由「知道──可道」而內化此人僞之道，以擾化內在情性之發
展，使循「心知──心意」之導引，進求人世歸善。故荀子即說：

生之所以然者謂之性；性之和所生，精合感應，不事而自然謂之性。
性之好、惡、喜、怒、哀、樂謂之情。情然而心爲之擇謂之慮。心
慮而能爲之動謂之僞；慮積焉，能習焉，而後成謂之僞。（〈正名〉

第廿二，2～4）

蓋荀子本其「天生人成」之旨，以其視人世之治亂為人自身之所為而致，理當由人自身之所為去尋思有效解決之途徑的人文信念，遂期以人文化成人世之治，以約制自然情性之發展，使合於文理之要求，安於人偽之形塑，而同臻於善。因此荀子特重「心知——心意」對於「起偽——化性」的導引與成效，而言：

> 不可學，不可事而在人者謂之性；可學而能，可事而成之在人者謂
> 之偽。是性偽之分也。（〈性惡〉第廿三，12～13）

按荀子雖視人具有自然所賦予之形、性，但人仍能運用其心智以反制自然之所限，而成就人世之大用；故荀子亦肯定人可運用其人文之偽以化制自然之性，以利其人世之治。是以荀子視天之職在生物，而人之職在成己。但由於人必得依賴社會生活，乃得安存於世，因此荀子遂強調「己——群」之互動關係的密切相依性，而以禮義法度的人文之偽為外以治群，內以成己的客觀正權、道德準據。所以他說：

> 夫好利而欲得者，此人之情性也。假之人有弟兄資財而分者，且順
> 情性好利而欲得，若是則兄弟相拂奪矣；且化禮義之文理，若是則
> 讓乎國人矣。故順情性則弟兄爭矣，化禮義則讓乎國人矣。（〈性惡〉
> 第廿三，29～32）

蓋荀子即視順人情性則好利欲得，順人心知則可明禮尚義。因荀子以禮義之偽出於聖人之智，為合理性的人文之道。而凡人雖皆有理性，皆可明禮尚義，然其不循禮義以自制，或是因其無知，或是因其受環境的靡染所致，是以荀子強調聖王的導引，政教的約制，即是在求提供良好的社會環境，使人培養其心知的清明，以識得大道正理，以導正其自由意志之抉擇，而可明禮尚義。因此他說：

> 義與利者，人之所兩有也。雖堯舜不能去民之欲利，然而能使其欲
> 利不克其好義也；雖桀紂亦不能去民之好義，然而能使其好義不勝
> 其欲利也。故義勝利者為治世，利克義者為亂世。上重義則義克利，
> 上重利則利克義。（〈大略〉第廿七，65～67）

荀子即謂人性好利，則人君藉「政治——經濟」上之施為，使民富足，即可滿足人性好利之欲求；人心好義，則人君藉「政治——教育」上的導引，使民明禮，即可成全人心好義之期許。是以「先富後教」即是荀子視為兩全

人之心性要求的理想途徑，而其終旨則在使禮義之道得以落實全盡。

　　蓋荀子視禮義之道出於人文之僞，爲後驗的客觀道德準據，即寓意 "盡人事、制天命" 的人文化成之實踐期許。"盡人事"，雖同於儒家重視人世，強調自爲，以道自任的求治之旨；但 "制天命"，則相異於儒家「畏天命」〔註9〕與道家「任自然」〔註10〕的 "順天" 思想。此因荀子視「人之命在天」（〈彊國〉第十六，4），天所命限於人者在形體之生死，此爲自然賦予生理之變化，無價值意涵，故因任自然，不能成就人世之道德，亦不能使人世歸治。因此荀子視唯有訴諸禮義之制，才能超脫自然之所限，而成就人世之平治。是以他說：

> 故人莫貴乎生，莫樂乎安；所以養生安樂者，莫大乎禮義。人知貴
> 生樂安而棄禮義，辟之，是猶欲壽而刎頸也，愚莫大焉。（〈彊國〉
> 第十六，46〜48）

　　因此荀子視禮義之僞爲人利用自然，以養生安樂的必要機制，出於人智之思，成於人爲之制，有其積極、有爲的實用效益。故荀子有同於道家之天道觀，卻亦有異於道家之倫理學。

　　天道既屬自然，下貫於人生之命亦爲自然之命，故敬天之生人，可；畏天之制人，則不可。因畏天命乃會限制人之有爲所能及盡之處。在正面意義上，畏天命的思想雖能勉人成德、守德，以上順天德，上承天命；但在負面意義上，畏天命的思想則亦會使人以天命爲天意之使然，而分攤了人對其存在環境之治亂的積極使命感，遂使儒家後學之發展易與道或陰陽兩家合流，削弱了原始儒家有爲治世的「外王」理想，終使儒家「內聖」之道成爲與現實環境相疏離的個人人格修養的獨善之方，而無濟於現實環境的實效改善。〔註11〕故荀子 "制天命" 的思想實爲化制自然天道對於人生的限制，以成就人文化成的理想善治。因此他說：

> 從天而頌之，孰與制天命而用之。（〈天論〉第十七，44）

　　荀子即是強調君子當敬其在己，不慕其在內，使內修禮義，外制天命，才能挺立人生的存在尊嚴，才能成就人世的和諧平治。

　　是以荀子所論之天命，實與孔孟所言之天命有其基源定位上的不同。孔

〔註9〕「孔子曰：君子有三畏；畏天命，畏大人，畏聖人之言。小人不知天命而不畏也。」（《論語・季氏》第十六，10）。

〔註10〕「道之尊，德之貴，夫莫之命而常自然。」（〈道德經〉第五十一章）。

〔註11〕請參考韋政通著，《儒家與現代化》，臺北市：水牛出版社，民國75年，頁18〜21。

孟所言之天命乃指位格神的道德裁斷與權益賦予；荀子所論之天命則純屬自然對人生的外在限制，爲人所可反制，以利人生之安養者。而此亦爲荀子與孔孟在「天道觀」上的不同之處。

由是即導出孟荀在倫理學上的相異之論，孟子重先驗的道德自律，視「天道──人性」以德相貫，故人之爲善乃係人的內在道德之外顯行爲，是以透過自覺，自誠於心，即可識得此天道人德的本源，而自趨爲善。因此孟子即言：

> 盡其心者，知其性也；知其性，則知天矣。存其心，養其性，所以事
> 天也；殀壽不貳，脩身以俟之，所以立命也。（〈孟子・盡心上〉，1）

但荀子則重後驗的道德他律，視「天道──人性」同屬自然，非善之根源，亦不能成就人文之道德。唯有訴諸具有客觀價值的禮義法度之規範約制，以擾化人性，導正人知，才能成就人文之道德，使人世歸善。故孟子之「善」實是定位在「天──人」之間，而爲訴諸人性的道德觀；荀子之「善」則是定位在「人──人」之間，亦即是落實在「政治──社會」的平治中，而爲訴諸人文的道德觀。因此荀子即言：

> 凡古今天下之所謂善者，正理平治也；所謂惡者，偏險悖亂也。是
> 善惡之分也已。（〈性惡〉第廿三，37～38）

蓋荀子爲一主智論的人文主義哲學家，他視人雖有意志抉擇的天賦自由，但亦強調此自由意志的行使也必須依循理智認知的正道指引，才能做出合理化、客觀化的正確抉擇。因爲荀子所著重的是人際互動的和諧，人際關係的整合，故要求人在行使其意志的自由抉擇時，必須要將「己──群」關係納入其理智思慮的考量中，而不單求其個己私欲的滿足，亦能考慮到個己與他人的互動影響，以自我約制其自由意志的抉擇定奪，使得成就理性自主，所可中理的人文道德行爲。按人雖是獨立個體的存在，但亦必須依賴社會群體而生活，故道德的價值評斷應是落在人際互動的實際行爲上，觀其行爲的效應而定。是以荀子視人的道德行爲是人文之僞所成，而人亦是按此人文之僞的道德判準，乃得自明其所應負的道德責任，從而對其實際行爲負責。設若無此人文之僞的理性判準以爲人行爲之依據，則人可順其意志抉擇的天賦自由而爲所欲爲，人際即無法成就和諧的互動關係，人世也必因此而亂，故荀子強調人必要依循理智的指引，定奪意志的抉擇，才能成就真正的道德行爲。因此荀子的道德觀是建立在人的理智思慮上，是表現在人世的正理平治上，與孔孟之道德觀的範疇界定實有其差異，而近似西哲霍布斯（Thomas

Hobbes）的功利性、實用性道德觀。〔註 12〕

　　荀子視人有其資質上的差異，未必心意所可者皆能中理，故荀子甚重師法聖王，積學禮義的求知致明之教育功能，與禮法兼制，化俗成善的正理平治之政治功能，而期藉「政治——教育」的相濟互補，以強化道德理性對自由意志的約制效力，使人在其社會化的過程中，建立起人文之偽的理性判準，而得能自禁自使的成就其符合人道要求的道德行爲。因此對荀子而言，「心是道德實踐的主觀依據，禮義是道德實踐的客觀依據」。〔註 13〕荀子亦樂觀的相信基於禮義之合理性、功利性、實用性的特質，在人之理智「知」此禮義之道後，人之意志必會「可」此禮義之道，而引之爲道德行爲的判準，行守此道，以自節其欲，進而在人際互動的關係網絡中，同謀人文之善，同求人世之洽。蓋整體是個體的總合，整體之善是以保全個體之善爲前題，而個體之善亦是以成全整體之善爲終旨，故荀子認爲無論是個人的操守或政治的施爲，均能有此體認，則「內聖」與「外王」必能求得道德上的和諧，而同臻於善。所以我人亦可稱謂荀子的倫理思想爲訴諸權威的社會主義道德觀。〔註 14〕在其中，個人的身心自由均應受到約制，以防止因個人的自由而破壞了社會的秩序，故對荀子而言，依循禮義之統，成就有助於人世和諧的實踐行爲，才是道德的行爲，才是眞正的善。

第四節　正名止辯——論理學

　　荀子論天道，在顯人道；論致知，在知人道；論起偽，在隆人道。人道

〔註 12〕請參考謝葆華撰，《析論霍布斯的個人主義與權威主義》，新莊市：輔仁大學歷史研究所碩士論文，民國 71 年。

〔註 13〕請參考何淑靜著，《孟荀道德實踐理論之研究》，臺北市：文津出版社，民國77 年，頁 15～16。

〔註 14〕按荀子視人的理智思慮與意志抉擇皆是生而自由的，既然不受任何束縛，自然無道德意識的責任擔負。但人亦無法避免的得與他人發生互動關係，故爲求交互行爲的互惠效應之互利，即須藉由理性反省以尋思一套和調之道，使避免因交互行爲中的衝突，對自己造成不利的影響，乃有禮義之道以作爲行爲規範的產生，使既符合人類理智的理性要求，又能節制人類意志的自由抉擇，進而促使人類整體的互動網絡能達到一個和諧、穩定的平衡狀態，也就是達到荀子在「政治——社會」中所要求的「正理平治」之終極期許。故荀子的人文道德觀是由重自由的個人主義過渡到重秩序的社會主義之訴諸規範約制的後驗道德觀。

之治，乃是荀子立論求治的主要訴求。但人道之治的得以落實，則端在治者與被治者間是否能建立起相互涵攝、相互融通的集體共識，以同求平治。是以荀子即循儒家正名之旨，探墨家論理之方，樹立名實定指的制名原則，確立隆正辨姦的言辯規範，近以駁名家之詭辯，斥道家之無別；遠以求天下一統的正理平治。故荀子之論正名止辯的要旨，即在建立普遍認同的集體共識，期以約制人知人行，落實人道之治。因此他說：

> 故王者之制名，名定而實辨，道行而志通，則率民而一焉。故析辭擅作名，以亂正名，使民疑惑，人多辨訟，則謂之大姦。其罪猶為符節度量之罪也。故其民莫敢託為奇辭以亂正名，故其民愨，愨則易使，易使則公。其民莫敢託為奇辭以亂正名，故壹於道法，而謹於循令矣。如是則其迹長矣。迹長功成，治之極也。是謹於守名約之功也。（〈正名〉第廿二，6～10）

荀子有鑑於戰國末期，社會劇變，時風自由，言議蠭湧，雜說競陳，使名實混淆，是非不別，而致內亂人知，外亂人行，故荀子乃本其重實用，尚符驗的學術性格與理論要求，而申言循舊立新之以續傳統，以應時需的立名原則，遂強調：

> 今聖王沒，名守慢，奇辭起，名實亂，是非之形不明，則雖守法之吏，誦數之儒，亦皆亂也。若有王者起，必將有循於舊名，有作於新名。（〈正名〉第廿二，10～12）

蓋荀子雖視人具可以知之知能，可以知物之理統，但亦視所知之實與所定之名間並無必然的定指關係存在，而係約定俗成的人為定制所成。若既定之名能使人直接聯想其所定指以見所知之實者，則謂之善名而不拂違，期以安定受傳統文化薰染的人民不致產生認知上的強烈衝突，而易於貫徹君王之治。故云：

> 名無固宜，約之以命。約定俗成謂之宜，異於約則謂之不宜。名無固實，約之以命實，約定俗成，謂之實名。名有固善，徑易而不拂，謂之善名。（〈正名〉第廿二，25～27）

是以後王之立名定制，必得先返歸傳統，擇其善者以存續其用。如是，則既使民知不亂，亦得強化共識約制的功能效應，使夷夏皆有所從，而皆得同化於禮義之偽治中。因此荀子乃強調：

> 後王之成名：刑名從商，爵名從周，文名從禮，散名之加於萬物者，

則從諸夏之成俗曲期，遠方異俗之鄉，則因之而爲通。（〈正名〉第
廿二，1～2）

但時勢既變，文明日進，徒守舊名，猶不足符應現實世用之所需，故亦
須另立新名，以調節人知與時境之對應關係，使禮義之統能貫徹古今，應變
得宜。是以荀子立三標之議，以作爲制名之衡，止辯之據，而供後王立名定
指之所參考，以期成正理平治的符驗運作之實際效應。故荀子乃析言：

實不喻，然後命；命不喻，然後期；期不喻，然後說；說不喻，然
後辨。故期命辨說也者，用之大文也，而王業之始也。名聞而實喻，
名之用也。累而成文，名之麗也。用麗俱得，謂之知名，名也者，
所以期累實也。辭也者，兼異實之名以論一意也。辨說也者，不異
實名以喻動靜之道也。期命也者，辨說之用也。辨說也者，心之象
道也。心也者，道之工宰也。道也者，治之經理也。心合於道，說
合於心，辭合於說。正名而期，質請而喻，辨異而不過，推類而不
悖。聽則合文，辨則盡故。以正道而辨姦，猶引繩以持曲直。是故
邪說不能亂，百家無所竄。（〈正名〉第廿二，36～43）

荀子即以禮義之統爲人道正理的眞理準衡，遂要求心知必識正道，才爲
眞知；要求言議必合正道，才顯眞理。是以名言之立，即在求人之心知相通，
共識相融。因此制名定指，期命喻實，即在使名辭達意，理（——物理）道
（——人道）俱顯，隆正止姦，而推類不悖。由是正名見用，正辯見效，禮
義之統得之益彰，人道之治得以盡制。所以，荀子成名定說之議，實即以明
禮歸道爲其基本訴求，使得近安人類心知之合理化要求，遠成人道共識之整
合人世的平治實功。

綜而觀之，荀子即是期藉「名」（——象徵符號）之符「實」（——物理
人道），以成就「實」（——人知人行）之符「名」（——人僞禮文）的約制
效應，而使人得以知名見道，持道明辨，立辨定說，進而因應時變，舉措不
亂，以續正統，導世歸治。故荀子重三標之立，以顯制名之旨、之徑、之要，
即在爲使人之心知得據以非三惑之疑，而能遂成正名止辯之效，貫徹禮義正
統之治。

三標者，即「所爲有名、所緣以同異、制名之樞要」三大綱領。——「所
爲有名」，即制名之旨：

異形離心交喻，異物名實玄紐，貴賤不明，同異不別。如是，則志

必有不喻之患，而事必有困廢之禍。故知者爲之分別制名以指實，
上以明貴賤，下以辨同異。貴賤明，同異別，如是，則志無不喻之
患，事無困廢之禍，此所爲有名也。(〈正名〉第廿二，13～15)

荀子即謂人知若無共識以通，則名無定指，實無定喻，於物理而不辨其
同異；於人道而不明其貴賤，致使人知失衡，人世失制。故知者制名指實即
旨在明貴賤，辨同異，期使人知有辨，人世有分，名實不亂，以顯正理，以
求正治。

荀子即是以此以破「用名以亂名」之惑。故言：

「見侮不辱」，「聖人不愛己」，「殺盜非殺人也」，此惑於用名以亂名
者也。驗之所以爲有名，而觀其孰行，則能禁之矣。(〈正名〉第廿
二，29～31)

荀子即就名之爲名的內涵與外延之符應關係，以駁斥宋鈃「見侮不辱」，
與墨子「聖人不愛己」、「殺盜非殺人」的詭辯之論，使名實相符，而邪辯不
作。

——所緣以同徑，即制名之徑：

然則何緣而以同異？曰：緣天官。凡同類同情者，其天官之意物也
同。故比方之疑似而通，是所以共其約名以相期也。……心有徵知。
徵知，則緣耳而知聲可也，緣目而知形可也。然而徵知必將待天官
之當薄其類然後可也。五官薄之而不知，心徵知而無說，則人莫不
然謂之不知。此所緣而以同異也。然後隨而命之，同則同之，異則
異之。(〈正名〉第廿二，15～21)

荀子即謂人之心知意物，乃緣自感官經驗的印象積累，透過理智思慮的
分析與綜合，以見其同異。復定名以指，使人同知其名，同識其所指，由是
以確立相互融通的集體共識，使人文知識得能有一穩固的基礎以利發展，而
不致有名實混淆，同異無別之虞。

荀子即是以此以破「用實以亂名」之惑。故云：

「山淵平」，「情欲寡」，「芻豢不加甘，大鐘不加樂」，此惑於用實以
亂名者也。驗之所緣無以同異，而觀其孰調，則能禁之矣。(〈正名〉
第廿二，31～32)

荀子即就名言概念的符驗實徵所得，以駁斥惠施之「山淵平」，宋鈃之「情
欲寡」，與墨者之「芻豢不加甘，大鐘不加樂」的詭辯之論，使名言概念確能

相符於可徵驗的實際景況，而不致為奇說詭辯所惑，混亂了人類的理智運作。

──「制名之樞要」，即制名之要：

> 單足以喻則單，單不足以喻則兼；單與兼無所相避則共；雖共不為
> 害矣。知異實者之異名也，故使異實者莫不異名也，不可亂也，猶
> 使異實者莫不同名也。（〈正名〉第廿二，21～23）

荀子即謂透過人心之徵知功能，知物有同有異，遂分門別類，使同類之物賦予同名，異類之物賦予異名，由是以分辨事物之同異，以方便理智之認知與人際之溝通。但針對單一對象，若單名足以喻實，即用單名以定其指；若單名猶不足以喻實，則用兼名以定所指。單名指涉單純概念，內涵小而外延大；兼名指涉複合概念，內涵大而外延小。換言之，單名涵攝一物之所歸屬的種類；兼名則釐清一物之殊相的實貌。

> 故萬物雖眾，有時而欲徧舉之，故謂之物；物也者，大共名也。推
> 而共也，共則有共，至於無共，然後止。有時而欲徧舉之，故謂之
> 鳥獸。鳥獸也者，大別名也。推而別之，別則有別，至於無別，然
> 後止。（〈正名〉第廿二，23～25）

蓋荀子論名，重依類明分。循一類之同徵相上推，以至於無殊異之徵相以別其異，而達至最普遍，外延範疇最寬廣的共相概念，即命之以「大共名」。循一類之歧異徵相下推，以至於無相同之徵相以合其同，而達至最特殊，外延範疇最狹窄的殊相概念，即命之以「大別名」。換言之，「大別名」中不含「共名」以合；「大共名」中亦不含「別名」以判。荀子即由是以涵攝一切名言概念，藉其間的「同、異」程度之分判，統整成一上下相連的概念體系，以作為人文認知論理的運作依據。

> 物有同狀而異所者，有異狀而同所者，可別也。狀同而為異所者，
> 雖可合，謂之二實。狀變而實無別而為異者，謂之化。有化而無別，
> 謂之一實。此事之所以稽實定數也。（〈正名〉第廿二，27～29）

荀子即就事物在量上的差別，言同類之物雖質同，但所在之處所有別，故仍為二實在之物。復就質上的變化，言一物雖有形相之變異，但本體唯一，故仍為一實在之物。是以荀子即謂由不同之觀點，即可得見名實定指的不同之用。

荀子即是以此以破「同名以亂實」之惑。故云：

> 「非而謁楹」，「有牛馬非馬也」，此惑於用名以亂實者也。驗之名約，
> 以其所受，悖其所辭，則能禁之矣。（〈正名〉第廿二，32～33）

　　荀子即就約定俗成的名約原則以檢證制名定指的符應之實，以駁斥名、墨之「非而謁楹，有牛馬非馬」〔註15〕的詭辯之論，強調名言雖在人定，但名實亦當求其相符，如是才能驗之可證，言之可通；既不相違於經驗認知，又不相悖於理智推度，故人人皆可識之而不疑，明之而不惑。

　　因此荀子立三標之正，以破三惑之疑，即在使名約得宜，邪辯得禁，正道得行，而人世得治。是以荀子即言：

　　　凡邪說辟言之離正道而擅作者，無不類於三惑者矣。……故明君臨
　　　之以埶，道之以道，申之以命，章之以論，禁之以刑，故民之化道
　　　也如神，辨埶惡用矣哉。（〈正名〉第廿二，33～36）

　　蓋荀子以爲社會之亂，必得政治之制，始得歸治。而政治又須待聖王明君秉持禮義之道以制，方得正治。然庶民百姓以養生爲志，以從俗爲善，不重聞道求學，故君王乃以法度制之，使之知法畏罰而不敢爲非即可。但對持道一隅，立說惑世的知識份子，則尤當立法以禁其詭辯，使其無由以惑民亂制，而破壞社會之和諧，阻撓政治之平治。〔註16〕如是則可一民歸道，化治神速，而天下亦得安治而不亂矣。但若上無明君以治，聖王以導，則明道識禮的知識份子即當起而立辯，以駁斥邪說，隆禮明仁，以端正人世。故荀子即言：

　　　凡言不合先王，不順禮義，謂之姦言；雖辯，君子不聽。……凡人
　　　莫不好言其所善，而君子爲甚焉。是以小人辯言險，而君子辯言仁
　　　也。言而非仁之中也，則其言不若其默也，其辯不若其吶也。言而
　　　仁之中也，則好言者上矣，不好言者下也。故仁言大矣，起於上所
　　　以道於下，政令是也；起於下所以忠於上，謀救是也。故君子之行
　　　仁也無厭，志好之、行安之、樂言之；故言君子必辯。（〈非相〉第
　　　五，40～57）

　　按荀子即謂君子之辯乃係不得已之爲，設若人君以禮義爲導，以仁政治

〔註15〕　同註4書，頁518。按此句斷法不一，楊倞注云：「非而謁，楹有牛，未詳所
　　　　出。馬非馬，是公孫龍白馬之說也。」（王先謙著，《荀子集解》，臺北市：藝
　　　　文印書館，民國62年，頁685）。但無論何種斷法、解釋，其語義均不甚明確。
〔註16〕　「聽政之大分：以善至者，待之以禮；以不善至者，待之以刑。兩者分別，
　　　　則賢、不肖不離，是非不亂。賢、不肖不離，則英傑至；是非不亂，則國家
　　　　治。」（〈王制〉第九，6～8）。按荀子視“禮”的主要作用在「化」；“法”
　　　　的主要作用在「治」，兩者兼制，則可獲致「政治──社會」之正理平治的
　　　　實際成效。

世，則人民即易受其教化而歸於道，而姦言邪說即無從以惑世亂知，使民離仁背禮而致天下失制。故上有明君，則君子立說釋禮，以助成禮義之治；上無明君，則君子立辯明禮，以導返禮義之治。

　　總結而論，荀子論名重其名約之宜、實用之效，期藉共識之融通，以使天下歸治。此係就「政治──社會」之求平得治，以論「正名」的積極約制功效；而視「止辯」乃具消極的約制功能，以防止邪說姦言的惑名亂制。故名得其正，則姦言詭辯始得其止。是以荀子論理學之實義，不在重其邏輯之分析，而重在義理意涵的彰顯，人道之治的落實踐行。

第四章　學子的社會思想之反省與評議

　　先秦儒家由孔子開其端，立「仁──禮」之教，貫通「內聖──外王」之道。孟荀承其續，孟子重「內聖」，而荀子重「外王」。

　　孟子承孔子「人而不仁如禮何？人而不仁如樂何？」（《論語·八佾》第三，3）之旨，強調禮由仁出，故重道德自律，藉人之德性自省，以成個人自由；荀子承「克己復禮爲仁。」（《論語·顏淵》第十二，1）之旨，強調仁由禮成，故重道德他律，藉人之理智思慮，以成整體秩序。是以荀子爲論，重智尙禮，訴諸禮法之制，禮樂之化，以約制人之情性欲求，以導正人之知意所向。期循此「外鑠──內化」的社會化過程之薰陶，使內成人之知道、可道，而行守其道，以維「己──群」之和諧互動；外成人世之靜中有動，動中有靜，守常應變，雖治不滯的整合平衡體系，以臻「政治──社會」之正理平治。因此，荀子本孔子"以道治世"之志，藉禮義的統類之道，以完遂其"以道治世，以僞化性"的理想之治。此即是爲荀子社會思想的主旨。

　　由於荀子曾在稷下遊學，深受風氣之薰染，故其爲論深富批判色彩；〔註1〕復因稷下學宮爲諸子各家爭鳴辯議之所，故使荀子亦得飽觀諸論，而致其學說雖以儒學爲宗，卻也融合諸家之長，蔚爲其獨樹一格的一派之言；再以稷下學宮爲齊國收納知識份子「不事而議論」之官設機構，其學者議政之自由爲齊王予以合法化的保障，〔註2〕故使荀子與其他學者一樣關切「政治──社會」之平亂歸治的改善，與關懷天下蒼生之生養所需的滿足，遂使其爲論不尙空談理想，而能權衡現實成治的實際需要，汲取歷代求治的統貫共理，以成就其具平

〔註1〕請參考余英時著，《中國知識階層史論〈古代篇〉》，頁64～67。
〔註2〕同註1書，頁68～69。

亂歸治之實效的應解方案。是以其理論兼涵實用、功利之特質，欲化阻力（即使亂之因）為助力（即成治之據），藉由禮法之約制，擾化人性情欲之發展，使之按權威規範之所期，成就國家之富強，又不失人際之和諧，上下兩安而同謀天下之正理平治；繼以荀子設論求其有辨合，有符驗，坐而可言，起而可設，張而可施行，〔註3〕故其立論本諸理智推論與經驗實徵，而強調合理、合宜、合治的實效功能，冀成其內安人心，外安人世的積極效應，使得導世歸善，以求長治久安。

　　基於上述諸因素的影響，使荀子之社會思想融通當今社會學之「知識社會學」（Sociology of Knowledge）〔註4〕的理論建構，「結構功能論」（Structural-Functionalism）〔註5〕的方法運作，而從其「社會心理學」（Social Psychology）〔註6〕的人性分析入手，構建我國最早、最具規模的社會學理論體系，是以後世學者亦推尊荀子為成就我國社會學之發展的先驅。〔註7〕

〔註3〕　「凡論者貴其有辨合，有符驗，故坐而言之，起而可設，張而可施行。」（〈性惡〉第廿三，44～45）。
〔註4〕　「（一）知識社會學必須嚴守客觀的立場，而排除主觀性的價值判斷。它的首急之務在於瞭解理念的效準（Validity）。……（二）知識社會學應當排除形而上學和本體論的玄想。因為這類玄想企圖分析社會的次級結構和心理上層結構之間的關係。知識社會學也應避免對思想的命定或對自由之類問題作教條式的斷言。反之，它應該是一種解釋的方法，目的在闡明理念在特定社會環境下的意義。（三）知識社會學在提供有關「社會次級結構」底清楚的定義。所謂的社會次級結構（social substructure）乃是指社會環境而言，在這環境中理念得以產生，同時在這一環境下理念遂獲得詮釋。……知識社會學研究的對象為：『思想』和『社會行為』的關係。」——洪鎌德著，《現代社會學導論》，臺北市：臺灣商務印書館，民國72年，頁86。而荀子社會思想之論即在就客觀的社會現實中，構建其由人類歷史、文化中統整推類而得的「禮義之統」的人偽理念，亦即人文的意識型態，並期藉此以約制人類的社會行為，使人世得到正理平治，故筆者認為荀子乃是就知識社會學的角度以構建其理論體系。
〔註5〕　「結構功能學理論（Structural-Functionalism）一直被批評為一種保守的靜態烏托邦理論，因為它把人類社會看做一種靜態的整合平衡體系。……結構功能學理論的中心論題是功能（function）。因此，通常被簡稱為功能學理論（functionalism）。其研究的主要目的在於尋求解釋某一社會行動所造成的效果或所賦有之功能。……結構製造效果，結構具有功能。在功能學理論裏，功能與結構二者常連在一起使用。功能學理論的研究單位不在於個人，而在於結構。」——蔡文輝著，《社會變遷》，頁90。
〔註6〕　「社會心理學（Social Pychology）——設法了解人類的動機和行為，因為人類的行為和動機乃取決於社會和社會之各種價值。社會心理學研究個人社會化過程，即研究個人怎樣成為社會的一份子。」——朱岑樓譯，《社會學》，頁5。
〔註7〕　請參考鮑國順著，《荀子學說析論》，臺北市：華正書局，民國73年，頁73

　　荀子設論自"天人分職"著手，視天之職在生人生物；人之職在治人治物，故勉人應善盡其職，循智立德，以履踐其治人治物之職責，成就其參贊天地化育的大功。但荀子亦視人與天地皆統屬自然，天地依自然常道以化生萬物，人依其形、性以順承天功。故對荀子而言，人形、人性皆本諸自然，而人爲求其存養之安得，遂有情欲之追求。〔註8〕這原是無可厚非，亦無善惡之價值評斷可議。惟其在人世中之發展，會因互爭己利而導致人際互動的衝突，引發人世的迷亂危殆，是以荀子視之爲使亂之根由，而謂之爲惡。此係就人性在人世中之負面效應而言，非直指人性本惡，與孟子論性的視域不同，但後儒不明其別，不分其實旨，遂犯「範疇誤置」的謬誤，而多加斥貶荀子之論，實爲荀學之不幸。

　　荀子既視人形本諸自然，形具而神生。故人之心靈意識亦是相應自然而起之因果反應。自然賦予人心之官能約制，卻也賦予其行使官能之自由，故心爲神明之主，人形之君，出令而無所受令，自禁自使，自行自止，爲一自主自決的自由主體。〔註9〕因此我人亦可說人是被判定自由的，因爲自由亦是爲自然生人時所同時賦予人之特徵屬性。然人卻放任此自由心意之行使，使人性縱欲不節，人知從利棄義，乃導致人世之危亂，人生存養之困窘。故荀子以爲要止亂歸治，使人生存養得到安置，即必須約制人心意之自由行使，期藉禮法之規範，禮樂之教化，以剛柔相濟的引領人文循環反省，崇義明禮，使得克己復禮，成義顯仁，而同納入禮義之統的意識型態中，以完遂正理平治的實踐效應。是以荀子強調整體秩序，甚於重視個人自由，並訴諸人僞約制之功能運作，以落實人道治世的終極期許。綜合析言，荀子即是順應自然之化，以治理天地，宰制萬物，參贊天地之化育；反制自然之性，以擾化人性情欲之發展，期成人世之正理平治。此即是全盡人生在世的本務職司。

　　荀子既重人僞約制，不主道德自律，而採道德他律之集體共識之形塑，以求人世之平治，故在「政治──社會」之人文建制上，即不贊同放任自由，強調平等的民主政治，而採行結構分化與職能分工，以約制自由，整合共識

〜74。

〔註8〕「若夫目好色，耳好聲，口好味，心好利，骨體膚理好愉佚，是皆生於人之情性者也。感而自然，不待事而後生之者也。」（〈性惡〉第廿三，25〜27）

〔註9〕「心者，形之君也，而神明之主也，出令而無所受令，自禁也，自使也，自奪也，自取也，自行也，自止也。故口可劫而使墨云，形可劫而使詘申，心不可劫而使易意。是之則受，非之則辭。」（〈解蔽〉第廿一，44〜46）。

的君主專制。但荀子亦從儒家「德治」之志，兼權法家「法治」之爲，期由聖王在上，賢臣主治，禮法兼制，德刑並施，以強制規範人之行事，以有效整合人之共識，使人之心知由「外鑠——內化」的學、積成習，而導正心意之可道、行道、守道，以落實禮義正道的意識形態之實效統治。

故由荀子重「法後王」之人僞政制的因革損益之建制原則與實效稽徵，可知荀子雖從周制以分割政權系統與治權系統的相濟成治，但亦吸收戰國盛行之"尚賢使能"的求治之術，而期勉政權系統之君主修德清志，以爲人民之表率；至於治理國事之實際行政職責則交付治權系統的官僚體制中的賢能之士以理之，即藉由精於治人之道的君子（——知識份子）以管理精於治物之術的小人（——庶民百姓）；亦即期由「政治——經濟」與「政治——教育」的雙管求治，以完遂「政治——社會」的正理平治。

是以荀子雖主君主專制，但實係採行"以（士）民治（庶）民"的開明專制之菁英政治。荀子復以「禮義」爲用人、稽效之權衡，以促動菁英循環之開放、周流，以期使行政效率能爲之提高，政治品質亦得以提昇，而確保人文治世之長治久安於不滯。

蓋荀子之社會思想的主訴，不止在求禮法兼制的人文制度之成治，而更是在求禮義之統的人僞化成之久治。故荀子「隆禮義而殺詩書」之議，最足以顯現荀子之重義理之實，甚於重詩書之文；重禮義之統；甚於重人文之制的終極要旨。是以荀子乃視法度之制爲佐成禮義之化的先在措施、補強方策，待禮義化成天下，使天下歸治後，法度之制即形如無制，人民亦不待制而自治。故其徒李斯、韓非之著重法治，而輕忽禮治，實爲不得荀子立論求治之本旨，而只從荀子的「禮法」觀上，發展其「政治——法律」之控制功能的技術性層面之操作效應。漢儒董仲舒之將禮文僵滯爲嚴苛、繁瑣的形式儀節，亦是不得荀子「隆禮義而殺詩書」之精義，而視禮文形式爲約制主體，徒然約制人行，卻未得使人深明禮文義理之實旨，遂使人知行疏離，內外失衡，不但無法有效疏導人心之知意的合道中理，亦且無法確實感化人行之動止的心悅誠服。蓋荀子所重者爲禮之理，而非禮之形，故儒家之「禮」，爲後儒轉化爲「吃人的禮教」，實爲僵化了荀子訴諸禮文規範以透顯禮義之統的人道期許。

荀子立意雖佳，然未遇聖王明君，未得見用於世；復經後儒不明荀子學說的實理要旨，而妄加斥評非議，遂使荀子未得列名聖統，而備受輕視。故筆者乃就歷代學者對荀子學說的持平之論，以期顯荀子在中國政治、文化上

的關鍵地位，冀為荀子重新尋得其在歷史上所應享的合理、合宜之客觀定位與價值評定。

第一節　制約與自由

自西周末年的政經失控後，使原屬貴族階級的「士」群，因著封建制度的瓦解，而無法繼續享有其應得的政經權益，遂降而以傳授知識，賺取束脩以維持生計，因而開啟了貴族教育平民化的契機。

教育的普及與時勢的衝擊，使原本被視為權威的周文面臨了嚴重的考驗，相繼而起的是我國歷史上的第一個理性啟蒙運動，其具體徵象即為諸子學說的百家爭鳴。而其影響最大的，則為儒、墨、道、法四家。

其中，儒家尊周從禮，墨家背周尚質，法家變古重法，道家自然無為。四家論政求治的立場雖各有所據，但荀子卻予以巧妙的融合，而將此理性啟蒙運動的成果推至了最高峰。

雖然諸子學說之起，是得力於時風自由之惠所致，但除道家崇尚自然，議倡無為，屬於放任自由之論外，其餘三家則皆為積極救世以求平治，而採約制自由之論：儒家主德治，以禮為文；墨家主人治，以賢為尊；法家主法治，以法為重。荀子則融會「人、禮、法」三治，使之相貫，而統為一體。

荀子雖以儒學為宗，但真正影響其理論之形構的卻是他在齊國稷下學宮的經歷。

稷下學宮是齊國招納各國知識份子講學議政之所，故各家學說皆可在此各爭其長。由於稷下學宮為官府所設，其間之知識份子的論議政事亦不受侷限，且受到合法的保障，故自由批評時政的風氣鼎盛，也刺激了學術思想的蓬勃發展。而各家學說的相互爭長，也由於彼此的觀照，進而導致了相參相融的合流趨勢。荀子即是受此環境的影響，論學深富批判色彩，立論則雜揉諸家之長。

按齊國雖採法家之治，政經富強，但在民間，則多染道家之風，是有彭蒙、田駢等人之起。而稷下客卿中之慎到亦為學兼道法，宋鈃則為學兼道墨之人。可見荀子在此感受最深刻的應為法、道之論。

我們亦可從而反省，齊君以法治國，齊民則以道處世。可見一般庶民大眾對於政治的態度，大多採取逆來順受的消極反應，縱或非受道家思想的影響，甚而更傾向於陰陽家之認命心態，但基本上卻絕非足以抗衡君勢，評議

君爲的對峙勢力。而眞正可以積極救世，並且得能經由官僚體制而實有作爲的，則是介於君、民之間的知識份子。他們匯爲一股不容忽視的強大勢力，成爲足以與統治階級相抗衡的社會中堅力量。荀子著書立言即是兼顧統治者與知識份子兩方面之要求，而欲結合兩者之力量，以同謀天下之平治。

　　蓋儒家崇禮，是傳襲周制中以德化民之旨；法家重法，是傳襲周制中以刑制民之用。禮爲周文之本，故儒家從周；法爲救周文之弊，故法家變古。荀子承孔子「因革損益」之教，既尊傳統，又應時需，故其社會思想以禮義之統爲體，以禮法兼制爲用，而終以成就天下之正理平治之實效爲旨。

　　荀子爲人剛正，言辭樸直，故不諱言人世之亂在人自身之所爲而致，其導因則在人之縱性任欲而不知節制。是以要求止亂歸治，必要先從人之自身治起，使其知惡好善，從而自我約制，推而廣之，則人世必可歸治久安矣。

　　但人之本性好利，積習成俗，若欲待之自覺明義，自節其欲也難。原本好利欲得之情性，爲人自然之天性本能，並無善惡可議。但放任此自然情性之自由發展，則會導致人際的衝突爭端，引發人世的危亂。人世的危亂，影響最大，受害最深的就是人類自身，故對人爲惡。人世若得平治，則人人皆得其安養，皆蒙其福祉，故對人爲善。是以荀子定位「善、惡」爲：

　　　凡古今天下之所謂善者，正理平治也；所謂惡者，偏險悖亂也。是

　　善；是善惡之分也已。（〈性惡〉第廿三，36～37）

　　既然人世之治亂，決定在人自身之所爲而致，則自與天地無關。蓋荀子受道家思想之影響，視天地本諸自然，爲自然變化之具體徵象，涵蘊自然變化之常則，循常軌而運行，故天地間雖有千變萬化之現象呈現，但萬變不離其宗——自然常道。此爲自然現象的自爲之動，與人世之治亂無涉。自然之生人生物，是自然之自爲而致，不具任何價值內涵。然人獨具知義之智，可以超越自然之條件限制，反制自然，治理天地，宰制萬物，成就人文化成之治。故天之職，在生人生物；人之職，在治人治物。是以人當謹守其職分，致力於其治人治物之職司，而不當祈求天助，或放任無爲，因兩者皆無濟於現實人世之改善，徒然殆忽了人道救世，積極致治的當然職責。因此，荀子與道家同者，在主天道自然；與道家異者，在採人道有爲。即由於此心態的差異，荀子遂反對放任自由，而強調實效約制。

　　但如何成就實效約制？荀子即視欲求治，則循法以治，易得其效；欲久安，則循禮以治，易得其實。蓋周制「德刑」並施，故荀子「禮法」兼制。

期以禮約制人知，以法約制人行。行由知定，法由禮出，故內以禮制知，外以法制行，由是，知行互濟，內外相貫，則人自不為亂，而人世自治。

荀子不放任自由，亦是針對孟子之視人性本善，訴求道德自律之不足以導世歸治而起之議。是以他說：

今當試去君上之埶，無禮義之化，去法正之治，無刑罰之禁，倚而觀天下民人之相與也。若是，則夫彊者害弱而奪之，眾者暴寡而譁之，天下悖亂而相亡不待頃矣。（〈性惡〉第卅三，41～43）

故相信人性本善，而放任其自由以求治，則無異是緣木求魚，勢難成治。若訴諸道德自律，而求其積極有為以謀世治，則無異於置尚義之君子於重利之小人中，縱其不屈服於現實氛圍上之壓力，亦無法獨力扭轉此好利張欲之風氣，終致獨善其身，以求自清，而無濟於人世危亂之整體改善。是以荀子不放任自由，而訴求禮法之約制，期以徹底改善人世之品質，使人人皆成尚義守禮之君子，則人世必得自治。

荀子亦明儒家之王道禮治，適於治世；法家之霸道法治，適於亂世。戰國之亂，唯富強之國可退保其國，進統天下。是以荀子尊王而不斥霸，並視立霸為稱王的先在條件。但王道仁政之禮治才是荀子平治天下，以使天下久安的主要憑據。是知荀子不尚空談，而放眼現實，因應實際需要，先求救世，再求治世，如此才可使儒家王道之治具體落實。

荀子視法出於禮，以禮為體，以法為用；並視禮源於義，以義為質，以禮為形。故貫通禮法者為義，而言：

夫義者，內節於人而外節於萬物者也，上安於主而下調於民者也。內外上下節者，義之情也。然則凡為天下之要，義為本。（〈彊國〉第十六，78～79）

荀子即是由人理性之明辨知義以言禮。視人能明辨事理，便能分類事理；能分類事理，便能理出其間之整體秩序，而得統類之綱紀；能知統類之綱紀，便能知所當為與不可為，故能知義；既已知義，便可自我約制所行，而成禮。是以，禮之所成，源於知義；而知義者，唯人之理智思慮。因此荀子重智，而以智成於人心之知，故人皆可以知義明禮。禮義者，人文之正道，倫制之綱紀。

但人雖可知義，卻未必守義以成禮。此乃因人心亦受情性欲念之左右，遂而有好利之求。故荀子以為若無外在聖人之教化，禮法之約制，而放任人之內在自擇，則無法確保其必會從義守禮，而不侵害他人之權益，引發人際之衝突。

〔註10〕蓋人世之亂即亂在人際權益之相衝突。因此荀子遂主張以義制利，以僞治性。性者，自然本有；僞者，人文化成。是以荀子即本其「天生人成」之旨，而以人文之僞以約制自然情性之發展，使其節欲合義，而不違禮。

由是可知，「義」即爲荀子禮學思想的核心，〔註11〕而「禮」即爲荀子之求「政治──社會」之平治的最主要依據。

荀子言「禮」，涵蓋一切人文制度與言行規範；兼攝「政治──社會」之結構、關係與秩序；及「群──己」之定位與綱紀。故「禮」即是荀子以約制人知、人行的人僞之制。

在「政治──經濟」層面，荀子訴諸"禮法兼制"：

> 由士以上則必以禮樂節之，眾庶百姓則必以法數制之。量地而立國，計利而畜民，度人力而授事，使民必勝事，事必出利，利足以生民，皆使衣食百用出入相揜，必時臧餘，謂之稱數。（〈富國〉第十，8～10）

在「政治──教育」層面，荀子訴諸"禮樂教化"：

> 樂行而志清，禮脩而行成，耳目聰明，血氣和平，移風易俗，天下皆寧，美善相樂。（〈樂論〉第廿，29～30）

然其終極目的則在訴諸"禮義之統"，以成「政治──社會」之正理平治：

> 隆禮貴義者，其國治；簡禮賤義者，其國亂。（〈議兵〉第十五，21）

然禮義既爲人之心、意所可知、可行者，何以荀子仍訴諸聖王之外在約制人之知、行，使其合於禮義之制？

蓋因荀子視人心之知往往受制於認知上的蔽障，而未得真明禮義正道之實旨。而聖人治氣養心，藉虛壹而靜之修爲，得明正道之精義，故能知道，可道，而行守其道，以約制自身之言行。〔註12〕但徒然依正道以約制自身之言行，仍只是獨善其身，而未能兼善天下。荀子志在導世歸治，故視聖人不徒求其獨善己身，亦當求其兼善天下，才是爲聖人之所應爲之職責。〔註13〕

〔註10〕「離道而內自擇，則不知禍福之所託。」（〈正名〉第廿二，74）。

〔註11〕請參考曾春海著，〈荀子思想中的「統類」與「禮法」〉，載於《輔仁大學哲學論集》第13期，新莊市：輔仁大學出版社，民國70年，頁78。

〔註12〕「聖人者，本仁義，當是非，齊言行，不失豪釐，無它道焉，已乎行之矣。」（〈儒效〉第八，103～104）。

〔註13〕「脩百王之法，若辨白黑；應當時之變，若數一二；行禮要節而安之，若生

故言：

> 聖人也者，道之管也。（〈儒效〉第八，65）

是以荀子所尊之君，即是爲能盡（人）倫盡（政）制的聖王。唯聖王能本禮義之統，行法度之制，而舉措應變皆得其宜。故荀子即視爲學當以聖王爲師。

> 故學者，以聖王爲師。案以聖王之制爲法，法其法以求其統類，以務象效其人。（〈解蔽〉第廿一，83）

荀子即以禮法爲人知、意之規範，以約制人知、行之發展；而以聖王爲人道德之典範，以約制人知、意之所向。蓋聖王爲禮法之基源，禮義爲聖王立禮法之本據。禮法足以使國家平治，禮義足以使國家久安。是以荀子雖主訴禮法之約制效應，以求天下之平治，但究其根本，則仍係承續儒家“以德治世”之旨，而著重道德理性的禮義之統之外鑠內化的人道約制。故爲荀子而言，禮法即爲其人道約制之具形，禮義才爲其人道約制之實理。而人道約制之旨，即在求人世平治全善之徹底落實，此即是荀子社會思想的終極要旨。

我人可看出，荀子的理論架構，是依循著「問——答」的方式進行。亦即是由“社會因何而亂”一問，而求其“如何以止亂歸治”一答。故荀子強調的是實用，且具實效的解決世亂以求歸治的具體方案。因此，荀子不信任放任人類自身行事之自由，即可求得人世之平治。因爲人文之自由，即爲人世之亂由；故唯有人文之約制，才能弭止人世之亂由，而導世歸治。

另一方面，荀子視禮義之統爲合理（知）化性（情）之人道約制，故透過人之社會化過程的學與積，即可得到變化人之情性，成就人之心知、心意的知道、可道，而行守其道的約制效應。這可以說正是綜合了心理學上的「動機理論」（the theory of motivation）之“學習”與“認知”的兩條路徑。〔註14〕由是可見，荀子社會思想之訴諸約制效應，實有其心理學上的理論依據，而與當今心理學上的研究所得亦多若合符節之處，故不可不謂荀子確爲先秦諸子中，對人心之研究最爲精闢、深入，也最具成效的一代大儒。〔註15〕

蓋荀子社會思想之終極要旨，是無可質疑的；唯其實現的過程，則頗值

四枝；要時立功之巧，若詔四時；平正和民之善，億萬之眾而博若一人。如是則可謂聖人矣。」（〈儒效〉第八，59～61）。
〔註14〕請參考張春興、楊國樞合著，《心理學》，臺北市：三民書局，民國65年，頁154～156。
〔註15〕請參考姜尚賢著，《荀子思想體系》，臺南市：姜尚賢，民國55年，頁63～64。

得研議。

其一，荀子雖隆禮義，重禮法，但其以聖王爲禮法之訂定者與執行者，方能導世歸治之論，則似乎對聖王之人治期許太深，託付也太重。如若執政者非爲聖賢大儒，則縱有知識份子以禮濟世，以化美庶民社會，〔註 16〕但仍不能對治執政者的依勢亂制。〔註 17〕即使有「從道不從君」之議，亦是採取革命之途徑，以取消暴君獨夫之位勢，而另以有德有能之聖人代之。是以仰賴人治，則無可避免的會因政權的移轉，權利的爭奪，而引發戰事。故化解人治之弊的最佳途徑則唯有縮小執政者的權限，徹底落實禮法之治，使治者與被治者皆依從禮法之制，皆同化於禮義之統，使禮義正道爲人文之治的最高權衡。如是，則人文之世才可實得長治久安，而無虞人際爭、戰之禍患的亂世。

其二，荀子訴諸禮法的約制，雖能整合人文之發展，卻也限制了人文之發展。因禮法求其整合，故重社會秩序之綱紀，甚於重個人自由之抒發。蓋人文之發展，即在因個人自由之自主自決，而開創出人類文化之活潑生機與多元面向。故禮法之約制，以約制人之道德行爲爲宜，對於文化活動，則似宜以平常心待之，任其自由發展，以免限制了人文的創造性發展，而遏抑了人類的文化生命。

其三，荀子訴諸禮法的約制，旨在導正人之知、意所可，擾化人之情性發展。是以對有知有性的人而言，雖是合理，卻不合情，故會引發人的內在衝突。固然學、積禮義，日久成習，而可知明行當，舉措得宜。但在學、積的過程中，其人之內在衝突卻只受約制，而未實得消解。因此雖有法之強制性約制，但人仍會有亂法之制的自由抉擇，以求其情性之自由抒發。以致法之制訂愈周密、嚴苛，而人之反彈也愈強烈。如此則本（——禮）未立，而末（——法）已失。所以，如何調和「理、法、情」之互濟，而又不失禮義正道之要旨，則似乎仍值得我人所深思研議。

其四，荀子著重「政治——社會」之整體秩序的和諧、整合，故訴諸禮法以約制個人外在自由的行使，訴諸禮義以約制個人內在自由的定奪，亦即欲藉人文之僞以徹底約制個人對其自由的認同與運作，以防止個人放任其自

〔註 16〕「儒者在本朝則美政，在下位則美俗。」（〈儒效〉第八，17）。
〔註 17〕「儒者法先王，隆禮義，謹乎臣子而致貴其上者也。人主用之，則勢在本朝而宜；不用，則退編百姓而愨，必爲順下矣。」（〈儒效〉第八，11～12）。

由的定奪與行使，而造成人世的禍亂。所以他說：

> 上以無法使，下以無度行；知者不得慮，能者不得治，賢者不得使。
> 若是，則上失天性（——天理天時），下失地利，中失人和。故百
> 事廢，財物詘，而禍亂起。（〈正論〉第十八，86～88）

但荀子亦承認人有自由自主的意志抉擇，而這是自然在化生萬物時所同時賦予人的屬性特質，故人是生而自由的，也是被判定自由的。這就造成人在追求整體秩序之和諧與個體自我之實現上的認知衝突，也因此而造成人在「己——群」之互動關係中的內在矛盾糾結與外在緊張壓力。

若訴諸道德自律，雖是獲得了個人的內在自由，但這種自由卻是消極的自由。因爲個人還是無法逃避群體生活的外在牽制，還是得遵循社會關係之互動網絡中的各種"遊戲規則"，除非個人離群索居，否則這種外在的緊張壓力是永遠也無法獲得消解，自然也開不出外在的積極自由。因此堅持道德自律，正面的是肯定了個人的存在尊嚴，也肯定了個人的道德自主，使不致隨波逐流；但負面的卻也會造成個人與現實的疏離感，甚至導致個人心志的崩潰，而瓦解個人的存在意念。〔註18〕

然若訴諸道德他律，雖則或許減緩了外在的緊張壓力，但卻並未眞正的消解此種壓力的存在。因爲個人唯一，但其社會關係卻是多面向的；而不同的社會關係皆存在著不同的"遊戲規則"；不同的"遊戲規則"又各有其不同的責任要求；而不同的責任要求亦間或有相互牴觸之處。倘人若堅持道德他律，則大至「政治——社會」的禮法，小至團體組織的規則，個人皆必須認同與遵守，正面的是維持了整體秩序的和諧與整合，也標明了個人道德的判準與責任的擔負，使人心知、心意皆有所從，而不致自陷於思、行之迷亂中；但負面的卻是道德價值隨從外定，以致當個人面對兩相衝突的責任要求時，便會產生認知上的混淆與抉擇上的困境，若不順應其一之強勢要求，則只有徹底逃避。〔註19〕

荀子肯定人的理性是隨外界的刺激，而促發以解決問題的內在、天賦智能，故「禮義之統」即是爲解決因個人放任其心志與行事的自由所造成的人世危亂而起之道德理性的意識規範。但因其是意識的、抽象的，故亦必須訴

〔註18〕請參考朱元發著，《涂爾幹社會學引論》，臺北市：遠流出版公司，民國 77 年，頁 69～70：自私的自殺。

〔註19〕同 18 書，頁 71～72：利他的自殺。

諸禮法的具體建制與正名的象徵約制，使人從具象的結構與符號之社會規範中，認知並同化於此「禮義之統」的意識型態，從而自禁、自使的自我約制其心志與行事的自由，如是以求有效的整合「己──群」之互動關係，冀使兩安而不亂。

事實上，「禮義之統」是必須的，「禮法之制」也是必要的。縱使在現今講求自由、平等的民主「政治──社會」中，這兩種內外互濟的約制結構仍應保有其實質的效力。而我人也應注意的是，荀子雖然極其強調人僞約制的功能效應，但在其整體理論之舖陳裏，仍爲“自由”保留了相當的存在空間，例如在「政治──社會」中之「尚賢使能」之議；在「政治──經濟」中之「關市幾而不征」之議；在「政治──教育」中之「聖人從其欲，兼其情，而制焉者理矣。」（〈解蔽〉第廿一，66）之議。由是可知，“約制”與“自由”在荀子思想並非絕然對立，而僅是在求治的過程中，爲助成約制效應的落實遂起的一種權宜措施，以期符應社會的現實景況與實際需要；再者約制的目的也在求不待制而後自治，故荀子即寓意藉約制效應之落實而成就人人皆依理而自治的眞自由之世。只因荀子的政治制度之構築是臨界於「封建世襲」與「君主專制」之間，雖尊重中產階級之知識份子的地位與影響，但終不能開出如現今資本主義的民主政治，主要的關鍵即在於兩者的政治理念不同所致。

第二節　專制與民主

荀子視時勢之亂，在「政治──社會」之失制。故言：

> 今當試去君上之埶，無禮義之化，去法正之治，無刑罰之禁，倚而觀天下民人之相與也。若是，則夫彊者害弱而奪之，眾者暴寡而譁之，天下悖亂而相亡不待頃矣。（〈性惡〉第廿三，41～43）

因此荀子以爲欲求天下之平治，必得採行人僞之制，矯化人性之好利，疏導情欲之自爲，使其從禮所可，循智定擇，由是納個人入「政治──社會」之整體約制中，而同遵禮義之道，同守禮法之制，以化成天下之正理平治的理想善境。

即因荀子重群體甚於重個體，故其爲論以「政治──社會」的平治爲其主要訴求，而言：

> 故古者聖人以人之性惡，以爲偏險而不正，悖亂而不治，故爲之立

君上之執以臨之，明禮義以化之，起法正以治之，重刑罰以禁之，

使天下皆出於治，合於善也。是聖王之治而禮義之化也。（〈性惡〉

第廿三，39～41）

　　復在「政治──社會」的關係中，荀子視政治爲上層結構，社會爲下層結構。欲求社會之和諧，必先求政治之規整。持政得其正理，治世便得其正道。而政治即係管理眾人之事，非獨一人可以爲之，故須有一有能有爲的政治組織以共行其事。是以荀子有其官僚體制之結構舖陳與功能規劃，以分判其職，分別所司。

　　在此金字塔型的官僚體制中，卿相即爲掌理此治權系統之最高位者，執行施政之裁制，擔負行政之總責，隸屬於政權系統之君主所管轄。而政權系統之君主，上者爲天子，統領天下；下者爲諸侯，身領一國。由是構建其上層的政治結構，配合下層的社會結構，而擘劃出「政治──社會」的整體架構。〔註20〕見圖式：

$$
\text{政治結構} =
\begin{cases}
\text{政權系統} = \begin{cases} \text{天 子} \\ \text{諸 侯} \end{cases} = \text{君 主} \\[2em]
\text{治權系統} = \begin{cases} \text{卿 相} \\ \text{百 吏} \end{cases} = \text{官僚體制}
\end{cases}
$$

$$
\text{社會結構} = \text{士、農、工、商} = \text{庶民百姓}
$$

　　在權系統中，天子之勢位最尊，影響最鉅，故荀子視非智德兼備，盡倫盡制之聖王，莫能爲之。然從何得見聖王？荀子即以其治國之道，是否循禮義之正統，是否得民心之歸向；亦即由可證驗的事實中，定斷君主之操守與能力，是否相稱於「聖王」應具之條件，以判別其歸類之定位。因此他說：

湯武非取天下也，脩其道，行其義，興天下之同利，除天下之同害，

　　　　　　　　　　　　　　　　　　　　　　　　　　　　　　　
〔註20〕「農分田而耕，賈分貨而販，百工分事而勸，士大夫分職而聽，建國諸侯之
　　　　君分土而守，三公摠方而議，則天子共己而已。」（〈王霸〉第十一，61～62）。

> 而天下歸之也。桀紂非去天下也，反禹湯之德，亂禮義之分，禽獸
> 之行，積其凶，全其惡，而天下去之也。天下歸之之謂王，天下去
> 之之謂亡。（〈正論〉第十八，18～34）

故荀子視「天子」爲一政治勢位，非宗法世襲之家傳權位，唯有德有能之聖王始可爲之，始可繼之。因此荀子對於政權系統與治權系統的權力移轉，分劃出兩條相異的路徑。

在政權系統中，「天子」唯一，統領天下，故繼「天子」之位者，雖以各諸侯（含天子之子裔）爲當然之候選者，但非由在位之「天子」自擇其人，以傳承其位；乃是由天下人心之歸向，以決定統領天下之繼承者。蓋其主罷，其國不治，民必去之；民既去之，國亡不待頃，又焉得統領天下，使天下爲治。若其主明，其國治，則民必歸之；民既歸之，國益富強，則統領天下，必使天下平治。故荀子視政權之移轉，在民心之歸向；而民心之歸向的具體徵象，即在其國之平治富強。

> 聖王沒，有埶籍者罷，不足以縣天下，天下無君。諸侯有能德明威
> 積，海內之民莫不願得以爲君師。（〈正論〉第十八，16～17）

因荀子視天地本諸自然，無關人事，故否認有定奪君勢之位格性主宰神祇的存在，遂亦否定「君權神授」之傳統天命觀的形上信念，而強調應將君權之傳承定位在人文之世的內在自爲上。復因荀子視天下乃係天下人之天下，非天子一人所獨有，故亦否定堯舜擅讓之說，而申言唯智德兼備之聖人始可爲「天子」，以兼善人倫政制，循是以化成天下，使天下民人皆守法度之制，皆知禮義之統，則可相制具權勢之諸侯的操守與施爲，而使之秉禮義正道以行其治。同樣道理，諸侯能秉禮義正道以行其治，得其民，強其勢，若天子猶不知警惕，怠乎職守，偏離正道，則得民之諸侯必因人民之擁戴而取代其「天子」之位，繼統天下。故天子隆禮義，行正道，須失不殆，方可續保其位，久治天下。否則民心背離，另歸善主明君，則不待暴力革命，而其勢即失，其權即亡，「天子」之位亦必自然移轉而不返。是以荀子視「擅讓」之轉猶滲入在位天子之主觀意識的好惡取捨，未能開出政權移轉的客觀軌道（亦即「天子──諸侯」之客觀政制結構）；未得建立政權移轉的絕對準衡（亦即禮義正統之客觀意識型態），因此而非議之：

> 聖王已沒，天下無聖，則固莫足以擅天下矣。天下有聖而在後者，
> 則天下不離，朝不易位，國不更制，天下厭然與鄉無以異也。以堯

繼堯，夫又何變之有矣。聖王不在後子，而在三公（註：唯諸侯能
爲之），則天下如歸，猶復而振之矣，天下厭然與鄉無也。以堯繼堯，
夫又何變之有矣。唯其徙朝改制爲難。故天子生則天下一隆，致順
而治，論德而定次，死則能任天下者必有之矣。夫禮義之分盡矣，
擅讓惡用矣哉。（〈正論〉第十八，58～62）

　　荀子的政權系統之結構舖陳，雖採周制「天子──諸侯」之劃分，但對
政權之移轉，則似有以民心之歸向、國勢之富強以決定天下之"共主"（亦
即「天子」之職位）的痕跡。蓋荀子以爲諸侯雖身領一國，爲一國之君，但
其所主率的政制體系則與天子統領天下之制相似。故由成其國治，得其民歸
的諸侯，繼位「天子」，繼統天下，而爲眾諸侯之"共主"，即不會產生徙朝
改制的困擾，亦不會因新、舊制度的不同，使臣民難定所從，而引發「政治─
─社會」的衝突危亂。是以荀子雖容許天子之下有諸侯國的存在，但亦要求
有一客觀而統一的政制型態，爲天子與諸侯所共守。一則以貫通其禮義法度
之「政治──社會」的實效控制；再則亦可消弭因政權移轉所可能產生之「政
治──社會」的衝突危亂。

　　由於荀子將傳統的「神──人」關係轉化爲「自然──人」關係，故對
政權移轉之條件，歸納爲三：制度（──政權系統）；道德（──禮義正道）；
實力（──國勢富強）。而排除傳統，又不甚客觀的「君權神授」之說。

　　荀子以周制爲型範，將「天子──諸侯」視爲握有實際統治權力的政權
系統，以統領天下之天子，謂之爲王；以身領一國之諸侯，謂之爲君，而言：

古者天子千官，諸侯百官。以是千官也，令行於諸夏之國，謂之王。
是以百官也，令行於境內，國雖不安，不至於廢易遂亡，謂之君。（〈正
論〉第十八，12～13）

　　故將政權之移轉定位在此政權系統內，以確定政權移轉之適用範圍；以
釐清政權移轉之客觀軌道；以防止政權移轉之世襲僵滯。

　　但「天子」之職位唯一，如何由眾多的諸侯中產生一位相稱於此職位之
繼任者？若就春秋戰國的實際景況以觀，即知五霸七雄所爭者，莫不就是此
「天子」統領天下的實權或實職。故荀子雖將政權系統視爲政權移轉之客觀
軌道，但亦明白此一客觀軌道並不保證政權必得和平之移轉。

　　是以荀子爲因應順此客觀軌道所引發的實際衝突，而容忍以法治爲後盾的
霸道之制的存在，視之爲對應現實亂世，使得成就以禮治爲基礎的王道之制的

必要前置條件。因禮治重文，適於治世；法治重武，適於亂世，若徒求文而不知用武，則勢必會在此權鬥爭的傾軋中遭至淘汰，而其平治天下之理想即無由以落實。蓋荀子立論重其實用，不空談理想，故就其身處的政治環境，而強調霸政乃係王政之得以實現的過渡手段、權宜措施，以取得天下為先，以安治天下為要，由是達臻其導正天下於正理平治之理想期許。也即因此，荀子在客觀制度化的政治系統之外，另開出了決定政權移轉的兩項輔助要件，一為就人君自身的禮義修為之道德要求；一為就國家整體的富裕強盛之實力要求。

不過值得我人注意的是，荀子雖從周制的「天子──諸侯」之政權系統以論政權的移轉，但未說明諸侯國內的君位移轉之方式。而荀子「從道不從君」的革命思想，亦僅視為規整正道的不得不然之最後途徑。其所革者為在位之君；其所立者，則未曾詳述其實務資格之限定。且因荀子將政權系統與治權系統分立，致使統領百官，對人君擔負行政總責的卿相，亦不得晉陞為君，繼承人君之統治權力，而為一國之新君。故如何使一國之內的統治權力得能和平移轉，則顯係荀子所忽略。故如何以使一國之內的統治權力得能和平移轉，則顯係荀子所忽略，而致未能提出合理合宜之解決方案的理論缺陷。這或許是受制於當是時之知識份子皆以平治天下為己任的時代使命而著重「天子」之權位移轉之囿限所致。因此當秦國統一天下，以郡縣制取代封建制，瓦解了「天子──諸侯」之傳統政權系統後，政權的移轉仍是依循"嫡長繼統"的世襲之制，由是而奠定中國兩千年來固定不變的政權移轉之常模。雖經現今西方民主政治之衝激，但此種觀念似乎仍潛存於保守勢力之政治意識裏，成為擁護在位者及其子嗣的潛在動機。

若就跨時空之觀照，荀子雖重民心之歸向，以決定君勢之成毀，但卻顯然反對訴諸民選的民主政治之權力移轉方式。一則是因為「政治」本係一門特殊的學問，非人人皆可為之。且因庶民百姓皆以治物為要，求利為念，易受野心政客之左右，而未必能選出與其職權相稱之領導者，以實現百姓所付託的政治期許。再則民主政治雖標榜著人人參與，自由抉擇的政治訴求，但事實上，卻由於現實因素的牽制，使民選的民意代表未必能真正代表民意，反而成為黨派鬥爭與利益相奪的新階級。如是不僅使強調人人參與的民主政治，淪為少數人所操縱的寡頭政治；亦使強調人人平等的民主政治，變相的產生實質不平等的新特權階級，上以牽制政治的正常運作，弱化行政效率；

下以影響民意的輿論導向，使爲其所驅。〔註21〕故荀子雖肯定精於治人之道的知識份子爲能託付政治責任的新興菁英，但亦將之納入治權系統的官僚體制內，由人君拔擢與考核，以決定其陟黜去留，使其無涉於政權之移轉，又可專務「政治──社會」之平治效應，以佐助人君，內安國政，外治天下。因此荀子強調君權唯一，臣民同尊；君政開明，菁英輔治。是以「政治──社會」必採階層區分，必用菁英輔政，由上統下，由君制臣，如是才可提昇行政效率，發揮政治效能，以使天下歸治。

基於荀子對人君在政治運作上的領導與統制的實效功能的重視，故他特別強調君德的修爲與君道的踐行，以使人君得能領導群英，統制百姓，導正天下，遂成其聖王之治的理想典型。

蓋荀子視君德與君道皆以「禮義」爲依歸，即期以禮義之道，成就禮義之化，實現禮義之治。因「禮義」不僅是人君內在道德之準衡，亦是人君外在施政之本統。故聖王立「禮義」，以爲治國之正道，人人所同守的集體共識。

推究「禮義」之生發根源，雖係聖人積思慮，習僞故，參酌傳統與現世之人倫、政制之異同，知通統類，依智成德而立之約制性意識規範。但成之於心，發之於言，見之於行後，即成爲聖人亦當同守之客觀規範，相制於聖人自身之思慮、言行。故人君當師法聖王，知明禮義，從而踐行禮義，以修養君德；尊崇禮義，從而隆正禮義，以成就君道。修養君德，則可爲臣民之表率，以感化天下，導正時風；成就君道，則可譎德定次，量能授官，考核稽效，發揮官僚政制之功能效應，以落實正理平治的政治理想，完遂人民所託付的政治期許。荀子即視能如是之人君，即能得民心之歸向，承續先聖之德，繼享天子之位，以統領天下，而臣民悅服。

但荀子亦深明徒禮義之治，仍不足以對應亂世中之政權傾軋與權位衝突。蓋禮義之治爲王政之本，適於治世；法度之制爲霸政之基，適於亂世。故荀子基於現實世勢之需要，強調國家必具富國強兵之實力，始可在亂世之中與他國相抗衡，以安國存。〔註22〕

〔註21〕請參考孫廣德著，〈我國古代政權轉移理論之研究〉，載於《社會科學論叢》第 24 期，臺北市：臺灣大學法學院，民國 65 年，頁 315～317。
〔註22〕「案平政教，審節奏，砥礪百姓，爲是之日，而兵刺天下之勁矣；案然脩仁義，伉高隆，正法則，選賢良，養百姓，爲是之日，而名聲刺天下之美矣。權者重之，兵者勁之，名聲者美之。……刑政平，百姓和，國俗節，則兵勁城固，敵國案自詘矣。務本事，積貨物，而勿忘棲遲薛越也，是使群臣百姓，

　　蓋荀子視禮義爲法度之源，而以王政爲霸政之極。〔註23〕亦即視霸政爲
亂世之中，落實王政的必要性前置措施，使王政之治不獨可安行於其國內，
亦可解救暴國之民於倒懸，使其亦得同享王政之治。故荀子就政權移轉之現
實衝突言，諸侯國之實力，實爲決定「天子」之職權移轉的關鍵要素。

　　總括而論，在荀子對政權移轉之條件分析中，可知其係依周制傳統以論
政制常軌；依儒家禮義以論道德理想；依法家學說以論實力富強。並視後二
者爲得民心歸向之要件；既得民心之歸向，即可循制度之常軌，承續政權之
移轉，而統領天下，成爲天下之共主。

　　就其析論而言，諸侯已具統治一國之實務經驗，故由其中治國成效最著
者以繼承「天子」之位，統領天下，確實是符合了「職能相稱」的資格要求。
但因「天子」之位唯一，而諸侯之君眾多，人人皆欲繼「天子」之位，則勢
必會產生權力鬥爭的衝突爭端，使政權無法得以和平移轉。荀子受孔子思想
與政治背景之影響，以周制爲理想型範，致使其在政體之架構上，訴諸形式
之專制與實質之民本。然其民本主張非如現今之依直接民選方式決定政權移
轉的自決性民主之施，而是依人君之施爲與國勢之強弱，以觀民心之歸向的
互動性民本之識。蓋荀子之論中所以產生此「專制 ── 民本」同時共存的現
象，即因其雖從周制，但亦開放政權之移轉於有德有能之諸侯，打破傳統中
嫡長繼統的世襲體制，卻又未能規劃出客觀、合理的傳承制度，以釐清明確、
唯一的承繼主體（ ── 繼位者），俾使政權得以和平轉移。故其立意雖佳，
但終不免會引發政權移轉時的衝突爭端〔註24〕而難保久治。

　　再就治權系統的權力移轉之途徑以觀，則知荀子將政權系統置於治權系
統之上，以控制治權系統之運作，即爲標明治權系統乃係治理國政之行政體
系，從屬於人君之統治權力之下，受人君之裁制，故不得侵奪人君之統治權，
以僭越君權。是以荀子即有「臣道」之論，以說明爲君之臣者所應盡之職責
與所應守之規範。

　　荀子視治權系統係以官僚體制爲其結構，復以卿相爲其結構之樞紐。並藉
尚賢使能之策，以發揮官僚體制之整治功能，期成治權系統之平治效應。〔註25〕

　　　皆以制度行，則財物積，國家案自富矣。王者體此而天下服，暴國之君案自
　　　不能用其兵矣。……安以其國爲是王。」（〈王制〉第九，104～113）。
〔註23〕「隆禮尊賢而王，重法愛民而霸。」（〈天論〉第十七，43）。
〔註24〕「權謀埶利也，所行攻奪變詐也，諸侯之事也。」（〈議兵〉第十五，7）。
〔註25〕請參見〈王制〉第九。

　　春秋戰國時代的官僚政制與西周時代的職官制度之不同處，在後者係以貴族子裔爲其任用對象，且其職位採世襲相傳之制，故其成員成莠不齊，行政功能也易趨僵滯；〔註26〕而前者則不受身份限制，唯以有德能之賢士爲其任用對象，且其職位視其表現稽效而定其變動，故其成員多爲菁英份子，行政功也得能充分發揮，不流於僵滯。

　　另一方面，由於封建制度的瓦解，平民教育的普及，農工商業的興盛，促成知識階層的新起，晉陞爲「政治——社會」的中堅力量。復因知識份子不事勞動，脫離生產關係，故其滿足存養之經濟支援或來自教育的束脩，或來自政治的奉祿。而訴諸政治的奉祿者，不惟名利兼得，且可實踐其等濟世求治的政治理念，故是時之學者多以求進仕途爲其個人發展的最佳途徑。

　　即由於知識階層的擴增，成爲與貴族階層鼎足而立的抗衡勢力，使春秋戰國時代的君主，一則爲壓制貴族勢力的坐大，以免危及其君權的穩固；再則爲收納知識階層的菁英份子，以佐助其國政的治理，是有官僚政制與尚賢政治的相應而起，擺脫親緣紐帶的束縛，使政治關係的建立與政治功能的運作更趨向於制度化與理性化。復由於官僚體制爲治權系統的主構，而從屬於政權系統之管轄，故使君權獲得保障，且使君令得以貫徹，是乃形成君權至尊的專制政體。〔註27〕

　　儒法兩家雖同崇官僚政制，但法家主以法制臣，視「君——臣」之關係爲統對，而有「封閉式專制政體」的立場取向；儒家則主以禮待臣，「君——臣」之關係爲形式的絕對，實質的相對，而有「開明式專制政體」的立場取向。

　　荀子承襲儒家之政治理想，開創儒家之外王規制，肯定知識階曾之菁英份子對於「政治——社會」的整合與安定的實效貢獻，故爲論雖以君權爲尊，推崇君德、君道之要，但其實意則似含有「虛君」之念，而以知識階層之菁英爲其行政之主體，擔負實際施政之全責，人君只須具有知人之明，用人之智，善擇臣相，以官施之，視其德能表現，以靈活調度其陞黜去留，如是既可確保其君權之穩固，又可提高行政之效能；既可符民所需，又可使天下大治。因此荀子之論，雖有「君主專制」之嫌，但實是採行介於「君主專制」與「民主自治」間的「菁英政治」，亦即是以守禮明道的聖王統治於上，而以

〔註26〕請參考李錫錕著，〈政治意識形態擴散之研究：春秋戰國之案例〉，頁21～22。
〔註27〕請參考黃俊傑著，《春秋戰國時代尚賢政治的理論與實際》，頁156～157。

知識階層的士民菁英治理於下，使上下皆本禮義正道以求世治。〔註28〕

　　總體而論，荀子的立意雖佳，但有其實踐層面上的實質困難。

　　一則爲君權至尊，雖訴諸禮義正道以求其自制，但卻無法保證其必信守禮義之制。而知識菁英又囿限於治權系統之內，無法有效的制衡君勢，反爲君意所制。以致歷代的政權移轉之衝突，或爲貴族相爭，或爲平民革命。知識份子則或爲維護其既得利益，而支持當政勢力；或爲爭得其政經利益，而依附革命團體，〔註29〕以致失落了以道治世的客觀認知與從政思想。若不滿現實政治之傾軋者，則唯有退隱避世之一途。“仕”與“隱”即成爲中國知識份子因應時政的兩極模式。〔註30〕

　　二則爲荀子以周制爲典範，以構建其「政治──社會」之整體架構。然卻也未能有效的化解循此政制結構而來的政權移轉之實存衝突，最後仍得訴諸富強的國力後盾，以爲稱王天下，平治百姓的實效依據，而終未能使天下蒼生免受戰禍兵災之侵擾，以安保其存養。固然其立論係受時代背景之所限，雖雜染諸論，亦未偏離儒家正道求治之要旨，而以周制爲其政論之典範，因革損益之基型；但影響所及，卻造成自漢以後，我國“陽儒陰法”的政治常模。〔註31〕亦即雖經秦代以法家之治，蕩去舊制中諸侯分土而治的潛在分裂因子，形成徹底集權的君主專制，但其基本形態仍是依循西周“嫡長繼統”的世襲之制。漢代雖以儒學爲政教之主導依據，但實質上卻是襲承法家之治，而以崇儒作爲吸引知識份子之歸向的號召，俾利將其納入官僚體制內，使上從君命，而下不爲亂。〔註32〕致使我國二千年來的政治型態，始終是君主專制政體，而未得開出民主政治之實行。

〔註28〕「歐美的民主主義是資產階級的民主。中國的民本主義是士大夫的民本。其思想都是中間階級以上的人士的思想，而不是一般勞苦民眾的。所以我們可以說中國的民本主義就是歐美的民主主義。……其所謂『民本』，是以君本爲樞紐，……『得民心』就是『得士』。」──陶希聖著，《中國社會與中國革命》，頁130～131。

〔註29〕請參考陶希聖著，《中國社會之史的分析》，臺北市：食貨出版社，民國66年，頁41。

〔註30〕請參考劉紀曜著，〈仕與隱──傳統中國政治文化的兩極〉，載於《中國文化新論──思想篇──：理想與現實》，臺北市：聯經出版公司，民國71年，頁181～306。

〔註31〕請參考徐平章著，《荀子與兩漢儒學》，頁133～136。

〔註32〕請參考金觀濤、劉青峰合著，《興盛與危機──論中國封建社會的超穩定結構》，中和市：谷風出版社，民國76年，頁27～46。

　　但民主政治的實行是否就能保證政權的和平移轉？是否就能保證人民可以和諧自治？理論上是可能；但實踐上，若無理性自省與理性自制的集體共識在先定位，則民主政治極易流於非理性的暴民政治，或反理性的獨裁專制。因爲民主政治講求的是政治權利的平等與民意表達的自由，亦即是爲以「量」定「質」的政治型態。故任何可以在「量」（即獲得人民之支持）上取勝的個人或團體，都能在民主政治中佔得優勢。就其正面意義言，這是彰顯民意的最直接、最具體、也最有效的途徑；但就其負面意義言，則會因輿論的盲從特性，使民意易於淪爲政客所操縱以供其爭奪政治權力的工具。

　　但無論如何，任何一種政治型態皆有其利、弊可議，而民主政治仍可視爲目前最能提供理性求治之發展的一種較佳型態。倘若我們能反省荀子以智論道，以道治世之終旨，先循禮義正道以矯化大眾之自然質性，提昇大眾之知識水平，強化大眾之道德素養，使大眾皆能在禮義正道的指引下，運用其理性以求治，則民主政治的實行，應是能獲致「政治——社會」之正理平治的實際成效，而不致因自由、平等之意識的高漲，反使「政治——社會」失制。

第三節　歷史學者對荀子學說的評議

　　在春秋戰國時代，儒家學說雖起源最早，但非獨盛，法、道、墨等諸家論說皆與之並世相爭。及至戰國中、後期，先有孟子出，承子思一脈，重道德自省，主性善之說，開儒家「內聖」之教，而爲後世學者推尊爲「亞聖」，視爲儒家之正統。然孟子雖有功於儒家「心性」之學，卻無助於儒家「經傳」之傳。而使儒家經傳得以傳諸後世，以維繫儒家文脈，使儒家思想得能彰著於後世，衍爲我文化之正宗，而爲後世學者所尊崇者，則爲重「義理」之學，開「外王」之道，傳「六經」之文，卻屢爲後儒所貶抑的荀子。

　　蓋荀孟之地位在歷代互有消長，西漢之時荀學見尊，唐宋之時孟學稱揚，此後荀學地位即頗受貶抑。〔註33〕但事實上，荀子學說卻透過經傳之傳而深刻的影響了我國二千年來之政治、社會，乃至文化的形塑。故現謹就歷代學者對荀子學說較爲持平之評議摘述如后，以試爲荀子學說找到一個相稱合宜的歷史定位與價值評定。

〔註33〕同註 31 書，頁 211～212。

楊倞，〈荀子序〉。〔註34〕

　　昔周公稽古三王之道，損益夏殷之典，制禮作樂，以仁義理天下，
其德化刑政存乎詩。……故仲尼定禮樂，作春秋，然後三代遺風，
弛而復張。而無時無位，功烈不得於天下，但門人傳述而已。……
故孟軻闡其前，荀卿振前後。觀其立言指事，根極理要，敷陳往古，
倚挈當世，撥亂興理，易於反掌，真名世之士，王者之師。又其書
亦所以羽翼六經，增光孔氏，非徒諸子之言也。蓋周公制作之，仲
尼祖述之，荀孟贊成之，所以膠固王道，至深至備。雖春秋四夷交
侵，戰國之三綱弛絕，斯道竟不墜矣。

紀昀，〈四庫總目・子部・儒家類〉：〔註35〕

　　況之著書，主於明周孔之教，崇禮而勸學。其中最為口實者，莫過
於非十二子及性惡兩篇。……至其以性為惡，以善為偽，誠未免於
理未融。然卿恐人恃性善之說，任自然而廢學，因言性不可恃，當
勉力於先王之教。……凡非天性而人作為之者，皆謂之偽。……後
人昧於訓詁，以為真偽之偽，遂譁然拮擊，謂荀卿蔑視禮義，如老
莊之所言。……平心而論，卿之學源出孔門，在諸子中最為近正，
是其所長；主持太甚，詞義或至於過當，是其所短。

錢大昕，〈荀子箋釋跋〉：〔註36〕

　　蓋自仲尼既歿，儒道以孟荀為最醇。太史公序列諸子獨以孟荀標目。
韓退之於荀氏，雖有大醇小疵之譏，然其吐辭為經，優入聖域，則
與孟氏並稱，無異詞也。宋儒所訾議者，惟性惡一篇。愚謂孟言性
惡，欲人之盡性而樂於善；荀言性惡，欲人之化性而勉於善。立言
雖殊，其教以善則一也。宋人言性雖主孟氏，然必分義理與氣質而
二之，則已兼取孟荀二義。至其教人變化氣質為先，實暗用荀子化
性之說。然則荀之書詎可以小疵訾之哉！

郝懿行，〈荀子補注與王引之伯申侍郎論孫卿書〉：〔註37〕

　　近讀荀卿書而案之，其學醇乎醇，其文如孟子，明白宣暢，微為繁

〔註34〕　王先謙撰，《荀子集解》，臺北市：藝文印書館，民國56年，頁1～2。
〔註35〕　同註34書，頁791～793。
〔註36〕　同註34書，頁803～804。
〔註37〕　同註34書，頁804～805。

富，益令人入而不能出，頗怪韓退之謂大醇小疵……非知言也，何以明之？孟遵孔氏之訓，不道桓文之事，荀矯孟氏之論，欲救時世之急，王霸一篇，剴切諄于，沁入脈骨。假使六國能用其言，可無暴秦并吞之禍，因時無王，降而思霸。孟荀之意，其歸一也。至於性惡性善，非有異趣，惟雖善不能廢教，性即惡必假人爲。……荀孟之恉，本無不合，惟其持論，各執一偏。準此聖言性相近，即兼善惡而言，習相遠乃從學而分，後儒不知此義，妄想詆毀。

王先謙，〈荀子集解序〉：〔註38〕

荀子論學論治，皆以禮爲宗，反復推詳，務明其指趣，爲千古修道立教所莫能外。……探聖門一貫之精，洞古今成敗之故，論議不越凡席，而思慮浹於無垠，身未嘗一日加民，而行事可信其放推而皆準。」

馮友蘭，《中國哲學史》：〔註39〕

中國哲學中，荀子最善批評哲學。西漢經師，亦多得荀子傳授。蓋其用力甚勤，學問極博。」

范壽康，《中國哲學史綱要》：〔註40〕

祖述孔子的學說，闡揚孔子的教理者，前有孟子，後有荀子。孟子承子思之後，把孔子學說的主觀的方面加以發揮，樹立了仁義的標幟。荀子則屬於子夏的系統，他最尊重冉雍，冉雍是最注重禮的。荀子所以對禮也特別注重，他把孔子學說的客觀的方面加以闡揚。孟子對抗楊墨上，對於儒教有極大的功績；而荀子在把儒家的經書傳諸後世上，最有貢獻。孟子主張性善，所以主張復性；荀子主張性惡，所以主張化性。二者的理論的出發點，雖有不同，可是二人的目標是一樣的。況且宋儒的氣質變化說，其實與荀子的化性說互相契合，而宋儒所謂本然及氣質亦不過孟荀二子的人性論的綜合。

陳元德，《中國古代哲學史》：〔註41〕

荀子生於戰國叔世，百家之思想皆受薰染，然大體以儒家爲宗；其

〔註38〕同註 34 書，頁 775～776。

〔註39〕馮友蘭著，《中國哲學史》，九龍：太平洋圖書公司，1970 年，頁 349～350。

〔註40〕范壽康著，《中國哲學史綱要》，臺北市：臺灣開明書店，民國 59 年，頁 60。

〔註41〕陳元德，《中國古代哲學史》，臺北市：臺灣中華書局，民國 46 年，頁 342。

性惡論，禮樂論，爲儒家中之最接近孔子思想者。

陳大齊，《荀子學說》：〔註42〕

孟子荀子同宗孔子，同以仁義爲道德政治的最高原則，且同樣主張「人皆可以爲堯舜」，兩家學說的最終歸宿本無二致。孟子主張性善，荀子主張性惡，其學說的出發點則甚不相同。顧雖不同，實際上並未不同到正相反對的地步，因爲兩家所說的性，其意義頗有出入，並不完全一致。……荀子以主張性惡著稱，其他學說遂爲所掩，於是後世之評論荀子者唯注重此點，且復多所誤解。……但其所重於荀子者，僅以崇禮尚義，實則荀子學說的價值不僅於崇尚禮義，他如關於自然，關於心理，關於論辯思維，均有其精闢獨到的見解，雖以現代的眼光來衡量，亦是值得珍惜的。

項退結，〈荀子在中國哲學史中的地位及其現代意義〉：〔註43〕

除去繼承了道家的淑世主義和對政治與道德的興趣之外，現代中國知識份子也一致相信宇宙間有一些堪稱爲常道和常理的東西。同時，他們之中的大部份都認爲這些常道常理是自然而然、自本自根的，不需要進一步解釋。……宇宙間一切都遵循自本自根的常道這一信念淵自道家；利用常道「物畜而制之」，藉「理天地」「參天地」的想法卻創自荀子。這也正是荀子綜合儒道二家的成果。……現代中國知識份子之所以想利用自然定律、進化原理或歷史定則來改造中國改造世界，可以說是和荀子的巧合。但另一方面，荀子影響之下的中國二千多年的傳統思想型態幾乎已成爲第二天性。這一傳統思想型態甚至在五四時期高喊打倒傳統時依舊發生效力。現代知識份子有意或無意之間反映出這傳統的思想型態，也是不難想像的事。

張承漢，《中國社會思想史》：〔註44〕

荀子的思想重在制度及其功能的建立與發揮，尤其以社會秩序之維繫爲然。他可以說是中國結構功能論的鼻祖。惟就孔孟荀比較言之，孔孟偏重社會結構的形式，而荀子偏重功能之發揮，故三人論點稍有不同。

〔註42〕陳大齊著，《荀子學說》，臺北市：中華文化出版事業委員會，民國43年，頁3。
〔註43〕項退結著，《中國人的路》，臺北市：東大圖書公司，民國77年，頁41～42。
〔註44〕張承漢著，《中國社會思想史》，臺北市：三民書局，民國75年，頁70。

　　蓋荀子學說之重心，即在其社會思想之論。而其社會思想之論，雖以儒家學說爲宗，但亦融會諸家論議以補強其基，故其爲論精闢縝密，而見解深刻超然。於今觀之，猶能切中時蔽，符應時需。因此，荀子雖未如孔孟之開出「道德形上學」的哲學理論體系，卻得形構其"天人分職，人僞化性，人道治世"的人文主義之社會理論體系。其論不但影響我國歷代之政治、文化的實踐取向，對於現今中國之求統成治，亦不啻爲一指導行動之具實用效益的參考理據。

　　中國的未來，掌握在中國人自己的手中！讓我們同在「禮義之統」的意識型態之指導下，爲中國的未來擘劃出一套更爲合理化、客觀化，也更能兼顧整體秩序與個人自由的「政治——社會」之民主規制而努力！

第五章　結　論

　　荀子爲論基本上是從「人性──社會」的互動關係入手，見人性的自然本能之趨向乃是導致人際衝突與社會危亂的根本癥結所在，故期由社會制度的結構規劃與社會規範的功能約制，以建立世人的集體共識，循理節欲，循義成禮，循僞化性，使大至國家，小至個人，皆能同化於「禮義之統」的意識型態之導引，自我約制，共謀平治。故其論析「政治──社會」之關係，雖強調聖王之專制，但實求菁英之輔治，以共謀人世之平治；論析「人──人」之關係，雖強調禮法兼制、禮樂教化，但實求禮義之統的社會約制，使個人皆能深明自身行爲之度量分界，從而體認自身的道德責任，趨善避惡的共求人際的和諧與人類的自由。

　　因此，荀子學說的主軸即在其社會思想，而其社會思想又以其「天道觀」與「心性論」之剖析爲其設論之依據。蓋荀子由其「天道觀」而肯定人類的地位；由其「心性論」而肯定人僞的禮義之統。因此，荀子即是期藉禮義之統對人世的整合效應，以使人類得以憑藉其自身之力量，超越自然環境對於人類存養與發展的制限，而挺立人類生存在世的存在尊嚴。故我人由是可說荀子是位樂觀、積極、且兼重理智與經驗的人文主義者。

　　再者，荀子的社會思想雖是從對個人的心性之論析入手，但其目的則在求得人世整體的長治久安。故其視「國家──社會──個人」爲一體相連，且強調要使個人得到安養，就必須先求社會得能安和；要使社會得能安和，則必須先求國家得以安治。荀子以爲個人之存養與幸福能否得到保障，其最終的關鍵還是決定在於國家的是否能達成其正理平治。因此，荀子設論乃是以國家之安治爲其主要訴求；而以「社會──政治──經濟──教育」的

整體結構與功能之鋪陳及解析為其理論之主構；並以禮法約制、禮樂教化為其控制依據，順理而下地形構其整體社會思想之論。所以，我人亦可說荀子的社會思想之論實為一套著重實用、功利，且深富批判色彩的指導行動之理論體系。

故對荀子而言，傳統哲學的道德價值是應當被尊重的，但其價值的根源不是訴諸人性本然的先驗要求，而是歸諸客觀性、整體性的人類歷史文化之經驗累積與理智推度的所得，係人文化成的結果，不是人文化成的動機。而人文化成的目的即在解決「人性——社會」間的互動困境，是以荀子挺立「禮義之統」以作為解決此困境的行動理據，由是而形構其整體社會理論體系。因此，荀子對社會學之貢獻實超過其在哲學上的論議，這是我人所應當給予肯定的。

但荀子亦視致知為求真，成治為求善，立文為求美，而終以明道、可道、行道、守道為成聖安世的正理正行。故荀子的社會思想可說是內有哲學基礎為理據，而外有社會學理論為體系。是以筆者以為要研究荀子的社會思想，應就其整體的觀照而論，較能切近其立論的要旨。

或許荀子社會思想中最值得爭議的，不是在其將受制於自然所決定卻又可為人文化成所改變的本然人性之自利發展上，而是在其訴諸意識型態規範的約制與君主專制上。

若仔細深究，荀子結合西周古制與戰國尚賢政治的努力，雖尚未能突破封建與專制的窠臼，而其本人亦反對民主自決的弊端，但其訴諸禮法兼制、禮樂教化的形式約制，以使禮義之統的理性化、客觀化的人文正道能內化為人類心知、心意的最終判準之期許，仍是值得我人推崇的。

不可否認的，每一個存在的個人都有其自然本性的一面，也都可以說是被判定自由的。而對自我實現的追求，也可以說是人的原始欲望之一，但對「自我」概念的形成，卻也是源自社會化過程中的理性反省，不是生而即具的。所以荀子強調社會的改善與共識的形塑，雖使理論的發展衍生了極權主義的取向，然其出發點則是在保全自利與幸福的個人主義，而視整體秩序的整合與和諧才是達成此一實用性、功利性與理想性的有效途徑。這是我人在研究荀子社會思想與評議其缺失時，所應抱持的基本諒解。

蓋在戰國時代，本無學派之分，惟道術是依。故荀子雖以孔子學說為其理論之基底，以周文的六藝經傳為其講學授徒之教化依據，但其學說之內涵實融匯了戰國諸子的論議理據，而統整成其宏博、精審、獨樹一格的一家之

言。是以筆者認爲不當以"儒家"之名侷限荀子，而應視其爲我國上古時代重智尚禮的偉大學者，足爲當今知識份子之表率。固然其理論亦不無可議之處，但其對人世之關懷，對人文之導引，仍值得後人給予他一份公平、合理的評價與推崇。

　　《荀子》乙書的基本研究視域雖是在鋪陳荀子救世致平的實用之論，但因此書涉獵極廣，論析縝密，遣辭雋永，故使後世學者亦可分就不同的研究角度，而從該書中發現到足供參考與深省的資料論據，進以開展出對我國上古時代之社會學、政治學、經濟學、教育學、心理學、歷史學、哲學、法學、文學、科學、美學等之探析視域，從而審視當代中國之諸科學理的傳統論式與發展路徑，由是以開啓當代中國之"立足現在、反思過去、計劃將來"的文化契機。

參考書目及論文

（依學科分類及筆劃順序排列）

一、荀子專著

1. 《名家與荀子》，牟宗三著，臺北市：臺灣學生書局，民國 68 年。
2. 《荀子今註今譯》，熊公哲註釋，臺北市：臺灣商務印書館，民國 66 年。
3. 《荀子政治思想研究》，陳正雄著，永和市：文津出版社，民國 72 年。
4. 《荀子要義》，周紹賢著，臺北市：臺灣中華書局，民國 66 年。
5. 《荀子思想研究》，周振群著，臺北市：文津出版社，民國 76 年。
6. 《荀子思想體系》，姜尚賢著，臺南市：作者自印，民國 55 年。
7. 《荀子哲學思想研究》，魏元珪著，臺中市：東海大學出版社，民國 72 年。
8. 《荀子集解》，王先謙著，臺北市：藝文印書館，民國 56 年。
9. 《荀子集釋》，李滌生著，臺北市：臺灣學生書局，民國 75 年。
10. 《荀子新注》，北大哲學系主編，臺北市：里仁書局，民國 72 年。
11. 《荀子與古代哲學》，韋政通著，臺北市：臺灣商務印書館，民國 74 年。
12. 《荀子與兩漢儒學》，徐平章著，臺北市：文津出版社，民國 77 年。
13. 《荀子論集》，龍宇純著，臺北市：臺灣學生書局，民國 76 年。
14. 《荀子學說》，陳大齊著，臺北市：中華文化復興委員會，民國 43 年。
15. 《荀子學說新論》，鮑國順著，臺北市：華正書局，民國 73 年。
16. 《荀子禮學之研究》，陳飛龍著，臺北市：文史哲出版社，民國 68 年。
17. 《荀學大略》，牟宗三著，臺北市：中央文物供應社，民國 42 年。
18. 《新譯荀子讀本》，王忠林註譯，臺北市：三民書局，民國 74 年。
19. 《諸子引得——荀子》，漢學索引集成，臺北市：宗青圖書出版公司，民國 75 年。

（註——正文中有關《荀子》乙書中之文句皆引自該書，並註明行數。）

二、儒家哲學

1. 《十三經引得——論語、孟子》，哈佛燕京書社編纂，1987 年。（註一正文中有關《論語》與《孟子》中之文句皆引自該書，並註明行數。）

2. 《中西哲學思想中的天道與上帝》，李杜著，臺北市：聯經出版事業公司，民國 69 年。

3. 《中國人性論史——先秦篇》，徐復觀著，臺北市：臺灣商務印書館，民國 58 年。

4. 《中國思想之研究（一）儒家思想》，宇野精一主編，洪順隆譯，臺北市：幼獅文化事業公司，民國 66 年。

5. 《孔孟荀心性天人理論析探》，黃湘陽著，臺北市：文史哲出版社，民國 69 年。

6. 《孟子性善說與荀子性惡說的比較研究》陳大齊著，臺北市：中央文物供應社，民國 42 年。

7. 《孟子義理疏解》，王邦雄、曾昭旭、楊祖漢合著，永和市：鵝湖月刊雜誌社，民國 72 年。

8. 《孟荀道德哲學》，魏元珪著，臺北市：海天出版社，民國 69 年。

9. 《孟荀道德實踐理論之研究》，何淑靜著，臺北市：文津出版社，民國 77 年。

10. 《現代儒學論衡》，林安梧著，臺北市：業強出版社，民國 76 年。

11. 《論語義理疏解》，王邦雄、曾昭旭、楊祖漢合著，永和市：鵝湖月刊雜誌社，民國 72 年。

12. 《儒法思想論集》，王曉波著，臺北市：時報文化出版公司，民國 72 年。

13. 《儒家思想的現代意義》，蔡仁厚著，臺北市：文津出版社，民國 76 年。

14. 《儒家思想的實踐》，尼微遜等著，孫隆基譯，臺北市：臺灣商務印書館，民國 69 年。

15. 《儒學哲學的體系》，羅光著，臺北市：臺灣學生書局，民國 72 年。

16. 《儒學與現代中國》，韋政通著，臺北市：東大圖書公司，民國 73 年。

17. 《儒學方向與人的尊嚴》，鄭力爲著，臺北市：文津出版社，民國 76 年。

三、中國哲學

1. 《中國人的心靈——中國哲學與文化要義》，梅貽寶等撰，Moore, Charles A.編，臺北市：聯經出版事業公司，民國 73 年。

2. 《中國人的路》，項退結著，臺北市：東大圖書公司，民國 77 年。

3. 《中國文化與現代生活》，韋政通著，臺北市：水牛出版社，民國 73 年。

4. 《中國古代思想史論》，李澤厚著，中和市：谷風出版社，民國 75 年。

5. 《中國古代哲學史》，陳元德著，臺北市：中華書局，民國 46 年。

6. 《中國古代哲學史》，胡適著，臺北市：臺灣商務印書館，民國 66 年。

7. 《中國思想史》，錢穆著，臺北市：臺灣學生書局，民國 66 年。

8. 《中國哲學小史》，方克立著，臺北市：木鐸出版社，民國 75 年。

9. 《中國哲學史》，馮友蘭著，九龍：太平洋圖書公司，1970 年。

10. 《中國哲學史》，勞思光著，臺北市：三民書局，民國 70 年。

11. 《中國哲學史綱要》，范壽康編著，臺北市：臺灣開明書店，民國 59 年。

12. 《中國哲學的特質》，牟宗三著，臺北市：臺灣學生書局，民國 71 年。

13. 《中國哲學思想史（一）》，羅光著，新店市：先知出版社，民國 64 年。

14. 《中國哲學思想史》，武內義雄著，新竹市：仰哲出版社，民國 71 年。

15. 《中國哲學思想批判》，韋政通著，臺北市：水牛出版社，民國 60 年。

16. 《中國哲學思想論集——先秦篇》，梁啓超等，臺北市：牧童出版社，民國 66 年。

17. 《中國哲學原論——原道篇（卷一）》，唐君毅著，臺北市：臺灣學生書局，民國 67 年。

18. 《中國哲學問題》，Roger T. Ames 著，臺北市：臺灣商務印書館，民國 62 年。

19. 《中國哲學概論》，余雄著，臺北市：源成文化圖書供應社，民國 66 年。

20. 《中國哲學與現代化》，劉述先著，臺北市：時報出版公司，民國 70 年。

21. 《中國學術思想大綱》，林尹著，臺北市：臺灣學生書局，民國 55 年。

22. 《天道與人道》，中國文化新論／思想篇二，黃俊傑主編，臺北市：聯經出版事業公司，民國 71 年。

23. 《從傳統到現代》，金耀基著，臺北市：時報出版公司，民國 74 年。

24. 《理想與現實》，中國文化新論／思想篇一，黃俊傑主編，臺北市：聯經出版事業公司，民國 71 年。

25. 《諸子引得——老子、莊子》，臺北市：南嶽出版社，民國 71 年。（註一正文中有關《老子》與《莊子》中之文句皆引自該書，並註明行數。）

四、中國哲學史資料

1. 《中國古代哲學史條目》，唐曜編述，高雄縣：佛教文化服務處，民國 59 年。

2. 《中國思想史資料導引》，馬岡著，臺北市：牧童出版社，民國 66 年。

3. 《中國哲學史史料學》，張季同編著，臺北市：崧高書社，民國 74 年。

4. 《中國哲學史史料學概要》，劉建國著，吉林市：吉林人民出版社，1981

年。

5. 《中國哲學史資料選輯——先秦之部》，馮芝生、梁啓雄等編輯，臺北市：
九思出版公司，民國 67 年。

6. 《中國哲學辭典》，韋政通著，臺北市：水牛出版社，民國 75 年。

7. 《中國學術思想變遷大勢》，梁啓超著，臺北市：華正書局，民國 70 年。

8. 《四部備要》，臺北市：中華書局，民國 54 年。

9. 《經學歷史》，皮錫瑞撰，臺北市：河洛圖書出版公司，民國 63 年。

10. 《諸子考釋》，梁啓超著，臺北市：中華書局，民國 60 年。

五、中國政治、社會

1. 《中國先秦政治制度史》，曾金聲著，臺北市：啓業書局，民國 58 年。

2. 《中國政治思想史（上）》，蕭公權著，臺北市：中國文化大學出版部，民
國 69 年。

3. 《中國政治思想史論叢》，汪大華著，中和市：帕米爾書店，民國 71 年。

4. 《中國政治哲學概論》，陳啓天著，臺北市：華國出版社，民國 40 年。

5. 《先秦政治思想》，王雲五著，臺北市：臺灣商務印書館，民國 57 年。

6. 《先秦政治思想史》，梁啓超著，臺北市：中華書局，民國 61 年。

7. 《政道與治道》，牟宗三著，臺北市：廣文書局，民國 63。

8. 《中國社會之史的分析》，陶希聖著，臺北市：食貨出版社，民國 66 年。

9. 《中國社會思想史》，楊孝濚著，臺北市：五南圖書出版公司，民國 71 年。

10. 《中國社會思想史》，楊懋春著，臺北市：幼獅文化事業公司，民國 75 年。

11. 《中國社會思想史》，張承漢著，臺北市：三民書局，民國 75 年。

12. 《中國社會與中國革命》，陶希聖著，臺北市：食貨出版社，民國 66 年。

13. 《中國社會制度研究》，謝康著，臺北市：成文出版社，民國 69 年。

14. 《中國知識階層史論〈古代篇〉》，余英時著，臺北市：聯經出版事業公司，
民國 69 年。

15. 《中國封建社會》，瞿同祖著，臺北市：里仁書局，民國 73 年。

16. 《中國思想與制度論集》，段昌國、劉紉尼、張永堂譯，臺北市：聯經出
版事業公司，民國 68 年。

17. 《古代中國文化與中國知識份子（上冊）》，胡秋原著，臺北縣：學術出版
社，民國 67 年。

18. 《先秦儒家社會哲學研究》，王曉波著，臺北市：幼獅月刊社，民國 61。

19. 《周秦漢政治社會結構之研究》，徐復觀著，臺北市：臺灣學生書局，民
國 63 年。

20. 《社會、文化和知識份子》，葉啓政著，臺北市：東大圖書公司，民國 73 年。

21. 《春秋時代封建制度的解體》，劉文強著，臺北市：天工書局，民國 73 年。

22. 《春秋戰國時化尚賢政治的理論與實際》，黃俊傑著，臺北市：問學出版社，民國 66 年。

23. 《蛻變中的中國社會》，李樹菁著，臺北市：九思出版社，民國 67 年。

24. 《興盛與危機——論中國封建社會的超穩定結構》，金觀濤、劉青峰著，中和市：谷風出版社，民國 76 年。

六、歷史學

1. 《先秦史》，蕭璠著，中國通史，臺北市：長橋出版社，民國 68 年。

2. 《春秋戰國史話》，朱淑瑤等著，臺北市：木鐸出版社，民國 75 年。

3. 《歷史哲學》，牟宗三著，臺北市：樂天出版社，民國 62 年。

4. 《歷史與思想》，余英時著，臺北市：聯經出版事業公司，民國 65 年。

七、政治學

1. 《六大觀念——真、善、美、自由、平等、正義》，Mortimer J. Adler 著，蔡坤鴻譯，現代名著譯叢，臺北市：聯經出版事業公司，民國 75 年。

2. 《民主舉極權理論之比較》，黃公覺著，香港：亞洲出版社。

3. 《自由四論》，Isaiah Berlin 著，陳曉林譯，臺北市：聯經出版事業公司，民國 75 年。

4. 《自由與決定論》，Kai Nielsen 著，鄭曉村譯，臺北市：金楓出版有限公司，1987 年。

5. 《社會理論與政治實踐》，許津橋著，臺北市：圓神出版社，民國 76 年。

6. 《知識與價值——和諧、真理與正義的探索》，成中英著，臺北市：聯經出版事業公司，民國 75 年。

7.. 《政治之解析》，杜瓦傑原著，張保民譯註，臺北市：長橋出版社，民國 68 年。

8. 《政治發展理論》，陳鴻瑜著，臺北市：桂冠圖書公司，民國 71 年。

9. 《當代各種主義之比較研究》，歐賓斯坦原著，萬德評譯，臺北市：臺灣商務印書館，民國 66 年。

10. 《意識型態與現代政治》，恩格爾等著，張明貴譯，臺北市：桂冠圖書公司，民國 70 年。

11. 《領導在行政組織中之功能》，徐抗宗著，臺北市：幼獅文化事業公司，民國 70 年。

12. 《權力結構與符號象徵》，A Cohen 著，宋光宇譯，臺北市：金楓出版有

限公司，民國 76 年。

八、社會學

1. 《人性的重建》，楊升橋譯，臺北市：幼獅文化公司，民國 61 年。

2. 《人性與社會——人文社會學論叢》，李樹青著，臺北市：臺灣商務印書館，民國 74 年。

3. 《不完美的社會》，M. Djilas 著，葉蒼譯，臺北市：金楓出版有限公司，1987 年。

4. 《批判理論與現代社會學》，黃瑞祺著，臺北市：巨流圖書公司，民國 74 年。

5. 《社會學》，S. Koenig 著，朱岑樓著，臺北市：協志工業叢書出版公司，民國 69 年。

6. 《社會學》，龍冠海主編，雲五社會科學大辭典，臺北市：臺灣商務印書館，民國 72 年。

7. 《社會學》，謝高橋編著，臺北市：巨流圖書公司，民國 73 年。

8. 《社會學理論》，陳秉璋著，臺北市：三民書局，民國 74 年。

9. 《社會學指引——人文取向的透視》，P. Berger 著，黃樹仁、劉雅靈合譯，臺北市：巨流圖書公司，民國 71 年。

10. 《社會體系》，F. L. Bates & C. C. Harvey 著，張承漢譯，臺北市：黎明文化事業公司，民國 71 年。

11. 《社會變遷》，蔡文輝著，臺北市：三民書局，民國 75 年。

12. 《涂爾幹社會學引論》，朱元發著，臺北市：遠流出版公司，民國 77 年。

13. 《現代社會學結構功能論選讀》，T. Parsons、R. Merton 等著，黃瑞祺編譯，臺北市：巨流圖書公司，民國 73 年。

14. 《現代社會學導論》，洪鎌德著，臺北市：臺灣商務印書館，民國 72 年。

15. 《理性化與官僚化——對韋伯之研究與詮釋》，Wolfgang Schluchter 著，顧忠華譯，臺北市：聯經出版事業公司，民國 75 年。

16. 《當代社會學說》，楊懋春著，臺北市：黎明文化事業公司，民國 70 年。

17. 《道德社會學》，陳秉璋、陳信木合著，臺北市：桂冠圖書公司，民國 77 年。

18. 《意識型態與社會變遷》，A. Inkeles 等著，沙亦群譯，臺北市：巨流圖書公司，民國 72 年。

九、經濟學

1. 《中國上古經濟思想史》，唐慶增著，臺北市：三人行出版社，民國 64 年。

2. 《中國古代經濟思想及制度》，田崎仁義著，王學文譯，臺北市：臺灣商

務印書館，民國 70 年。

3. 《先秦儒法思想與民生主義》，譚光預著，臺北市：銀河出版社，民國 65 年。

4. 《先秦儒家自由經濟思想》，侯家駒著，臺北市：聯經出版事業公司，民國 72 年。

5. 《政治的經濟基礎》，C. A. Beard 著，張金鑑譯，臺北市：臺灣商務印書館，民國 55 年。

6. 《政治與經濟的整合》，蕭全政著，臺北市：桂冠圖書公司，民國 55 年。

7. 《通俗經濟講話——觀念與政策》，邢慕寰著，臺北市：三民書局，民國 75 年。

8. 《經濟小語》，關屋牧著，臺北市：五南圖書公司，民國 77 年。

9. 《經濟思想史概要》，羅長闓著，臺北市：三民書局，民國 58 年。

10. 《經濟學概要》，趙鳳培著，臺北市：三民書局，民國 67 年。

11. 《經濟學與現代社會》，洪鎌德著，臺北市：牧童出版社，民國 66 年。

12. 《經濟學辭典》，H. S. Sloan，A. J. Zurcher 著，彭思衍譯，臺北市：黎明文化事業公司，民國 60 年。

十、相關學科

1. 《先秦教育思想》，余書麟著，臺北市：中華文化復興委員會，民國 46 年。

2. 《先秦教學思想》，王雲五著，臺北市：臺灣商務印書館，民國 59。

3. 《教育學》，楊亮功主編，雲五社會科學大辭典，臺北市：臺灣商務印書館，民國 65 年。

4. 《人類學與現代社會》，李亦園著，臺北市：牧童出版社，民國 65 年。

5. 《文化人類學選讀》，李亦園編著，臺北市：食貨出版社，民國 63 年。

6. 《中國文化人類學——中國文化對於人類的貢獻》，鄭德坤著，臺北市：華世出版社，民國 64 年。

7. 《社會人類學導論》，loan M. Lewis 著，黃宣衛、劉容貴合譯，臺北市：五南圖書公司，民國 74 年。

8. 《心理學》，張春興、楊國樞著，臺北市：三民書局，民國 65 年。

9. 《社會心理學》，D. O. Sears/ J. L. Freedman/L. A. Peplau 著，黃安邦編譯，臺北市：五南圖書公司，民國 75 年。

10. 《社會化之社會心理觀》，宋尚倫著，臺北市：巨流圖書公司，民國 70 年。

11. 《法學緒論》，鄭玉波著，臺北市：三民書局，民國 67 年。

十一、荀子專論

1. 〈孟荀人性論之形上學背景〉，項退結著，發表於民國七十七年臺大哲學系「中國哲學之人性論研討會」。

2. 〈荀子天論思想與儒墨道三家之異同〉，馬國瑤著，《孔孟月刊》第廿五卷第六期，民國 75 年，32～35。

3. 〈荀子的天道觀及其在中國古代天道思想的地位〉，黃俊傑著，《國立編譯館館刊》第一卷第 4 期，民國 61 年，69～82。

4. 〈荀子的禮法思想試論〉，張亨著，《臺大中文學報》，第二期，民國 77 年。

5. 〈荀子政治哲學重估〉，金耀基著，《大陸雜誌》第十八卷第 11 期，民國 48 年，337～342。

6. 〈荀子思想中的「統類」與「禮法」〉，曾春海著，《哲學論集》第 13 期，民國 70 年，71～85。

7. 〈從先秦禮法思想的變遷看荀子禮法思想的特色及其歷史意義〉，楊日然著，《社會科學論叢》第廿三期，民國 64 年，261～306。

8. 〈就荀子論早期儒家之歷史訴求在倫理學的應用〉，柯雄文著，三靈康譯，《哲學與文化》第十卷第 4 期，民國 77 年，234～249。

十二、相關論文

1. 〈我國古代政權移轉理論之研究〉，孫廣德著，《社會科學論叢》第 24 期，民國 65 年，289～317。

2. 〈「社會控制」之學術史〉，M. Janowitz 著，龐建國譯，《憲政思潮》第 75 期，民國 75 年，25～41。

3. 〈社會控制與秩序維持〉，《憲政思潮》第 75 期，民國 75 年，42～56。

4. 《析論霍布斯的個人主義與權威主義》，謝葆華撰（碩士論文），新莊市：輔仁大學歷史研究所，民國 71 年。

5. 〈荀子政治哲學重估〉，金耀基著，《大陸雜誌》第十八卷第 11 期，民國 48 年，337～342。

6. 〈政治權力結構之基礎理論與知識份子在社會變遷中所扮演的角色〉，陳秉璋著，《民族社會學報》第 18／19／20 期，民國 73 年，1～14。

7. 〈春秋封建社會的崩解和戰國社會的轉變〉，許倬雲著，《中國上古史（待定稿）》第三本，民國 74 年，585～601。

從解蔽心看荀子的知識論與方法學

潘小慧 著

作者簡介

潘小慧，女，輔仁大學哲學博士。

現任：輔仁大學哲學系所專任教授兼主任、輔仁大學士林哲學研究中心主任、哲學與文化月刊
　　　社社長

著作：《人類道德實踐的基本結構——析論先秦儒家與多瑪斯哲學》（1990 博士論文）、《德行
　　　與倫理——多瑪斯的德行倫理學》（2003）、《哲學入門》（2003）、《哲學概論》（2004）、
　　　《倫理的理論與實踐》（2005）、《四德行論——以多瑪斯哲學與儒家哲學為對比的探究》
　　　（2007）、《兒童哲學的理論與實務》（2008）等，以及學術論文近百篇。

提　　要

　　綜合《荀子》書中所言之「心」，依其意義及作用，可區分為「情欲心」、「自主心」、「認識心」及「道德心」四種；其中自主心和認識心為荀學所特別強調者，可相合成一種較廣義的認知心，稱為「解蔽心」。在知識論上，解蔽心作為認識作用的認知主體，具有「徵」與「知」二作用及「虛」、「壹」、「靜」三大功能，故能「知物」、「知天」及「知道」。道之實質為「禮義」，是聖人積思慮，習偽故的產物，除了作為言行的表準，也是真知的判準。「知道」方能「可道」，然後能「守道以禁非道」，導天下國家臻正理平治之境，達成認知的最終目的。在方法學上，「正名」和「辨說」也必須透過解蔽心的運作方可完成。正名思想因應名實紊亂的現實問題而生，除了要破除「三惑」，更有所謂「制名三要」；辨說則為了對治「姦言」、「姦說」而起，自有其範圍與應有的態度。總之，荀子的知識論及方法學為其道德實踐的理論基礎。

目

次

前　言

　　儒學向為各時代學人研究之目標，其中對荀子的探討歷來不乏其人，但綜觀前人之言，大多針對其天論、性惡論、禮論及倫理等方面，對其知識及方法的問題則少有專論。身為集大成之儒者的荀子，其學說固然仍因襲儒家之傳統精神，以關懷政治、論理之正理平治為其重點，但究其學說體系之結構而言，知識論和方法學則佔據了關鍵性的地位。正因為荀子突出理性思辨及強調經驗為理知基礎所展現的特殊思考風格，使得他成為先秦時繼孔、孟後的第三位大儒。其思考風格透過《荀子》一書表露無遺，尤其〈解蔽〉、〈正名〉兩篇，更是發揮到了極致。而此二篇的論說主旨，即在闡明有關心之認知的知識問題以及名辯的方法學問題，藉此為道德之實踐奠定理論的基礎，以期達於正理平治的最高目標。

　　本論文的研究動機，來自荀子本身思考風格的吸引；研究的目的，則嘗試從較少人研究、實則具有關鍵意義的範疇──知識論及方法學著手，尋找一條足以合理詮釋荀子學說的途徑，作為日後深入研究的參考之用。

　　採用的素材以〈解蔽〉、〈正名〉兩篇為主，其他篇章為輔。研究的範圍則以「解蔽心」的觀點為核心，環繞著「知識論」和「方法學」兩個主題，解析其思想立論之宗旨。

　　全文共分四章，茲將各章旨趣，略述於下：

　　第一章「緒論」，分為兩節。

　　第一節「荀子生平與著作」：荀子確切的生卒年月雖不可考，但吾人可斷其在孟子之後，法家李斯、韓非之前；現存《荀子》一書的真偽問題，雖多爭議，然根據學者的研究結果，歸納出比較可靠的作品有十四篇，而〈解蔽〉

和〈正名〉篇正是其中之二。

第二節「荀子學說淵源」：荀子身為儒者，且自道師承於舜、禹之制，仲尼、子弓之義；除了直接受到儒家思想影響外，荀子在先秦諸子中，屬後出轉精者，亦受了其他諸家，如名、法、墨、道等家思想之習染。

第二章「荀子有關『心』之探討」，分為三節。

第一節「心思想的淵源」：荀子言心受了道家及墨子思想影響，荀子言心之「虛壹而靜」源自老、莊，言心之能權能衡則源自墨子之功利思想。

第二節「心的意義及類型 —— 解蔽心」：《荀子》書中言「心」計有一百五十六處，按照意義及功能之不同，筆者歸納出四種類型的心，分別為「情欲心」、「自主心」、「認識心」及「道德心」，其中「自主心」和「認識心」為荀子學說中所特別強調者，二者可相合成一種較為廣義之認知心，筆者將之命名為「解蔽心」，以此作為貫穿全文的中心概念。為何以「解蔽心」作為全文的中心概念？理由有二：第一，在荀子的知識論上，它是認識作用之認知主體；第二，在其方法學上，不論「正名」或「辨說」，荀子以為都必須經由解蔽心的運作方為可能。

第三節「心與性、情、欲之區別及關係」：荀子基本上從「生」的角度解釋「性」，並視「情」為「性之質」，「欲」為「情之應」，「性」、「情」、「欲」三者原無實質上的差異。至於「心」（指「解蔽心」，而非「情欲心」）與「性」則有實在的區別（there is real distinction），心不是性，二者之間有著「以心治性」的關係；即透過心的制節性或宰制情欲，心於是成了「化性起偽」的關鍵。

第三章「荀子的知識論」，分為七節。

第一節「認知是可能的」：由「人生而有知」及「凡以知，人之性也」，指出人具有認識能力的基本知識論設定；由「可以知，物之理也」，指出作為認知的客體或對象亦有被知之屬性。

第二節「知識的形成」：知識起源於感覺，對事物的知識其最基本者即是從感覺出發的。構成事物之知必須具有四個條件，一是外物或對象，二是五官或天官，三是心的「徵知」，四是概念或名；透過對此四要件的分析與闡述，可獲致對知識形成的整體瞭解。

第三節「認知的主體 —— 解蔽心及其三大功能」：解蔽心作為認知主體，在認識活動中，具有「徵」及「知」的雙層作用。純就解蔽心自身言，具有

「虛」、「壹」、「靜」三大功能；虛則「不以所已臧害所將受」，可超越既有知識、化除既有成見之蔽；壹則「不以夫一害此一」，兼具「專一」與「整合」之功；靜則「不以夢劇亂知」，可擺脫內在及外界的干擾。心若能同時發揮此三大功能，稱爲「大清明」，如此則可認知「道」，夫惡有蔽矣哉！

第四節「認知的對象」：按照性質與範圍之不同，可分爲三大類，一爲「物」，二爲「天」，三爲「道」。「物」汎指物理世界中客觀外在的事物；「天」分爲「能生之本體」和「所生之自然」兩種，作爲認知的對象，吾人所當措意的是「所生之自然」的天，而非「無用之辯，不急之察」之「能生之本體」的天；如此，方可「明於天人之分」。「道」者，非「天道」、非「地道」，而是「人之所以道」、「君子之所道」，其實質內涵爲「禮義」；禮義生於聖人之僞，故爲後天、外在的，故「道」亦是後天、外在的。此「道」不僅異於道家老、莊思想中形上本體義之道，亦有別於儒家孔、孟中道德形上義之道。

第五節「認知的目的」：「心不可以不知道」、「治之要在於知道」，指出心的認知中，以知「道」爲要務；「知道」更指向一最終目的，即藉著「知道」過渡到「可道」，再達到「行道」（「守道以禁非道」），臻於正理平治之境。荀子的知識論並非以認知某一對象爲滿足，而是欲藉著「知」過渡到「行」，應用到現實的倫理或政治上，如此談知識問題方有其意義。

第六節「認知錯誤的原因」：凡妨害吾人認知者，統稱之爲「蔽」，即「心術之公患」。認知錯誤的原因歸納有四：一爲物理方面的原因，二爲生理方面的原因，三爲心理方面的原因，四爲論理方面的原因。

第七節「眞知的判準」：「道者，古今之正權也」，「道」即眞知的判準，凡合於「道」之知爲眞知，不合於「道」之知爲曲知。「道」的實質爲「禮義」，故眞知的判準是客觀外在的。

第四章「荀子的方法：正名與辨說」，分爲七節。

第一節「正名思想的時代背景及淵源」：荀子處於「聖王沒，名守慢，奇辭起，名實亂，是非之形不明」的時代，眼見現實名實紊亂的問題，不得不圖謀一解決之道；又，「名」在先秦時即爲重要課題之一，儒、道、墨、名諸家均曾言及，名學在當時可分爲破壞及建設二派；荀子乃因襲孔子正名主義，亦倡「正名」。

第二節「名的意義及功用」：「名」的意義有二：一爲物質的符號（symbol或 sign），相當於語言文字，用以代表事物或情意；二爲「概念」（concept），

乃經過人的抽象作用形成的普通概念，爲思想界之存在。名的功用在於「指實」、「喩實」、「辨實」，「實」可以是具體之事物，亦可是主觀之情意，舉凡實在之事物，不論其存在樣式爲何，均可謂「實」。

第三節「制名三要」：一爲「所爲有名」，即制名的目的；名之指實有雙層功能，「上以明貴賤」及「下以辨同異」，貴賤明則「志無不喩之患」，同異別則「事無困廢之禍」，故名是必要的。二爲「所緣以同異」，即根據什麼而有同名異名之分別；曰「緣天官」。人同屬一類，有相同的生理構造及類似的官能反應，故可藉著天官接物所產生的「狀」，按照其不同給予不同的「名」稱之。三爲「制名之樞要」，即制名的基本原則；筆者從五方面分別闡明：一、同則同之，異則異之。二、單足以喩則單，單不足以喩則兼。三、單與兼無所相避，則共；雖共，不爲害矣。四、「共名」與「別名」。五、「名無固宜」、「名無固實」與「名有固善」。

第四節「破除三惑」：所謂「三惑」，爲「用名以亂名」，或是共名掩別名，或是別名掩共名，只要「驗之所以爲有名而觀其孰行」則可破除之。二爲「用實以亂名」，即以「同一實」之理，泯除不同名之差別，只要「驗之所緣以同異而觀其孰調」則可破此惑。三爲「用名之亂實」，即因不同之名肯定其指涉不同之實，只要「驗之名約，以其所受，悖其所辭」則可破除之。

第五節「辨說的目的」：君子必辨者，乃針對姦言蠭起的時代而言，除此，尚肩負宣揚先王之道及禮義之統的積極任務。「辨說也者，心之象道也」，辨說即以「心象道」爲目的。

第六節「辨說的範圍與態度」：辨說並非漫無限制，必須以「禮義」爲標準。凡關乎禮義者，方有益於治道，才屬辨說的範圍；無關乎禮義者，只是「無用之辨」，君子必不辨矣！至於辨說的態度，可分爲積極的和消極的兩方面。積極方面以「以仁心說」、「以學心聽」、「以公心辨」爲基本原則；消極方面以「不爭」、「不期勝」、「不苟察」爲原則。

第七節「辨說的種類與等級」：按照辨說主體之不同而有不同型態的辨說，可分爲「聖人之辨」、「士君子之辨」及「小人之辨」三種，其間自有高下等級之分。

總言之，吾人從「解蔽心」探討荀子的知識論及方法學，確知其乃道德實踐的理論基礎。

第一章　緒　論

第一節　荀子生平與著作

一、生　平

荀子，名況，字卿。〔註1〕在司馬遷《史記》中，孟、荀合傳。傳文曰：

> 荀卿，趙人，〔註2〕年五十，始來游學於齊。……田駢之屬皆已死，
> 齊襄王時，而荀卿最爲老師。齊尚修列大夫之缺，而荀卿三爲祭
> 酒〔註3〕焉。齊人或讒荀卿。荀卿乃適楚，而春申君以爲蘭陵令。
> 〔註4〕春申君死而荀卿廢，因家蘭陵。李斯嘗爲弟子，已而相秦。
> 荀卿嫉濁世之政，亡國亂君相屬，不遂大道，而營於巫祝，信機
> 祥。鄙儒小拘，如莊周等，又滑稽亂俗。於是推儒墨道德之行事
> 興壞，序列著數萬言而卒，因葬蘭陵。〔註5〕

傳文中未言及荀子之生卒年月，但以春申君及齊襄王之年代考證之，則大致

〔註1〕古代典籍，如劉向《校讎書錄》中，「荀」字有作「孫」字而稱之爲「孫卿」
　　者。「荀」之所以作「孫」，或謂係避漢宣帝的諱而爲後人所改，或謂「荀」、
　　「孫」二字古時同音，本可通用。

〔註2〕即今山西、河北省地域之人。

〔註3〕據《史記》司馬貞《索隱》按：禮食必祭先，飲酒亦然，必以席中之尊者一
　　人當祭耳，後因以爲官名。卿三爲祭酒者，謂荀卿出入前後三度處列大夫康
　　莊之位，而皆爲其所尊，故云「三爲祭酒」也。

〔註4〕據唐張守節《正義》：蘭陵，縣，屬東海郡，今沂州承縣。

〔註5〕見《史記》卷七四，《孟子・荀卿列傳》。

可推見荀子一生重要活動時間爲起於趙惠文王元年（西元前 298 年），迄於趙悼襄王七年（西元前 238 年），前後共六十年。〔註6〕

若考《史記》傳文「年五十，始來游學於齊」之言，又知荀子在齊王時「最爲老師」，可知荀子來齊時可能於襄王時，清汪中以爲在湣王時，〔註7〕則至春申君之死，荀子已逾百歲，恐不近理。然確定年月，已不可考。就哲學史之需要言，吾人斷其在孟子之後，法家李斯、韓非之前即足矣。〔註8〕

二、著 作

荀子晚年住在蘭陵，推儒、墨、道德之行事興壞，序列著數萬言而卒。這數萬言的大作，即是二十卷三十二篇的《荀子》一書。《荀子》書西漢時有三百二十二篇之多，初由劉向校錄，除去重復二百九十篇，定著三十二篇，名爲《孫卿新書》。〔註9〕即《漢書・成帝紀》所載：

> 河平三年（西元前 26 年），光祿大夫劉向，校中祕書，其中關於《荀子》構成始末，即如劉向校書敍錄所言者，《荀卿新書》十二卷三十二篇。

《荀子》書《漢志》著錄稱爲《孫卿子》，《隋唐志》並同，至唐楊倞爲之注，分舊十二卷三十二篇爲二十卷，又改《孫卿新書》爲《荀卿子》，其篇次第亦有移易，使得以類相從。自後著錄，又省稱爲《荀子》，〔註10〕延用至今。現今通用之《荀子》書，即楊倞所改編者。

關於現存《荀子》一書之眞僞問題，頗多爭議。《荀子》一書由於經過劉向和楊倞的兩度編輯，不僅篇目有種種疑慮，〔註11〕篇章內容眞僞雜湊的情形也頗複雜，或係荀子自撰，或爲門人所記，或出後學之手，或有錯簡雜篇。清儒謝墉、錢大昕、郝懿行、王念孫、汪中、俞樾等曾論及其考辨與旁證，而王先謙則薈萃諸家，集校釋之大成。近代學者如胡適、梁啓超、楊筠如、

〔註6〕 參見四部叢刊本，汪中之《述學補遺》，頁 13，〈荀卿子年表〉，他說：「凡六十年，庶論世之君子，得其梗槪云爾。」

〔註7〕 同註6。

〔註8〕 參見勞思光，《中國哲學史》，第一卷，頁 278。

〔註9〕 據劉向《校讎書錄》序：「所校讎中《孫卿書》凡三百二十三篇，以相校，除重複二百九十篇，定著三十三篇，爲十二卷，題曰《新書》。」王應麟《漢書・藝文志》考證，當作「三十二篇」，蓋《漢志》誤增一篇。

〔註10〕 據宋唐仲友序。

〔註11〕 可參考林麗眞，《中國歷代思想家（六）荀子》，頁 11 至頁 12。

郭樂山、張西堂等人亦有考辨。歸納出荀子三十二篇中，比較可靠的作品爲：
〈勸學〉、〈修身〉、〈不苟〉、〈非十二子〉、〈王制〉、〈富國〉、〈王霸〉、〈天論〉、
〈正論〉、〈禮論〉、〈樂論〉、〈解蔽〉、〈正名〉、〈性惡〉等十四篇；〔註 12〕而
荀子學說的菁華所在，正以〈天論〉、〈解蔽〉、〈正名〉、〈性惡〉、〈勸學〉諸
篇爲主。

第二節　荀子學說淵源

荀子生當戰國末世，在先秦諸子中，較爲後出，故其所採者亦廣，所習
染者也博，且因天賦秀才，徧歷數國，又嘗居齊之稷下，三爲祭酒，是以論
其學術淵源，很難以一派一家定論之。〔註 13〕筆者就其與儒家及其他諸家之
關係分述如下：

一、荀子與儒家

荀子於〈非十二子〉篇中曾自道其師承曰：

> 上則法舜、禹之制，下則法仲尼、子弓之義。

汪中《荀卿子通論》亦曰：

> 《史記》載孟子受業於子思之門人，於荀卿則未詳焉。今考其書，
> 始於〈勸學〉，終於〈堯問〉、篇次實仿《論語》。《六藝論》云，《論
> 語》子夏、仲弓合撰；《風俗通》云，穀梁爲子夏門人；而〈非相〉、
> 〈非十二子〉、〈儒效〉三篇，每以仲尼、子弓並稱；子弓之爲仲弓，
> 猶子路之爲季路；知荀卿之學，實出於子夏、仲弓也。〈宥坐〉、〈子
> 道〉、〈法行〉、〈哀公〉、〈堯問〉五篇，雜記孔子及諸弟子言行，蓋
> 據其平日之聞於師友者，亦由淵源所漸，傳習有素而然也。故曰：
> 荀卿之學出於孔氏。

荀子師法孔子一事，歷來學人向無異議，因爲荀卿在其〈解蔽〉篇中曾有說
明：「夫道者，體常而盡變，一隅不足以舉之。曲知之人，觀於道之一隅，而
未之能識也……孔子仁知且不蔽，故學亂術足以爲先王者也。」至於是否曾
受業於子夏及子弓，則頗多爭論。汪氏《通論》雖云荀子爲子夏氏之儒，但

〔註 12〕同註 11，頁 12 至頁 13。
〔註 13〕參見周虎林，〈荀子學術淵源及其流衍〉一文，頁 8，《師大國文研究所集刊》
　　　　第八期，民國 52 年。

〈非十二子〉篇卻有譏蔑子夏之語，[註14] 此似與荀子隆禮尊師之精神不合。至於子弓，雖然荀子自稱「則法其義」，但由於對其身分之稽考，素來見解不一，[註15] 難以定論，故二人間之師弟關係亦無法確認。

二、荀子與其他諸家

戰國末年，天下紛籍，諸家學術，[註16] 星羅棋布。梁任公將當時學術相薰相染分為「內分、外布、出入、旁羅」四端，其釋「旁羅」曰：「當時諸派大師，往往兼學他派之言，以光大本宗，如儒家者流之有荀卿也，兼治名家法家言者也。」[註17] 知荀子學儒之外，又被名、法風化。他如墨家之長，以知識為本，〈解蔽〉、〈正名〉諸篇所言，皆不外論知之目，如論理之所本，知識之源等，此孔、孟所不重，獨荀子重之，即受墨家思想影響之故。此外，《荀子·天論》篇即是針對《墨子·天志》、〈明鬼〉諸篇之立論予以批評所成；自〈非十二子〉、〈天論〉及〈解蔽〉諸篇，亦可得見荀子對諸子之批評，可知荀子深究當時百家之學。《史記》本傳亦云：「推儒墨道德之行事興壞，序列著數萬言。」是故，荀子之學其所涵濡蛻化處，當亦不獨儒道而已，其與諸子學術相反相成、相倚相參者甚多。[註18]

〔註14〕〈非十二子〉篇中説道：「正其衣冠，齊其顏色，嗛然而終日不言，是子夏氏之賤儒也。」

〔註15〕歷來稽考子弓者，約有三種説法，如下：其一，以為即馯臂子弓；其二，以為即朱張；其三，以為即仲弓。詳見周虎林著，「荀子學術淵源及其流衍」一文。

〔註16〕見《史記》卷一三〇〈太史公自序〉：司馬談論六家要旨，始立陰陽、儒、墨、名、法、道之目。劉向《七略》，進而補苴，班固《漢書·藝文志》因之，析為九流，乃成十家。九流為儒、道、陰陽、法、名、墨、縱橫、雜、農；益以小説，乃成十家。

〔註17〕參見梁啓超，《飲冰室文集》，〈中國學術思想之變遷大勢〉一文。

〔註18〕參見熊公哲，《荀卿學案》，頁 7。

第二章　荀子有關「心」的探討

第一節　　「心」思想的淵源

　　「心」的探討在中國哲學上是一個重要的課題。在先秦哲學家中，荀子是論心最爲詳盡的一位。《荀子》書中，提到「心」處共計一百五十六次之多，〔註 1〕由此可知，他是個善言「心」、注重「心」的哲學家。在此，筆者將先論述荀子之前及一些與他說法類似的思想家們的理論，藉以探尋可能影響荀子「心」思想的淵源。

　　《莊子・天下篇》曾提及宋牼（即宋銒或宋榮）〔註2〕和尹文學派，說：

　　　　以禁攻寢兵爲外，以情欲寡淺爲内。

所謂情欲寡淺，是指不要嗜欲充盈。荀子亦有類似的主張，並進一步以心來節制情欲。他說：

　　　　情然而心爲之擇，謂之慮。心慮而能爲之動，謂之僞。（正名篇）

　　　　凡語治而待去欲者，無以道欲而困於有欲者也。凡語治而待欲寡者，

　　　　無以節欲而困於多欲者也。……欲不待可得，而求者從所可；欲不

　　　　待可得，所受乎天也。求者從所可，受乎心也。天性有欲，心爲之

　　　　節制。（正名篇）〔註3〕

其次，荀子主張「心」之功用在於使人知「道」；「心何以知？曰：虛壹而靜。」

<hr />

〔註 1〕　由《荀子引得》，頁 113 至頁 114，「心」部份計算而得。
〔註 2〕　參見馮友蘭，《中國哲學史》，頁 187，及唐鉞，《尹文和尹文子》。
〔註 3〕　此九字據日人久保愛所據宋本及韓本增。

（〈解蔽〉篇）「虛」「靜」二字是老莊常用的語詞，而且是老莊哲學中重要的概念。

《道德經》第十六章說：

> 致虛極，守靜篤，萬物並作，吾以觀復。

《莊子‧天道篇》也說：

> 水靜則明燭鬚眉，平中準，大匠取法焉。水靜猶明，而況精神聖人
> 之心靜乎？天地之鑒也，萬物之鏡也。夫虛靜恬淡寂漠無為者，天
> 地之平，而道德之至，故帝王聖人休焉。休則虛，虛則實，實則倫
> 矣。虛則靜，靜則動，動則得矣。

這與荀子所言心之「虛壹而靜」及〈解蔽〉篇之「人心譬如槃水，正錯而勿動，則湛濁在下，而清明在上，則足以見鬚眉而察理矣」道理相通。荀子又說：

> 凡觀物有疑，中心不定，則外物不清。（解蔽篇）

這與《莊子‧天地篇》所說：「機心存於胸中，則純白不備；純白不備，則神生不定；神生不定者，道之所不載也。」的意義亦相通。

至於心之能「壹」，道家亦常言及，如《莊子‧人間世篇》說到「一若志」。然而道家言一，注重天地萬物所一，或泯除我與萬物之差別，言我與天地萬物為一。

由上所敘，可見荀子言心頗受老莊道家思想影響。

此外，荀子認為心能節制情欲，心能思慮能知，並能權衡各方面的利害，以定取捨標準，故有所謂「道者，古今之正權也」及「計者取所多，謀者從所可」（〈正名〉篇）之言。雖然荀子批評墨子「蔽於用而不知文」（〈解蔽〉篇），事實上，他已在不知不覺中接受了墨子「利之中取大，害之中取小」〔註4〕的「用」了。

由上述可知，荀子論心，實深受道家和墨子的影響；但這並不表示荀子的思想完全與道家、墨子雷同。事實上，一個哲學家的思想很難排除前人的影響的；是受了啟發，或是存菁去蕪，或是作一大統整、綜合各家之長……。荀子在「心」思想方面，除了延續前人之外，還進一步地闡明「心」在認識上的重要地位，並且認為心在後天、外在禮樂法治教化中位居導情（欲）化性之首要功臣。在說明了荀子「心」思想的淵源之後，進一步將探討荀子所言之「心」的意義與類型。

〔註4〕見《墨子‧大取篇》。

第二節　心的意義及類型

　　荀子全書不但言「心」之處，多達一百五十六次，就其整個學說體系而言，「心」亦深具關鍵性之地位且賦予特殊之意義。荀子認為「心」是人性由惡過渡到善的依據，換言之，心乃是荀子「化性起偽」理論的重要關鍵，所以說，在荀子學說體系中「心具有關鍵的地位」；再者，荀子言心，一反以前儒家所偏重的「道德心」，〔註5〕而特重心之認知義及主宰義，並有〈解蔽〉一文專言「心」之此義，所以說，在荀子學說體系中，「心具有特殊性的意義」。

　　從哲學史的觀點來研究心，根據吳康先生的說法，可以將心分成三大類：

　　第一類是知識的心——為生理學的知覺，心理學的意識作用，即知覺欲望與認識等作用的主體，中國先哲稱之為「人心」。

　　第二類是道德的心——為人生行為取作標準的極則，中國先哲稱之為「道心」或「仁心」。

　　第三類是形上的心——為宇宙萬物之中心精神，中國先哲稱之為「天心」。〔註6〕

　　吳先生並認為荀子論心的意義或作用，以知識的心和道德的心為主，而不及形上的心，也就是說，荀子只談人心和道心，而不及天心。然筆者認為此一分類，實不足以說明荀子言心的實質內涵。因此，嘗試地將荀子所言之心，按照意義及功能之不同作一區分整理，這也顯示《荀子》書中所使用的「心」字有歧義，並不是始終只有一種指謂。現區分如下：

一、「官能」義的心

　　例如：

　　　目好色、耳好聲、口好味、心好利、骨體膚理好愉佚、是皆生於人之情性者也，感而自然，不待事而後生之者也。（性惡篇）

〔註5〕在儒家中，孔子和孟子承繼了《詩》《書》的思想，他們言心多從道德上著手。如孔子說：「其（指顏回）心三月不違仁」（《論語·雍也篇》），關於孔子自己他也說：「七十而從心所欲，不踰矩」（〈為政〉篇）。孟子言心有仁義禮智四善端，並由人心之善推證人性是善。他說：「惻隱之心，仁之端也，羞惡之心，義之端也，辭讓之心，禮之端也，是非之心，智之端也」（《孟子·公孫丑篇》）。參見薛保綸，〈荀子的心學（上）〉一文第二節，收於《哲學與文化》月刊，第五卷第五期，頁54。
〔註6〕參見吳康，《宋明理學》，頁3再版附錄〈原心〉一文，及《孔孟荀哲學》下冊，頁21。

> 人之情：口好味、耳好聲、目好色……形體好佚……心好利。（王霸
> 篇）
>
> 心利之有天下。（勸學篇）
>
> 體倨固而心埶詐。（修身篇）
>
> 形相雖善而心術惡。（非相篇）
>
> 心欲綦佚。（樂論篇）
>
> 使人之心悲。（樂論篇）
>
> 心憂恐。（正名篇）

這些「心」，就如同「眼」之視形色，「耳」之聽聲音，「口」之嚐五味般，只能算是人體官能之一的「心」，或可說是人生理上的知覺或心理上的意欲等作用的主體，這些都可統攝於〈正名〉篇中所謂的「說故喜怒哀樂愛惡欲，以心異」的「心」。〔註7〕這第一種官能義的心可稱為「情欲心」。

二、「功能」義的心

（一）這種功能義的心荀子稱之為「天君」。荀子說：

> 耳、目、鼻、口、形能各有接而不相能也，夫是之謂天官。心居中
> 虛，以治五官，夫是之謂天君。（天論篇）

此時，荀子點出心有治五官的功能，居人體最尊貴的地位，支配四體百骸。

（二）「心者，形之君也而神明之主也。」（解蔽篇）

心不但可治五官，更君臨形骸四肢之上，是為自主的精神意識〔註8〕功能之真宰。

荀子又說「心」：

> 出令而無所受令，自禁也、自使也、自奪也、自取也、自行也、自
> 止也，故口可劫而使墨云，形可劫而使詘申，心不可劫而使易意，
> 是之則受，非之則辭。（解蔽篇）

指出心是能動、主動的，而非所動、被動的，具自主自由而不受拘束。〔註9〕

〔註7〕 參見張亨著，〈荀子對人的認知及其問題〉一文，收於台大《文史哲學報》，第二十期，頁191。

〔註8〕 參見李滌生，《荀子集釋》，頁488。「神明」，即精神，意識。

〔註9〕 參見羅光，《中國哲學思想史・先秦篇》，頁603。他說：「荀子雖然沒有用自由的名辭，實則就是講心的自由。」

心是自主自由的，所以說「自禁也、自使也、……」，既言「自」，必有「他」，外在的形體可以受外面強力的逼迫，口可以被人封閉不說話，手足可以被人脅迫而屈伸，唯有心不會受外力、外物的強迫而改變，具有完全自主的能力。這第二種功能義的心，可稱為「自主心」。

（三）又荀子說：「心有徵知。」（正名篇）

其中之「徵」〔註10〕字，乃指心主動地召萬物以為認知的對象的功能，進而產生認「知」的效果。

三、「認知」義的心

例如：

故心不可以不知道……心知道然後可道。（解蔽篇）

心生而有知。（解蔽篇）

心有徵知。（正名篇）

由此可知，荀子認為心實具有認知的能力，尤其心以知「道」為要務，若無心，則「道」不可知，所以說：「心也者，道之工宰〔註11〕也」（正名篇）。又說：「心慮而能為之動謂之偽。」（正名篇）「慮」也是認知作用的一種。這第三種認知義的心，可稱為「認識心」。

四、「道德」義的心

例如：

道心之微。（解蔽篇）

以仁心說。（正名篇）

〔註10〕楊倞注曰「召」，即召萬物以為認識之對象。

〔註11〕同註7，頁215，註28：工宰，王懋竑《讀書記疑》（見梁啟雄《荀子約注》世界本）以「工」為「主」字之訛。無確據。王先謙《荀子集解》引陳奐云：「工宰者，工，官也，官宰猶言主宰。」釋工字不誤。《小爾雅‧廣言》：「工，官也。」《書‧堯典》「允釐百工」、《詩‧臣工》「嗟嗟臣工」皆訓為「官」。然以「官宰」為「主宰」則非是。陳氏據〈解蔽〉篇「心者形之君也，而神明之主也」句為釋，不知「道」固非「心」所能主宰也。否則心不必「合道」、「象道」矣。

筆者以為張亨先生所言甚是。屢見不少學者以「主宰」釋「工宰」，甚至有人以此說明心之主宰義，荀子的確有言及主宰義的心，但絕不是自此句闡發。另外，按照荀子的學說，「心」絕非「道」之主宰，「道」才是高於「心」的判準。

這第四種道德的心，可稱爲「道德心」。

以上四種「心」的意義中，第一種官能義的心，只不過是情欲之心，在荀子看來，它和耳目鼻口般，只不過是「性」的一部分，並不予重視。第四種道德心在荀子學說體系中，是他認識心在道德行爲上的部分應用；〔註12〕雖然荀子亦嘗言道德心，但並未像孔子、孟子般「由仁識心」，從道德的觀點顯發心之性質，因此，道德心也並非荀子所特重的。眞正重要的是第二種自主心和第三種認識心，正是荀子學說體系中之關鍵處與特殊處，欲瞭解荀子整個學說體系，這是重要線索。在此必須一提的是，雖將荀子所言之心分成四種類型，並不意味人的形體上另有他心宛然獨立於外，〔註13〕事實上，這四種類型只是按照心的不同作用，予以學理上之區分，以助於吾人之研究說明罷了。以下要討論的是自主心和認識心，這兩種心各有其作用或功能，筆者認爲二者可以「相合」成一種較廣義的認知義的心，稱之爲「解蔽心」，進而得以合理地詮釋荀子學說。

五、「解蔽心」的指義

爲何將自主心和認識心相合？理由有三：第一，如前所論，將荀子之言心區分成四種類型，並不意味人的形體上另有他心宛然獨立於外，在此觀點下，自主心和認識心事實上已具有本體相合的先天條件。〔註14〕第二，根據《荀子》一書，我們知道荀子主張人性爲惡，人之所以能行善，完全在於人心能「知道」，知道而後「可道」〔註15〕進而能「守道」以「禁非道」。以上四個過程皆須「自主心」與「認識心」之相合，互爲作用，方可達成。荀子兼重四道，以爲是社會國家平治的法門，大體上，前二者「知道」和「可道」屬於「知」的範圍，後二者「守道以禁非道」屬於「行」的範圍。道既然兼爲所知與所行，則道應爲貫通於此知與行者，不可只是一個認知的對象，也就是人於道不應只有一個

〔註12〕同註5，頁55。

〔註13〕同註7，頁191。

〔註14〕或許有人根據筆者所言此點，說明四種類型的心均可交互相合，因爲它們也都具有本體相合的先天條件。話雖不錯，問題是其他兩種類型的心並非荀子學說的重點，並無相合之意義與必要性，另外，筆者提出的此點理由，僅是理由之一，並不意味由此自主心和認識心必定要相合。

〔註15〕「可道」即「以道爲可」，見楊倞注。至於「可」，約有兩種解釋：有人解爲「許可」，見李滌生，《荀子集釋》，頁483；有人解爲「肯定」，「認爲對」之意，見《荀子新注》，頁419，及梁啓雄，《荀子簡釋》，頁293。

認識的心，也應有一個意志行爲的心〔註16〕（即自主心）。所以，從道與人心的關係來看，道既與認識心及自主心脣齒相依，則認識心和自主心當可在此觀點下，有某種意義的聯合。第三，純就認識活動而言，認識心也並非是心的各種類型中唯一參與其活動者；自主心也在其中發揮了作用，荀子說「心有徵知」，在認識心「知」之前，尚須仰賴自主心之先行「徵」召對象方可。所以在認識論的觀點下，認識心和自主心也有某種作用上的聯合，這是最主要的一點，正因如此，二者才能相合成一種較廣義的「解蔽心」。

至於爲什麼使用「解蔽心」一詞作爲二者相合之後之的名稱？一則固然是取材自《荀子》書中有〈解蔽〉篇之名，因該篇言心甚詳；主要還是因爲認識心和自主心相合的實質目的，即在於解蔽，唯其能解蔽方能「知道」、「可道」、「守道以禁非道」；因此，以「解蔽心」名之，應該是相當切合荀子學說之要旨的。此外，荀子言心一向是認識心和自主心並重，爲此，相合之後的名稱很難從其中擇取；又，爲了避免另定新名可能引起麻煩與不妥起見，遂採用荀書之篇名命之。如此一來，這個「解蔽心」便成爲本論文用以貫穿荀子整個學說的主要概念了。

第三節　心與性、情、欲之區別及關係

中國哲學家們研究心與性的問題，通常是連續且密切相關的，因此，前一節既然已談了荀子的「心」思想，本節也該談談他所謂的「性」，方能掌握其「心」思想之全貌。關於荀子的心性之說，有的學者認爲荀子所言之心原屬於性的範圍，故心是性；有的學者則持相反意見，認爲心絕非性，二者截然不同。至於荀子所言之心與性，其間關係究竟如何？二者的異同處何在？正是本節所要討論的問題。筆者擬從荀子對「性」所下的定義與界說著手，以探討性之內涵與實質，並就前一節對「心」的瞭解，分別做進一步的比較及考察二者間的關係。

一、性

荀子善於爲名詞下定義，對「性」一詞亦不例外，他說：

> 生之所以然者，謂之性。性之和所生、精合感應，不事而自然。謂
> 之性。（正名篇）

〔註16〕參見唐君毅，《中國哲學原論・原道篇》，卷一，頁 444。

> 凡性者，天之就也，不可學，不可事。……不可學，不可事而在人者，謂之性。（性惡篇）
>
> 性者，本始材朴也。（禮論篇）

由以上三則言論可知：荀子言性乃從傳統「生」的角度〔註17〕來詮釋，與孟子從「心」的角度釋性〔註18〕全然不同。荀子認爲性是針對人而言，凡天生自然、生就如此之質樸者皆屬之。〔註19〕性的基本原則確立後，再看看性的實質內涵爲何？綜合《荀子》全書可歸納出以下三方面：

（一）人生理上的器官或官能

如「耳、目、鼻、口、形能」等五官（天官）及「心」官。〔註20〕

（二）官能的能力

如「目辨白黑美惡，耳辨音聲清濁、口辨酸鹹甘苦、鼻辨芬芳腥臊，骨體膚理辨寒暑疾養」（〈榮辱〉篇）及心辨「說故喜怒哀樂愛惡欲」。〔註21〕

（三）官能的欲望

如「飢而欲食、寒而欲暖，勞而欲息，好利而惡害」（〈榮辱〉篇）。

二、性與情、欲

何謂「情」？荀子說：

> 性之好、惡、喜、怒、哀、樂，謂之情。（正名篇）
>
> 好、惡、喜、怒、哀、樂臧焉，夫是之謂天情。（天論篇）
>
> 情者，性之質也。（正名篇）

可見情與性一樣，均來自於天，是天生自然的；情其實就是性的實質。《荀子》書亦屢將「情性」二字並稱，如〈性惡〉篇之「夫好利而欲得者，此人之情

〔註17〕 參見傅斯年，《性命古訓辨證》（傅孟眞先生集第三冊），第七章，頁 58 至頁 62。以「生」釋「性」，乃是孟子當時或以前流行的訓釋。

〔註18〕 見《孟子·盡心篇》：「盡其心者，知其性也。知其性，則知天矣。」及「君子所性，仁義禮智根於心。」唐君毅先生認爲孟子乃「即心言性」，見《中國哲學原論·原性篇》，第一章。

〔註19〕 牟宗三，《才性與玄理》，頁 2 至頁 3，認爲荀子之性具有「自然義」、「生就義」、「質樸義」。

〔註20〕 見〈天論〉篇：「天職既立，天功既成，形具而神生……耳、目、鼻、口、形能各有接而不相能，夫是之謂天官。心居中虛，以治五官，夫是之謂天君。」

〔註21〕 見〈正名〉篇：「說、故、喜、怒、哀、樂、愛、惡、欲，以心異。」

性也」及「若夫目好色，耳好聲，口好味，心好利，骨體膚理好愉佚，是生
於人之情性者也」等。

　　何謂「欲」？荀子說：

　　　欲者，情之應也。（正名篇）

　　　故雖爲守門，欲不可去，性之具也。（正名篇）

可見欲乃應情之作用。

　　除此，在說明性之內涵時，也已屢次提及「欲」（見（二）及（三）），可
見荀子性論的特色，正在於「以欲爲性」。〔註22〕《荀子》書也有將「情欲」
二字並稱之處，如〈正論〉篇之「人之情欲寡」及「人之情欲是已」等。

　　事實上，荀子將「性」、「情」、「欲」三者看做是同質同層的。〔註23〕他
說：

　　　性者，天之就也。情者，性之質也。欲者，情之應也。（正名篇）

「性者天之就」，說明了性是天生即有的。「情者性之質」，說明了性以情爲質
（本質或實質），情外無性，情即是性，二者是同質同層的。「欲者情之應」，
說明了欲乃應情而生。雖然荀子將性、情、欲分別界定，卻說明出三者並無
實質上的差異，是三而一的。

三、性　惡

　　由性的界定及內容看來，荀子所謂的性只是生物生命的性，只是人的動
物性。在這裡，只能看到「人之所以爲動物」的自然生命之徵象，而不能像
孟子言性般，見到「人之所以爲人」的道德價值之內涵。就動物性言性，則
性中只有盲目的好與惡，而沒有合理的迎或拒；只有突然的生物生命之活動，
而沒有應然的道德價值之取向。荀子如此界說性，如果順其生物生命之活動
而不加以引導節制，則「性惡」便是很自然的結論。〔註24〕

　　關於「性惡」的論證，〈性惡〉篇敘述頗詳，由於並非本文要點，現只舉
最主要的一段文字，略述如下，以瞭解荀子的理路：

　　　今人之性，生而有好利焉，順是，故爭奪生而辭讓亡焉。生而有疾
　　　惡焉，順是，故殘賊生而忠信亡焉。生而有耳目之欲，好聲色焉，

〔註22〕參見徐復觀，《中國人性論史・先秦篇》，頁234。
〔註23〕參見蔡仁厚，《孔孟荀哲學》，頁390。
〔註24〕同註23，頁390。

> 順是，故淫亂生而禮義文理亡焉。然則從人之性，順人之情，必出
> 於爭奪，合於犯分亂理，而歸於暴。故必將有師法之化，禮義之道
> （導），然後出於辭讓，合於文理，而歸於治。用此觀之，然則人之
> 〈性惡〉明矣，其善者僞也。（性惡篇）

此段指出，人若依順「好利」、「疾惡」、「耳目之欲」，而不加以「師法之化」、「禮義之道」，必將做出「爭奪、殘賊、淫亂」之行。也就是說，「以情欲爲性」的結果，必將歸結出「性惡」的結論。但性惡並非荀子學說的重點，他的目的在藉著人天生之性惡主觀地襯托出治性的「心」，及客觀地襯托出外在的「禮義」。因此，在談性惡之後，隨即又提出「化性起僞」。一般人批評荀子，不明究理，往往將重點擺在其「主性惡」上，其實這是頗值得商榷的，因爲荀子學說的宗旨並不在於「主性惡」，「人之性惡」只是荀子學說的起點而已。

四、心與性之關係 —— 以心治性

在談「以心治性」之前，必須先解決「心是性」或「心不是性」的問題。主張「心是性」者以爲，「心」是人天生的官能或官能的能力或官能的欲望，也符合「性者天之就」的界說，所以心是性。這點筆者在第二節「心的意義與類型」中已言及，這種心是「情欲心」。因此它不是治性之心，也不是荀子學說中的重要概念。

主張「心不是性」者，乃是著眼於心與性的不同功用方面。荀子說：「心居中虛，以治五官，夫是之謂天君」（〈天論〉篇）。心可以治五官，五官是屬於性的一部份，所以心可以治性；反之，性沒有治心的功用。另外，荀子又說：

> 欲不待可得，而求者從所可。欲不待可得，所受乎天也；求者從所
> 可，所受乎心也。天性有欲，心爲之制節。所受乎天之一欲，制於
> 所受乎心之多，固難類所受乎天也。（正名篇）

欲望是人生而自然即有的，即人性之中有欲，而欲望的追求則受制於心。由於欲求受制於心之所可，故人的行爲活動常與自然的欲求不相一致。也就是說，在人的實踐行爲或活動中，心扮演著節制性的角色。

荀子又說：

> 欲過之而動不及，心止之也。心之所可中理，則欲雖多，奚傷於治？
> 欲不及而動過之，心使之也。心之所可失理，則欲雖寡，奚止於亂？
> 故治亂在於心之所可，亡於情之所欲。（正名篇）

此段文字說明治亂的關鍵在於「心之所可」者之中理或失理，而不在於情欲之多寡。情欲多，心之所可仍能中理而治之；情欲寡，心之所可若失理亦無助於治。由此可見，荀子的心性論實著重於心之化性起偽的作用，而非人性之惡。

綜觀上述，心與性的關係在於「以心治性」這點上，既言以心治性，此「心」定然不能是屬於「性」的「情欲心」，而應是具有知慮作用及自主作用，能「化性起偽」的「解蔽心」。〔註25〕

〔註25〕何淑靜在〈論荀子是否以『心』爲『性』之問題〉一文中，曾對「心是性」及「心不是性」兩方面予以詳細說明。她認爲「心是性」是從「生而有」來說的，「心不是性」是從「實踐工夫」來說的；這兩層意思都涵於荀子的思想體系中，而且荀子的瞭解是此「兩層意思並存」，且「不相矛盾的」。收於《中國文化月刊》，第四十一及第四十二期，頁108至頁119及頁115至頁126。

第三章　荀子的知識論

第一節　認知是可能的

　　在研究知識論之初，首先遭遇的一個問題即是：「人是否具有認識能力？」或「認知是否可能？」。或許有人認為這個問題是不必要的，因為如果人沒有認知能力，則一切學問都不會產生，同時也無法發出這個問題；一旦如此發問，就已隱含了人具有認知能力的事實。雖然這種看法的確有其理據，但就一個系統性的學說而言，當論及其知識論觀點時，仍不得不對此一最基本的問題提出研究，否則就如同蓋房子不打地基一般，隨時都有倒塌毀壞的可能。因此，筆者還是必須針對荀子在這一方面的主張詳加分析。

　　綜合《荀子》書的說法，可以分成兩點來闡明。第一，荀子乃直接道出人確實有認知的能力。他說：

　　　　人生而有知。（解蔽篇）〔註1〕

梁任公曾懷疑「人」字當作「心」字，以便與下文之「心生而有知」（〈解蔽〉篇）相對應，〔註2〕假設果如梁任公所言，亦無損於荀子指出人之具有認知能力。在此，吾人可藉用理則學上的省略推理法，除了「心生而有知」此一前提外，補上「人生而有心」〔註3〕一前提，如此一來，亦可導出「人生而有知」的結論。

〔註1〕知是指認識能力。

〔註2〕參見梁啓雄，《荀子簡釋》，頁294，〈解蔽〉篇。

〔註3〕《荀子・天論》篇說：「天職既立，天功既成，形具而神生……心居中虛，以治五官，夫是之謂天君。」由此可知，「人生而有心」是當然的。

第二，荀子從「人之性」和「物之理」兩方面來說明。他說：

> 凡以知，人之性也；可以知，物之理也。以可（以）知人之性，求
> 可以知物之理……（解蔽篇）

「以知」即「可知」、「能知」，〔註4〕「可以知」即「被知」、「所知」。〔註5〕
人生而具有認知的本能，而事物本身具有被認知的性質；也就是說，「能知」
是人性本然（或自然），「所知」是物理本然。人生而具有認知能力，所以人
是認知的主體；而事物具有被知的性質，所以事物是認知的客體，或稱為認
知的對象。既有能知之主體，亦有所知之客體，一旦主體有意識地趨向客體，
〔註6〕即「以可知人之性，求可以知物之理」，主客體發生關聯，認識作用遂
而產生，完成了所謂認識。〔註7〕因此，吾人可以斷定荀子主張認知是可能的。

另外，荀子又說：

> 所以知之在人者，謂之知。知有所合，謂之智。（正名篇）

「所以知之在人者謂之知」與「凡以知，人之性也」的意義相通，均指出人
有認知能力；「知有所合，謂之智」則指出了認知的成果即「智」，也就是「知
識」，這點下節將會說明。

第二節　知識的形成

在確定荀子主張人的認知是可能的之後，將進一步分析其知識的形成
說。換言之，在整個的認識過程中，能知的主體如何與所知的客體發生關聯，
以致於形成知識的。

我們要對當前的事物或對象有所認識，產生所謂「智」，必須具備那些條
件呢？綜合荀子之言，可歸納出下列下個條件：〔註8〕

（一）外物或對象 —— 客體條件

〔註4〕同註2，頁304，〈解蔽〉篇按語。
〔註5〕佛家語，言及認識問題時，多以「能」、「所」謂主客之對立。
〔註6〕即西洋哲學所謂之「意向性」（intentionality），意即主體趨向於自身以外對象
　　　的特點。參見柴熙，《哲學邏輯》，頁3。
〔註7〕認識有三要素：第一，須有一個認識的主體；第二，認識的對象（客體）；第
　　　三，認識自身，即主體趨向到對象的作用，參見柴熙，《認識論》，頁3。
〔註8〕參考劉子靜，《荀子哲學綱要》，頁73。他說：「若我們要認知當前的事物，不
　　　可少的條件，有四種：（甲）實物（乙）傳達實物的五官（丙）概念 —— 意
　　　物（丁）證實 —— 徵知。」

（二）五官或天官 —— 主體條件之一

（三）心的徵知 —— 主體條件之二

（四）概念或名

現分別說明如下：

一、外物或對象

荀子說：「可以知，物之理也。」（〈解蔽〉篇）

舉凡現實存在之物，除了具體的實物之外，也包括抽象的事件；只要有別於認識的主體，均可說是「外物」或「對象」。須說明的是，人的感官所接受的常常不是外物本身，而是由外物引發而來的刺激（或物象），〔註9〕感官接受的是外物的刺激，而人們想知道的往往是事物。比方我們想要知道即將進來的是何許人，假設他人未到而聲音先到了，於是我們可以透過他的聲音的刺激，來研判他是誰。此時，該人物是我們的認識目標，是外物，而他的聲音是由他自身提供給我們認識者的一個刺激。所以說，外物可算是在認識上有別於主體的客體條件，其作用是提供刺激給主體。

二、五官或天官

五官或天官，指的是耳、目、鼻、口、形體。〈天論〉篇說：「耳目鼻口形能（王念孫云：「能讀為態，形態即形也」），各有接而不相能也，夫是之謂天官」。其實嚴格說來，還應加上「心官」才對。在第二章已經說過荀子言心有歧義，官能義的心與五官相同，是人形體感官的一部分，均可接受外物或對象的刺激。所不同者，五官接受的刺激是外在的，而心官接受的刺激是內在的。

〈榮辱〉篇說：

目辨白黑美惡，耳辨音聲清濁，口辨酸鹹甘苦，鼻辨芬芳腥臊，骨體膚理辨寒暑疾養。

〈正名〉篇說：

形、體、色、理，以目異；聲、音、清、濁、調、竽、奇聲，以耳異；甘、苦、鹹、淡、辛、酸、奇味，以口異；香、臭、芬、鬱、腥、臊、漏、庮、奇臭，以鼻異；疾、養、滄、熱、滑、鈹、輕、重，以形體異；說、故、喜、怒、哀、樂、愛、惡、欲，以心異。

〔註9〕「物象」一詞見李滌生，《荀子集釋》，頁514。

〈君道〉篇又說：

> 人之百事，如耳目鼻口之不可以相借官也。

五官和心官各有職司與事物相接觸，以分別事物的同異與性質，而且它們彼此之間的功能是無法替換的（「各有接而不相能也」）。比方說一張桌子，它的顏色只能由目之官來分辨，它的輕重只能由形體之官來評估，對它的喜愛與否只能由心之官來衡量；絕不可能以形體之官來分辨顏色；或以心之官來評估輕重；或以目之官來衡量愛惡。所以說，五官和心官的作用是按照刺激性質之不同，與物做不同的相接。須強調的是，此時僅是五官或心官接受事物所給予的刺激，感覺到事物的態貌（荀子謂之「狀」），僅為感覺經驗（sensible experience）或感覺表象（sensible appearance），尚非完成的認識；人以外的動物，也有如此的感覺經驗。由於五官及心官都是人形體的感官，所以可算是認識上的主體條件。

三、心的徵知

認識上的另一個主體條件是「心」，但有別於官能義的心官，而是功能義加上認知義的「解蔽心」。荀子說：

> 心有徵知。徵知，則緣耳而知聲可也，緣目而知形可也，然而徵知必將待天官之當簿其類然後可也。五官簿之而不知，心徵知而不說，則人莫不然謂之不知。（正名篇）

解蔽心在認識上最主要的功能就在於「徵知」。楊倞注說：「徵，召也。言心能召萬物而知之。」胡適之則將「徵」釋為「證」，他以為「心有徵知」就是「心除了說故喜怒哀樂愛惡欲之外，還有證明知識的作用。證明知識就是使知識有根據」。〔註10〕例如目見一色，心能證明那是白雪的白色；耳聽一聲，心能證明那是廟裏的鐘聲。這種解釋固無不可，但終究不如解作「召」來得融通且深入。〔註11〕召者，心透過五官或心官的本能而召來外物以認識之。「心」對於感官所接受到的刺激並非毫不考慮的全部接受，它可以作抉擇，可以拒絕或接納，也

〔註10〕 參見胡適，《中國哲學史大綱》，卷上，頁333。

〔註11〕 關於「徵」字的解釋，頗多異辭。筆者採取陳大齊先生的說法，詳見陳著《荀子學說》，頁40至頁41。亦可參考註10胡適之說。另者，羅光認為徵字作「緣」字解，緣為因緣，因著感官而有知；徵也作召字解，但並非徵召萬物，而是徵召知識。詳見羅著《中國哲學思想史・先秦篇》，頁601。又牟宗三先生認為「心之徵知」即「心之智用」，即所謂「知性」也；詳見牟著《名家與荀子》，《荀學大略》，「〈正名〉篇疏解」，頁262。其實牟之解釋並未超出楊注，只說明了心之「知」，而未賦予其「召」萬物的意義。

可以從中任擇其一，這就是功能義的自主心之發用，如同「自禁也、自使也、自奪也、自取也……」般。若釋「徵」為「召」，適足以闡發欲知與不欲知的主權完全操之於心，而且與荀子對心的主張亦極相合。依此解釋，則荀子所說的「徵知」，與現代心理學上「意識選擇」之說〔註12〕相當類似。所謂意識選擇，即意識對於刺激，不是被動的接受，而是能動的選擇，這豈不相當於荀子言心之「出令而無所受令」嗎？心有「徵知」，則「緣耳而知聲可也，緣目而知形可也」；若無徵知，則耳目等感官對於當前的事物，只能被動地感受其態貌，卻不知覺到它，也就是〈解蔽〉篇所謂的「心不使焉，則白黑在前而目不見，雷鼓在側而耳不聞」。由此可知，心的徵知是使認識成為可能的必要條件；只有感官與外物相接，是無法產生認知的。這麼說來，「心有徵知」也與佛學「根塵相對以後，還須有意識的加入，認識才能發生」〔註13〕的觀點相似。

　　然而，只有心的徵知是不夠的，仍須藉著感官來接受外物的刺激（這點在（二）「五官或天官」已稍提及，現更進一步說明），因為感官所受的刺激正是心所欲辨識的客體或對象的符號，沒有符號，心就無所依據加以解釋而獲得有關對象的知識。〔註14〕心召萬物，所欲知者是聲音時，則藉著耳官而知之；所欲知者是形色時，則藉著目官而知之；餘者類推。也就是「徵知必將待天官之當簿其類，然後可也」。感官若不當簿其類，則雖有徵知的念頭，亦將無法獲致任何徵知的結果。有關「當簿其類」中的「當簿」二字究竟應做何解釋亦同「徵知」一詞般，頗多爭議。在此，採用陳大齊先生的意見，將「當」字解作「適合」，「簿」則綜合楊倞和郭崇燾的說法解作「主管」或「記錄」，「當簿其類」就是適合於其所主管或記錄的類。〔註15〕按照荀子的意思，感官是各有職司而且彼此之間是「不相能」的，若按楊注將當簿其類解作主管其類，只闡明了感官的各有職司；解作適合於其所主管的類，則同時也闡明了感官的分工與不相能，如此意義更為充實。

四、概念或名

　　「五官簿之而不知，心徵知而不說，則人莫不然謂之不知」，意即心不徵知，

〔註12〕參見詹姆斯（William James, 1842～1910）著，《心理學原理》，*The Principles of Psychology*（Dover, 1950）Vol. 1，第九章，頁 284。

〔註13〕參見楊大膺，《荀子學說研究》，荀子集成本第三十九冊，頁 158。

〔註14〕同註 9。

〔註15〕參見陳大齊，《荀子學說》，頁 42。

縱使感官接物、簿其類，人們還是無法認識；就算是心徵知，若說不出所以然，仍不能完成真正的認識。其中「心徵知而不說」隱含了認識的一個重要條件，即「概念」或「名」。「概念」（concept）是西洋哲學的說法，中國哲學說的是「名」。我們知道「判斷」是人最基本的完成認識，而判斷是由概念所組成，概念為人思想的最小、最基本單位；因此，概念或名在認識上具有重要地位。當我們的感官接到外物刺激，心又徵知形成此對象的概念之後，必須與我們心中曾有的概念知識相比較對照，然後才能斷定該對象為何，完成對事物的最基本認識。比方說一棵大樹木在吾人跟前，目官接受樹木提供的刺激，心召而知之後，與心中「樹」概念相印證，即使這棵樹吾人未曾見過，仍可斷定眼前之物為一棵樹。概念的有無常與過去的經驗和學習密切相關，因此有人將「心徵知而不說」的「不說」由「說不出道理或其然」過渡到荀子之重經驗。這種解釋固無不可，但筆者認為其間必須加上「名」或「概念」的說明；因為如前所述，就認識論的觀點看認識的完成及知識的形成，「概念」或「名」既為判斷（最基本的完成認識）的基本構成單位，那麼就遠較經驗為知識或認識的基礎更為根本、切要。至於「名」的意義與功用等問題將在下一章方法學中言及。

第三節　認知的主體——解蔽心及其三大功能

一個認識的完成必須有一個認識主體，作為此認識作用的支持者，即人。人與其他存有物不同之處很多，其中一項就是人能下判斷，人有認識作用，進而可以構成各種知識體系，人以外的存有物卻不能。其中的關鍵處在於人具有精神性的實有——「心」，而心有抽象作用。荀子的知識論，除了說明「人」為認識主體之外，更進一步地，指明人「心」為人認識的主體。本節即欲闡明「解蔽心」作為一個認識主體，它的意義與作用是什麼，以及其本身所具有的功能，如何使得我們能認知「道」，達成認知的目的等問題。

〈正名〉篇上說：「心有徵知」，正是解蔽心作為認知主體其作用的最佳說明。據此，「心」具有「徵」加上「知」的二層作用。「徵」乃是心主動地召萬物作為認知的對象，即功能義的自主心之發用；「知」則是嚴格意義下純粹的認識活動，包括對認識對象或外物的抽象作用，以形成「概念」或「名」，再由概念或名的聯合以完成認識，即認識心的發用。〔註16〕簡而言之，作為

〔註16〕在理論的分析上，我們固可以跨越時空的樊籬，將心在認識活動中的作用逐

一個認知主體的心，在整個認識活動上所扮演的角色，即解蔽心的發用。也就是說，荀子所謂的認知主體，即本文一直強調的「解蔽心」。

解蔽心本身具有什麼樣的功能呢？荀子說：

人何以知道？曰：心。心何以知？曰：虛壹而靜。（解蔽篇）

心也者，道之工宰也。（正名篇）

「解蔽心」最大的特色在於它具有「虛」、「壹」、「靜」三大功能，透過虛、壹、靜方可認知「道」，以達到心知的主要目的。須注意的是，荀子指出「心」的這三種功能是爲了「知道」（這可由上述二則引文看出），它們雖然也同樣可以應用到「知物」上去，但那不是荀子的重點所在。現將此三大功能分述於下：

一、虛

心未嘗不臧也，然而有所謂虛。……人生而有知，知而有志，志也者，臧也。然而有所謂虛；不以所已臧害所將受謂之虛。（解蔽篇）

這裡的「知」大體指認知，「志」指記憶；〔註17〕人心生來就有認識客觀事物的本能，認識了就記在心裡，記在心裡就是「臧」。心之臧知（「臧」與「藏」通）和罐子裡藏錢是不一樣的、罐子裝滿了便不能再藏了，心卻不然，藏了這個，還可以藏另外一個，〔註18〕可以無止盡地記憶下去，當然同時也可能遺忘了許多以前所藏的知識。「記憶」也是解蔽心的一個能力，但荀子不特地將它獨立提示出來，而將它附在「虛」的功能之下，目的在說明心固然有所「記憶」，但「虛」遠比「記憶」來得重要。所以吾人可推知荀子所謂「不以所已臧害所將受謂之虛」，與其解釋成接受新知識的能力，毋寧解釋成突破既有知識（舊識）或經驗的成見，不使其妨害新知接受的一種能力。此時，既有知識或經驗有如荀子所謂的「蔽」，足以阻礙吾人眞確的認知，而心之「虛」具有一種超越既有知識、化除既有成見之蔽的功能，〔註19〕可不爲之所蔽害，所以能知「道」。這種思想顯然源出於道家，尤其是莊子。莊子言「心齋」、「坐

一剖析，但實際上，心不斷地運用「徵」與「知」，早以極快的速度完成了若干的認識了。

〔註17〕　「志」與「誌」、「識」通，《周禮》注：「識，記也。」參見梁啓雄，《荀子簡釋》，頁294，及李滌生，《荀子集釋》，頁484。

〔註18〕　同註10，頁325。

〔註19〕　參見張亨，〈荀子對人的認知及其問題〉一文，收於台大《文史哲學報》，第二十期，頁198。

忘」和「唯道集虛」，〔註20〕乃有見於人心為知識所桎梏而不得識道，唯有經過「虛」、「忘」的工夫始可見道。但是荀子雖採其「虛」，卻揚棄其「忘」，所以並不排斥一般的知識。「心」有這種超越於普通知識的功能，遂使「知道」成為可能。〔註21〕

二、壹

心未嘗不滿（楊倞注曰：「滿」當為「兩」）也，然而有所謂一。……
心生而有知，知而有異，異也者，同時兼知之，兩也。然而所謂一；
不以夫一害此一謂之壹。（解蔽篇）

荀子在這裡所提出的「壹」較為抽象，說明也不夠清楚，學者對它的解釋大抵有二：大部分的學者認為「壹」應解作「專一」，以與下文之「壹於道」意義一致；另一種認為「壹」指人心知道之能，解作一種結合統一的能力。筆者覺得兩派說法均頗有理，欲行第三種綜合路線，不以夫一害此一，將「壹」之解兼具二者，說明如下：

（一）專一：「故君子壹於道而以贊稽物。壹於道則正，以贊稽物則察，以正志行察論，則萬物官矣。」（〈解蔽〉篇）荀子又舉出許多歷史上的例證來強調專一的重要，如倉頡、后稷、夔、舜、……等之所以能傳，都是因為他們能專一的緣故。所以說：「自古及今，未嘗有兩而能精者也。」（〈解蔽〉篇）「精者」可分為「精於物者」和「精於道者」兩種等級，「精於物者以物物，精於道者兼物物」（〈解蔽〉篇），前者如農精於田、賈精於市、工精於器之類，而後者則君子是也。荀子又說：「將事道者之壹，則盡」（〈解蔽〉篇），矢志事道者若能專一的話，方可全面地把握道之整體，而非道之一隅。

（二）整合：即「不以夫一害此一」之意。從前面的討論，知道認知主體「心」對外物的認知是透過不同的感官，有時透過同一感官也會接受不同的知。例如目之官可以看出事物之形、體、色、理，耳之官可以聽出聲、音、清、濁、高下，口之官可以品味出甘、苦、鹹、淡、辛、酸、奇味等。「心」同時接到各感官送來的各種訊息，一面分別處理，一面又加以綜合歸納，使對事物的認知既分析又能統一，這是一種統合萬端而成一體的能力，發揮這種統合能力就是「壹」。假設現在吾人透過目之官看一紅色圓球，「紅」之色

〔註20〕參見《莊子・人間世篇》。
〔註21〕同註19，頁198至頁199。

與「圓」之形是兩種不同的知，這兩種不同的知在認知主體「心」是同時兼知的。但是心的作用不僅是兼知此二者而者，且能進一步結合和統一這種知，以構成整個對紅色圓球的認知。在這種情形下，既不專注球的顏色而忽略其形狀，也不會專注球的形狀而忽略其顏色，即所謂「不以夫一害此一」。當然心可以同時兼知更多的事物，不只「兩」而已，「兩」只是代表多數的觀念。如此，心有這種統攝之能，推而至極，萬事萬物都可以在其統攝下，各被安排在適當的位置而不亂。以「心」這種整合能力所把握自然是道的全體，而非道之隅。〔註22〕

三、靜

> 心未嘗不動也，然而有所謂靜。……偷則自行，使之則謀，故心未嘗不動也。然而有所謂靜，不以夢劇亂知謂之靜。（解蔽篇）

荀子之謂「靜」，並非寂然不動之意。因為「心臥則夢，〔註23〕偷則自行，使之則謀」，人心是動的；佛家說「念念遷流」，一念滅，一念復起，方生方滅，方滅方生，人心的活動即是無休止的起伏，無窮盡的生滅。雖然如此，荀子認為心亦有「靜」，乃是針對「不以夢劇亂知」而言者。

荀子曾用槃水來形容人心，他說：

> 故人心譬如槃水，正錯而勿動，則湛濁在下，而清明在上，則足以見鬚眉而察理矣。微風過之，湛濁動乎下，清明亂於上，則不可以得大形之正也。（解蔽篇）

槃水清明時，人可以照見鬚眉，如同人心清明時可以知道般。但是，槃水或因微風吹過而亂其清明，人心也會因受干擾而喪失理智。人心所受的干擾，主要是「夢劇」。楊倞注曰：「夢，想象；劇，囂煩也」。「夢劇」是胡思亂想的雜念，雜念有自起與他起之別。「夢」是自起的雜念，故注為「想象」，與現代心理學上所說的「想像」殆屬同義，乃是心未透過外感官而由其自身直接去聽或去看事物，而不能確認事物本身是否存在者，〔註24〕所以想像是虛

〔註22〕同註19，頁199。

〔註23〕「夢」並不一定指睡夢，而是指心在非理智狀態下的行動，相當於現今心理學的「想像」。

〔註24〕參見李貴良譯，《知識與方法之批判》，頁97。想像和知覺是不同的，譯文說道：「在知覺宇宙和想像宇宙之間，不止僅僅有清晰程度的不同，輪廓正確性的多少，元素符合的水準高低以及其他類似特徵的厚非；而有一個根本的區別，並且其存在於意識裡的方式是完全可以辨別出來的。知覺一個客體，就

幻不實的。「劇」是他起的雜念，故注為「囂煩」，囂煩是來自外界的干擾。禪宗《六祖壇經》上說：「本性自定自淨，只為見境，思境則亂。」「思境」相當於荀子所謂的「夢」，「見境」相當於「劇」。心若能不受自起及他起的雜念擾亂其知慮作用就是「靜」。如此一來，心歸於清明狀態，就可以認知「道」。荀子的「靜」觀念同樣也出於老莊，不過道家言靜主要作為修養的工夫或方法，荀子則以靜作為「知道」的必要條件之一。

人心若能同時發揮虛、壹、靜三大功能，就稱為「大清明」。荀子說：

> 虛壹而靜，謂之大清明。（解蔽篇）

人心若達到大清明之境，則無所蔽矣。荀子說：

> 萬物莫形而不見，莫見而不論，莫論而失位。坐於室而見四海，處於今而論久遠，疏觀萬物而知其情，參稽治亂而通其度，經緯天地而材官萬物制割大理，而宇宙裏矣。恢恢廣廣，孰知其極！睪睪廣廣，孰知其德！涫涫紛紛，孰知其形！明參日明，大滿八極，夫是之謂大人。夫惡有蔽矣哉！（解蔽篇）

第四節　認知的對象

認知的對象就是認知的客體，舉凡有別於認知主體之存有（beings）均可作為認知的對象。在荀子的知識論裡，按照性質與範圍之不同，可將認知對象歸納為三大類：一為「物」，二為「天」，三為「道」。一般人往往將「天」之為認知對象忽略了，事實上，「知天」在荀子的學說中佔有相當地位。以下就分成「知物」、「知天」、「知道」三方面闡明之。

一、知　物

知識論中最基本的認知對象，就是物理世界中客觀外在的事物。荀子說：

> 可以知，物之理也。（解蔽篇）

「物」本身具有被認知的性質，所以「物」作為一認知對象是毋庸置疑的。

是拿它當經驗的與件來擁有它，就是拿它當我意識的現實內容來占有它；想像同一的客體，乃是使它呈現於我，是在我意識的客體場裡神秘地引起它的影像，曉得的清清楚楚表象的客體並不存在……想像的實在心理學行為並沒有實實在在現存的客體內容，當然要除了影像以外了，就是一個不在眼前客體的代用品，在我意識裡的從前的知覺的遺跡或沈澱。」

這裡的「物」是極廣義的，約略地說，甚至可以包含「天」和「道」，〔註25〕但為了解說之便，以及學術上精確要求之故，筆者仍願作一區分。

荀子說：

> 目辨白黑美惡，耳辨音聲清濁，口辨酸鹹甘苦，鼻辨芬芳腥臊，骨
> 體膚理辨寒暑疾養。（榮辱篇）

這就是「知物」的最佳說明。在本章第二節認知的過程與條件中所談者，即針對客觀外在的事物而言，比方桌上有一個紅蘋果、眼官視之，產生紅色之「狀」，心又召而知之，將它作為吾人當下的認知對象，於是形成了一個簡單的認識：「那個蘋果是紅色的」。這就是以「物」為認知對象的例子，在吾人日常生活中，比比皆是，為最常見的認識。

二、知　天

荀子說：

> 列星隨旋，日月遞炤，四時代御，陰陽大化，風雨博施，萬物各得其
> 和以生，各得其養以成，不見其事而見其功，夫是之謂神。皆知其所
> 以成，莫知其無形，夫是之謂天。唯聖人為不求知天。（天論篇）

又說：

> 聖人清其天君，正其天官，備其天養，順其天政，養其天情，以全
> 其天功；如是，則知其所為，知其所不為矣，則天官而萬物役矣。
> 其行曲治，其養曲適，其生不傷，夫是之謂知天。（天論篇）

據此，不管知天的內容為何，至少可以肯定的是，「天」作為認知的對象是無疑的。荀子在〈天論〉篇中，既說「唯聖人不求知天」，但後文馬上又說「夫是之謂知天」，顯然兩處所言之「天」的意義並不相同。「天」字於中國哲學，含義頗多；〔註26〕至於荀子，則將天視為自然之天，〔註27〕並將之分為「能

〔註25〕〈性惡〉篇說：「凡禹之所以為禹者，以其為仁義法正也。然則仁義法正，有
　　　　可知可能之理。」其中「仁義法正」即為「道」之實質，既有「可知之理」，
　　　　故可統攝於「物之理」中。

〔註26〕馮友蘭以為在中國文字中，「天」有五義：曰物質之天、主宰之天、運命之天、
　　　　自然之天、義理之天。見馮著《中國哲學史》，頁55。另李杜以為「天」的涵
　　　　義甚多，如：神性義的天、自然義的天、主宰義的天、天堂義的天、運命的
　　　　天等。見李著《中西哲學思想中的天道與上帝》。

〔註27〕見〈天論〉篇：「天行有常，不為堯存，不為桀亡。應之以治則吉，應之以亂
　　　　則凶。彊本而節用，則天不能貧。養備而動時，則天不能病。修道而不貳，

生之本體」和「所生之自然」。〔註28〕「能生之本體」可使列星隨旋，日月遞炤……，然而我們卻只見其功而不見其事，只知其所以成，而莫知其無形。「天職」是「不爲而成，不求而得」（〈天論〉篇），是神化莫測，不可捉摸的。因此，吾人的智慮雖深，能力雖大，明察雖精，亦不以之加於天道。〔註29〕這就叫做「不求知天」，也就是不要求對「能生之本體」的天有所認知，不以其作爲吾人認知的對象。荀子說：

> 故君子……其於天地萬物，不務說其所以然，而致善用其材。（君道篇）

君子只求善用天地萬物之材，「不務說其所以然」，「能生之本體」的天即自然現象之所以然，是君子不務說者，爲什麼呢？他說：

> 無用之辨，不急之察，棄而不治。（天論篇）

「天之所以然」或「能生之本體」的天，知道了亦無益於人生，是「無用之辯，不急之察」，所以君子「棄而不治」。以上是「不求知天」的眞義。

在另一方面，「能生之本體」的天如何產生列星、日月、四時、陰陽、風雨、萬物等自然現象之所以然雖不知，但旣產生這些自然現象之後，這些自然現象便可以爲我們所知。人們便應當記識這些天所生的自然現象是可以期必，可以生息，可以從事，可以爲治者，是可以應用至人事上的。〔註30〕這些自然現象有其運行的規律，所謂「天行有常，不爲堯存，不爲桀亡」與「天不爲人之惡寒也、輟冬」（〈天論〉篇）。人們只要能盡其在我，敬其在己，吉凶禍福就操縱在自己手上，則天不能貧，不能病，不能禍。〔註31〕這就叫做「知天」，也就是求得對「所生之自然」的天有所認知，以其作爲吾人認知的對象之一。

則天不能禍。故水旱不能使之飢，寒暑不能使之疾，祆怪不能使之凶。本荒而用侈，則天不能使之富。養略而動罕，則天不能使之全。倍道而妄行，則天不能使之吉。故水旱未至而飢，寒暑未薄而疾，祆怪未至而凶。受時與治世同，而殃禍與治世異，不可以怨天，其道然也。」故荀子所謂「天」乃「自然之天」。

〔註28〕 參見唐端正，〈荀學述要〉一文，收於《先秦諸子論叢續編》，頁156。

〔註29〕 見〈天論〉篇：「不爲而成，不求而得，夫是之謂天職。如是者，雖深，其人不加慮焉；雖大，不加能焉；雖精，不加察焉；夫是之謂不與天爭職。」

〔註30〕 見〈天論〉篇：「所志於天者，已其見象之可以期者矣。所志於地者，已其見宜之可以息者矣。所志於四時者，已其見數之可以事者矣。所志於陰陽者，已其見知之可以治者矣。」

〔註31〕 同註27。

　　說明了「知天」與「不求知天」的實質區分，其目的並不在於「知天」本身，而是要使人們「明於天人之分」（〈天論〉篇）。在荀子，對於物的超越之所以然之理，如「能生之本體」的天或自然現象之所以然之理，並不是探取完全否定的態度，而只是「存而不論」（Epochē），像現象學的方法般，都被劃入「現象的括弧」（phenomenological bracket）中，不予理會。天地萬物既如此如此存在，自然有其超越之所以然之理，自然有「天職」、「天功」以實現一切，使一切存在，但那是「天」的事情，人是無須知的，我們只要盡人的本分即可，這就是「明於天人之分」。故此，〈天論〉篇的重點不是表面上的論天，而是透過對天的瞭解，來討論人事的問題。荀子賦予「天」一「自然」的意義，摧毀了天的主宰性和權威性，認為一切吉凶禍福，安危治亂，全繫於人事，無關於天道，所以說：「不可以怨天，其道然也」（〈天論〉篇）。於是，在無形中提升了人在宇宙中的地位，足以與天抗衡，不再受制於天，甚至可以用天、戡天了！

二、知　道

　　「道」作為認知的對象，在荀子看來，是最要緊的。他說：

　　　　故心不可以不知道。（解蔽篇）

　　　　故治之要在於知道。（解蔽篇）

這裡的「道」究竟指什麼？其實質內涵為何？

　　《荀子》書中言「道」多達三百三十餘次，〔註32〕且有多種涵義，其中有的是因襲過去既有的說法，有的則是他自己所獨創。歸納之，「道」的意義可包含下列三種：

　　　一為「通達可行之道路」或「人類生活行為的方式」之意義，類似英文所謂的「路」或「方式」（Way）；如〈修身〉篇之「道雖邇，不行不至；事雖小，不為不成，〈勸學〉篇之「故必由其道至然後接之，非其道則避之，〈榮辱〉篇之「若其所以求之之道則異矣」及〈富國〉篇之「人倫並處，同求而異道，同欲而異知」……等等。

　　　二為「即事而說道」之意義，即視其表現的事而說之意義；如《荀子》書中所謂「君道」、「聖王之道、先王之道、後王之道、周道」、「彊道」、「霸道」、「臣道」、「子道」、「大道」、「王道」、「古之道」、「君子之道」、「役

─────────────

〔註32〕由《荀子引得》，頁32至頁316，「道」部分計算而得。

夫之道」、「姦道」、「偷道」、「邪道」等。

　　以上兩種意義的「道」只是因襲的用法，荀子並不將其視爲主要的認知對象。他注重的是由人生中找出一定的標準而建立的「人道」，作爲人生行爲或倫理政制的準則。〔註33〕他以爲天道即自然，此自然之天道常行不息，「不爲堯存，不爲桀亡」，故人「不加慮」、「不加察」，人所當措意的是人所稟受於天的性質。人要對自己所稟受於天的性質有所了解，然後依此以立人道，參天地，而不是「舍其所以參，而願其所參」（〈天論〉篇）。故說：

　　　　道者，非天之道，非地之道，人之所以道也，君子之所道也。（儒效
　　　　篇）

荀子將「人道」與「天道」、「地道」相對爲說，獨立於天道、地道之外；「人道」即「君子之道」，是人所要認知的道，即第三種意義的道。

　　接著，我們進一步探求此「人道」或「君子之道」的實質內涵爲何？荀子說：

　　　　道也者，治之經理也。（正名篇）

　　　　禮義之謂治，非禮義之謂亂也。（不苟篇）

　　　　隆禮貴義者，其國治，簡禮賤義者，其國亂。（議兵篇）

　　　　禮義不加於國家，則功名不白。（天論篇）

　　　　在人者莫明於禮義。（天論篇）

　　　　禮者，人道之極也。（禮論篇）

　　　　先王之道、仁人隆也，此中而行之。曷謂中？曰：禮義是也。（儒效
　　　　篇）

　　　　道也者，何也？曰：禮義忠信是也。（疆國篇）

　　　　然而君子不貴者，非禮義之中也。（不苟篇）

由上述之引文可知：「人道」或「君子之道」亦可說是「治道」，其實質可以「禮義」總括之，荀子有時稱之爲「禮義之統」。〔註34〕此「禮義之統」或「道」從何而來？荀子說：

〔註33〕　參見李杜，《中西哲學思想中的天道與上帝》，頁183至頁184。
〔註34〕　見〈不苟〉篇：「推禮義之統、明是非之分、總天下之要，治海內之眾，若使一人；故操彌約而事彌大。五寸之矩，盡天下之方也。故君子不下室堂，而海內之情舉積此者，則操術然也。」

> 禮義者，聖人之所生也。人之所學而能，所事而成者也。(性惡篇)
>
> 凡禮義者，是生於聖人之偽，非故生於人之性也。……聖人積思慮，習偽故，以生禮義而起法度。然則禮義法度者，是生於聖人之偽，非故生於人之性也。(性惡篇)
>
> 故聖人化性而起偽，偽起而生禮義。(性惡篇)
>
> 今人之性固無禮義。(性惡篇)
>
> 性不知禮義，故思慮而求知之也。(性惡篇)

聖人的性與眾人同，均是惡的，禮義並非出於天生之人性，禮義乃是聖人化性起偽所創設的，故是後天的，外在的「偽」。「禮義之統」或「道」既生於聖人，故早已為古先聖王所建立，不待我們去建立；此「道」由先王所建，為後王所法，並為大儒如仲尼子弓所闡揚。但「濁世之政，亡國亂君相屬，不遂大道，而營乎巫祝，信機祥，鄙儒小拘，……又滑稽亂俗」(《史記·孟子荀卿列傳》)，荀子處斯世，故此道必須重新闡揚以求再明。

「道」的實質內涵既為「禮義」，而「禮義」又是後天的、外在的，故其作為心認知的對象，亦如「物」般是客觀外在的。這樣的「道」不僅異於道家老莊中形上本體之道，亦別於儒家孔孟中道德形上義之道。

第五節　認知的目的

在認識上，一般說來，只要認識該事物或對象即可，例如見到蘋果這個東西，只要知道它是「蘋果」以及它的顏色等，但這些均是粗淺的目的。荀子認為心的認知中，還有一種更高深的目的，那就是要知「道」。他說：

> 心不可以不知道，心不知道，則不可道而可非道。……亂之本也。心知道然後可道，可道然後能守道以禁非道，以其可道之心取人，則合於道人而不合於不道之人矣。以其可道之心與道人論非道，治之要也。(解蔽篇)

治亂之本，全在於心之是否知道，以及其所可者是道或非道。「知道」之後，方能以道為可，也就是方能肯定道的正面意義與價值；「可道」之後，才能甘心情願地遵從道而行，並禁止違犯道之情事。這就是由「知道」至「行道」的一個過程，正是國家平治的根本或基礎。是故，純就認識而言，「知道」確為其目的；但若進一步追問「知道」是否即為最終目的？那就不然。荀子雖強調解蔽心的

認知意義，但他並不像西方哲學家之具有爲學術而學術的純求知精神，故未嘗有建構所謂系統知識論的企圖，他和大部分的中國哲學家一樣，身處個別的時代背景之下，具有現實的時代需求，而欲導亂世臻於正理平治之境。因此，「知道」此一目的之上，尚有更崇高的理想；藉著「知」道過渡到「可」道，再達到「行」道（「守道以禁非道」），這才是認知的最終目的。在儒家思想想中，荀子突顯心的認知義是極爲特殊的。但純就認知談認知，並非荀子的學說要旨，認知必須著眼於現實問題，如道德倫理或政治上來談才有深刻的意義。因此嚴格說來，荀子的知識論應屬「道德知識論」。〔註35〕

第六節　認知錯誤的原因

　　人往往易陷於謬誤不能得到眞知，其原因何在？荀子探索此一問題，以爲凡妨害吾人認知者可統稱之爲「蔽」。欲完成眞確的認知必須「解蔽」，在「解蔽」之前必須先知道「蔽」是什麼；有那些「蔽」；以及「蔽」之所以爲蔽的理由等。本節即欲針對這些問題，一一探究之。

一、「蔽」是什麼？

　　凡是妨害吾人眞確認知者，也就是導致認知錯誤的原因，均稱之爲「蔽」。在荀子看來，蔽乃「心術之公患也」（〈解蔽〉篇），因爲人心爲認知主體，所有認識必須透過「心」的認知來進行；認知之所以會發生錯誤，其心之受蔽乃爲一主要原因。故蔽乃爲心術之公患。

二、對人心之蔽的解析

　　荀子對人心之蔽有廣泛的考察及深刻的解析，他說：

> 凡人之患，蔽於一曲，而闇於大理。治則復經，兩疑則惑矣。天下無二道，聖人無兩心。今諸侯異政，百家異說，則必或是或非，或治或亂。亂國之臣，亂家之人，此其誠心莫不求正而以自爲也，妬繆於道而人誘其所迨也。私其所積，唯恐聞其惡也。倚其所私以觀異術，唯恐聞其美也。是以與治離（據郝懿行校）走而是己不輟也。豈不蔽於一曲而失正求也哉！心不使焉，則白黑在前而目不見，雷鼓在側而耳

〔註35〕「道德知識論」一詞參見柯雄文（A. S. Cua）的英文著作《荀子的道德知識論》書名（*Ethical Argumentation: A study in Hsün Tzu's Moral Epistemology.*）。

不聞，況於使者乎？德道（王念孫謂即「得道）之人，亂國之君非之
上，亂家之人非之下，豈不哀哉！（解蔽篇）。〔註36〕

此段文字說明了以下三點：第一，指出人在認識上的通病，是只看到事理的
局部，未能見及全體，而爲之所蔽。人雖生而有心，「心生而有知」（〈解蔽〉
篇），但並不保證所知均爲眞知或大理或道。我們應當認識眞理，但事實上，
眞理對判斷或知識本身只是個應然條件，而非實然條件，人往往受到蒙蔽而
不能認識眞理。第二，人莫不希望自己能認識眞理，行正道（「此其誠心莫不
求正」），只是當他們受蒙蔽之時並不自知，甚且自以爲認識了眞理；事實上，
若當時他們認識到那是錯誤的，那麼他們就可避免犯那個錯誤了。〔註37〕第
三，指出「心」在認識上之重要地位：若不用心（「心不使焉」）去聽去看，
縱使雷鼓之聲在側，白黑之色在前，亦如不聞不見般（非無聞見，只是印象
模糊而不清晰），若役心於其他事務，則更不聞不見；由此可推知：不役心於
道，則不見道，若役心於曲說，則更難見道。

關於「蔽」的種類，荀子列舉了十蔽，他說：

故爲蔽：欲爲蔽，惡爲蔽，始爲蔽，終爲蔽，遠爲蔽，近爲蔽，博
爲蔽，淺爲蔽，古爲蔽，今爲蔽。凡萬物異則莫不相爲爲蔽，此心
術之公患也。（解蔽篇）

此十蔽之所以致蔽之理由，按照韋政通的解釋如下：

欲並不必爲蔽，欲之而無節乃生蔽；惡惡不得其正乃生蔽；始、終
爲兩端，亦不必爲蔽，止於始，或止於終，不能終始條理貫通而全
乃爲蔽；遠不必爲蔽，玄遠而蕩乃爲蔽；近不必爲蔽，執於近不能
致遠乃爲蔽；博不必爲蔽，博而不能返約乃爲蔽；淺則陋，故爲蔽；
古不必爲蔽，言古不有節於今乃爲蔽；今不必爲蔽，言今者不有徵
於古乃爲蔽。〔註38〕

以上十蔽共五組，每組都是相反的兩面，人類之所以有這些蔽，按照荀子的

〔註36〕 這段文字與《莊子‧天下篇》首段之「天下大亂，聖賢不明，道德不一，天
　　　　下多得一察焉以自好。譬如耳目鼻口，皆有所明，不能相通；猶百業眾技也，
　　　　皆有所長，時有所用。雖然，不該不徧，一曲之士也。」意義相同。由此可
　　　　知，關於此點，荀子可能受了莊子思想的影響。在先秦諸子中，莊子、荀子
　　　　皆好品評人物，前者見《莊子‧天下篇》，後者見於《荀子‧非十二子》、〈天
　　　　論〉及〈解蔽〉篇。荀子對於人類心術之精察，正是其品評人物之根本所在。
〔註37〕 參見李貴良譯，《知識與方法之批判》，頁 125。
〔註38〕 參見韋政通，《荀子與古代哲學》，頁 133。

說法，是因為「凡萬物異則莫不相為蔽」，由於人只看到事物的其中一面，不見另一面，於是蔽乃產生。〈不苟〉篇末亦云：「凡人之患，偏傷之也。」也說明偏於此，即蔽於此，而無視於彼；偏於彼，即蔽於彼，而無視於此。此點正是人類思想方法上的共通毛病（「心術之公患」）。

　　荀子除了抽象地談十蔽之外，又舉出若干具體的事例說明蔽塞之禍，且列舉不蔽之福。他從以前的人君，人臣，以及晚周諸子三方面列舉實例並加以評斷。〔註39〕所謂「曲知之人」，就是不能認知道的全體，只看到道的片面者，他說：

> 曲知之人，觀於道之一隅而未之能識也，故以為足而飾之，內以自亂，外以惑人，上以蔽下，下以蔽上，此蔽塞之惑也。（解蔽篇）

三、致蔽的原因

　　荀子除了以上有條理地解析人心之蔽外，還可以從四方面歸納出認知上錯誤的原因，敘述如下：

（一）物理方面的原因

1. 冥冥蔽其明

> 冥冥而行者，見寢石以為伏虎也，見植林以為（後）立人也；冥冥蔽其明也。（解蔽篇）

2. 勢亂其官

> 厭目而視者，視一以為兩；掩耳而聽者，聽漠漠而以為㕦㕦；勢亂其官也。（解蔽篇）

3. 遠蔽其大

> 故從山上望牛者若羊，而求羊者不下牽也；遠蔽其大也。（解蔽篇）

4. 高蔽其長

> 從山下望木者，十仞之木若箸，而求箸者不上折也；高蔽其長也。（解蔽篇）

5. 水勢玄也

> 水動而景搖，人不以定美惡；水勢玄也。（解蔽篇）

（二）生理方面的原因

1. 酒亂其神

─────────────────
〔註39〕見〈解蔽〉篇。

醉者越百步之溝，以爲蹞步之澮也；俯而出城門，以爲小之閨也；酒亂其神也。（解蔽篇）

2. 用精惑也

瞽者仰視而不見星，人不以定有無；用精惑也。（解蔽篇）

（三）心理方面的原因

1. 愚而善畏

愚而善畏，明月而宵行，俯見其影，以爲伏鬼也；卬視其髮，以爲立魅也。（解蔽篇）

2. 過去的經驗、想像及囂煩

「臧」指過去的經驗，「夢」指想像，「劇」指囂煩；三者曾在心的「虛」、「靜」功能中論及（本章第三節），不再贅述。〔註40〕

（四）論理方面的原因

1. 用名以亂名

「見侮不辱」、「聖人不愛己」、「殺盜非殺人也」，此惑於用名以亂名者也。（正名篇）

2. 用實以亂名

「山淵平」、「情欲寡」、「芻豢不加甘，大鍾不加樂」，此惑於用實以亂名者也。（正名篇）

3. 用名以亂實

「非而謁楹」、「有牛馬非馬也」，此惑於用名以亂實者也。（正名篇）

荀子將這三種論理方面的原因稱爲「三惑」，詳細的內容將於第四章再談，此處暫略。

從上述的分析可知，基本上荀子認爲認知錯誤的主要原因來主自於主體「心」自身，汪斯丹博根（Fernand Van Steenberghen, 1904～1993）在其所著《知識論》（*Epistemologie*）一書中，也有相同的意見，他說：「錯誤的眞正原因在主體本身內。」〔註41〕雖然主體心具有虛、壹、靜三大功能，但仍只是

〔註40〕參見余書麟，《先秦教育思想》，第五章〈荀子的教育思想部分〉，頁225至頁226。

〔註41〕參見李貴良譯，《知識與方法之批判》，頁135至頁136，汪氏並舉例說明，如「主體之過急和心不在焉」，此點與荀子的「心不使焉，則白黑在前而目不見，雷鼓在側而耳不聞」類似；如「主體的冒昧」與荀子所謂物理方面的原因類似；如「主體的昏昧」，與荀子所謂心理方面的原因類似；又如「主體在他的

知道或認知眞理的必要條件而已，並不保證「心」時時刻刻都實際認識到眞理。

第七節　眞知的判準

　　上一節列舉了各種足以影響人認識眞理的「蔽」，現在要問的是：是否有一個判準（criterion）或標準（standard）存在，藉以斷定我們所認知的事理或知識，是眞知或曲知？是眞確抑或錯誤？本節要討論的即是下列這兩個問題：第一，根據荀子的說法，是否有個眞理標準？其存在理據爲何？第二，這個標準究竟是什麼？

　　荀子的確主張有個眞知的判準，不單知識（一種思考作用—認識作用的結果）需要，舉凡思想言行亦須有此，唯有建立起判準，思想言行方可得其正而不至流於邪僻。他說：

　　君子言有壇宇，行有防表，道有一隆。（儒效篇）

　　凡議必將立隆正，然後可也。無隆正，則是非不分，而辨訟不決。（正論篇）

　　天下有不以是爲隆正也，然而猶有能分是非曲直者邪？（解蔽篇）

以上三則言論，均說明建立隆正的重要與必要。「君子言有壇宇」，壇是堂基，宇是屋邊，〔註42〕意謂君子的言論有所依且有所止。「行有防表」，防是隄防，表是標，〔註43〕意謂君子的行為有所止且有所依。所謂「隆正」，隆是尊及重，〔註44〕正是導之使正，「立隆正」即建立所尊所重以導人入於正而不流於邪，亦即使人有所依有所止。是故，「壇宇」、「防表」與「隆正」，用詞雖異，義實相通，均指出一標準或判準之意。思想言行若無標準，則不能別是非，不能治曲直，亦不能決辨訟。是非不分，曲直不治，辨訟不決的結果，正足以導致國家的危亂。因此，建立思想言行的標準，包括建立眞知的判準，是一件重要且必要的事。

　　那麼，荀子所謂眞知的判準究竟是什麼呢？他說：

　　　　判斷的邏輯連貫上的不正確」，則與荀子所謂論理方面的原因類似。
〔註42〕據王念孫解。
〔註43〕據孫詒讓解。
〔註44〕《說文》：「隆，豐大也。」《小爾雅》：「隆，高也。」《禮記注解》注：「隆，尊盛之也。」

聖人知心術之患，見蔽塞之禍，故無欲無惡，無始無終，無近無遠，
無博無淺，無古無今，兼陳萬物，而中縣衡焉；是故眾異不得相蔽
以亂其倫。何謂衡？曰：道。（解蔽篇）

他又說：

道者，古今之正權也。離道而內自擇，則不知禍福之所託。（正名篇）

故君子壹於道而以贊稽物，壹於道則正，以贊稽物則察。（解蔽篇）

「衡」就是標準、判準。這標準或判準是什麼？是「道」。這是「古今之正權」，
凡是能合於這個標準的（即知道、可道），就是真知；反之，不合於這個標準
的，就是蔽於一曲，闇於大理的曲知曲見或邪說妄見。

「道」的實質內涵是什麼？在第四節認知的對象中討論過，道以「禮義」
為質，所以這裡所說的道就是指禮義；故禮義就是使「眾異不得相蔽以亂其
倫」的一個超越標準。心在觀萬物之後，再以禮義為標準，加以判斷，凡合
於禮義者為是，不合於禮義者為非。

接著，我們來探討這樣的一個判準是主觀地內在人心或客觀存在的？由
前文可知，禮義的來源是生於後天的聖人之偽，是聖人積思慮、習偽故的產
物，它可以作為人認知的對象、學習的對象，因此禮義或道是客觀存在的。
所以，依照荀子，真知的判準是客觀存在的。

既然道或禮義是外在的，那麼它是否可以改變呢？荀子說：

夫道者，體常而盡變，一隅不足以舉之。（解蔽篇）

「體常」謂以常理為體，「盡變」謂道之用變化無窮。例如「孝順」作為禮義
其中的一個實行原則，孝順的方式可有千百種，古今中外或許亦有差異，但
孝順則為常理，永不變更，這就是「體常而盡變」的一個實際說明。

《荀子‧非十二子》、〈天論〉及〈解蔽〉諸篇，對於諸子及歷史上的人
君、人臣多所品評，就是根據「道」這個判準來評定的。

第四章　荀子的方法學：正名與辨說

第一節　正名思想的時代背景及淵源

一、正名思想的時代背景

　　先秦諸子，如道家的老莊，儒家的孔孟，墨家的墨子等，對「名」的功用或其限制等問題均予以某種程度的重視。荀子在戰國名辯勃興的時代背景之下，一方面受思潮浸潤之影響，一方面起於對辯者亂名實之反動，於是承繼孔子「正名」之精神，提倡「正名」。

　　荀子說：

　　　　假今之世，飾邪說，文姦言，以梟亂天下，矞宇嵬瑣，使天下混然，
　　　　不知是非治亂之所存者，有人矣。（非十二子篇）

　　　　今聖王沒，名守慢，奇辭起，名實亂，是非之形不明，則雖守法之
　　　　吏，誦數之儒，亦皆亂也。（正名篇）

　　　　惠子蔽於辭而不知實。（解蔽篇）

　　　　不法先王，不是禮義，而好治怪說，玩琦辭，甚察而不惠，辯而無
　　　　用，多事而寡功，不可以為治綱紀；然而其持之有故，其言之成理，
　　　　足以欺惑愚眾。是惠施、鄧析也。（非十二子篇）

　　但是，孔孟之正名，僅從道德著眼，故其正名思想，僅有倫理的旨趣。荀子則不但承襲孔子正名之旨，且因身處辯者鼎盛的時代，為此其所言之正名，具有相當的邏輯旨趣。〔註1〕在先秦哲學家中，荀子的正名思想綜合了孔子與名家、

───────────────

〔註 1〕 參見馮友蘭，《中國哲學史》，頁 373。

墨家的正名論，可說是先秦正名思想的集大成者。〔註2〕

二、正名思想的淵源

這裡，除了探討對荀子正名思想有直接關聯或直影響的思想以外，凡是與荀子同時及其以前的各家中有關名的主張，也一併予以陳述，俾便綜觀名學的發展脈絡及正名思想的承傳。

先秦各家的名學，略可分為兩派：一是破壞派，一是建設派。〔註3〕先看破壞的一派，第一個提出者是老子，他主張「無名主義」。

《道德經》上說：

> 道可道，非常道；名可名，非常名。（第一章）

> 道常無名，樸雖小，天下莫敢臣。侯王若能守，萬物將自賓。天地相合，以降甘露，民莫之令而自均，始制有名，名亦既有，夫亦將知之。知之，所以不治。（第三十二章）

老子承認名是知識的利器，他為了要使民無知無欲（絕聖棄知），所以主張無名。

其次是楊朱，《列子·楊朱》篇說：

> 實無名，名無實，名者偽而已矣。

他以為名是人為的，只是空洞的概念或符號，實際上與客觀的實物毫不相干。好比孔子所說「觚不觚」（《論語·雍也篇》），實際上已經不是觚了。名卻依然稱為觚。可見「名」、「實」常不相符，且「名」亦可累「實」。

接著是莊子。莊子的名學，除了和老子、楊朱般主張無名之外，最主要的是對於「辯」的破壞。雖然莊子也說「聖人無名」（《莊子·逍遙遊篇》）及「名者，實之賓也」（〈逍遙遊篇〉），其主旨在說明萬事萬物沒有是非、同異的差別，故「是非兩行」。他說：

> 物無非彼，物無非是，自彼則不見，自知則知之，故曰彼出於是，是亦因彼。彼是方生之說。雖然，方生方死，方死方生。方可方不可，方不可方可。因是因非，因非因是。是以聖人不由而照之於天，亦因是也。是亦彼也，彼亦是也。彼亦一是非，此亦一是非。果且

〔註2〕 參見周予同，《中國哲學概論》，頁539，及徐復觀，《中國思想史論集續編》，頁393。

〔註3〕 這種分法參見楊筠如，《荀子研究》，頁62。

無彼是乎哉？彼是莫得其偶，謂之道樞。樞始得其環中，以應無窮，

是亦一無窮，非亦一無窮也。（齊物論篇）

可見是非彼此的爭論，永無定論，吾人當超乎是非彼此之外，玄同彼我才是。所以他又說：

與其譽堯而非桀也，不如兩忘而化其道。（大宗師篇）

以上所言均是破壞一派。他們對於荀子的名學雖無直接必然的關係，但是惠施與荀子的關係頗爲密切，荀子的正名就是起於辯者惠施者流的反動（前面已述及），而惠施的名學受莊子影響甚鉅，所以他們與荀子也不能說毫無關聯。

其次論述建設的一派：孔子首先揭示出「正名主義」。他說：

必也正名乎！（《論語·子路篇》）

名不正，則言不順；言不順，則事不成；事不成，則禮樂不興；禮樂

不興，則刑罰不中，刑罰不中，則民無所措手足。（《論語·子路篇》）

孔子眼見當時各種邪說暴行，以爲天下的病根，在於思想界沒有公認的是非眞僞的標準，而欲建設一公認的是非眞僞的標準，最主要的著手方式便是「正名」，〔註4〕因爲「名」正是代表思想的符號。但是名的正與不正，並不決之於名的本身，而是決定於名所象徵的實。名與實相符，這是名得其正；名與實不相符，即是名不得其正。正名應用至倫理政治上即是使「君君、臣臣、父父、子子」（《論語·顏淵篇》），這也正是孔子正名主義的目的，荀子基本上延續了此一儒家精神。

其次是墨子，他主張「三表法」。他說：

言必立儀。……故言必有三表。何謂三表？……有本之者，有原之者，有用之者。於何本之？上本之於古者帝王之事。於何原之？下原察百姓耳目之實。於何用之？發以爲刑政，觀其中國家百姓人民之利。此所謂言有三表也。（《墨子·非命》上）

墨子的「言必立儀」與荀子的「凡議必將立隆正，然後可也。無隆正則是非不分，而辨訟不決」（〈正論〉篇）相通。而「三表法」中的第一表與荀子「天下之大隆，是非之封界，分職名象之所起，王制是也」、「故凡言議期命，是非以聖王爲師」（〈正論〉篇）的精神亦相近。

〔註4〕參見胡適，《中國哲學史大綱》，卷上，頁96。

　　再就戰國時期的《墨經》而言，荀子受其影響更鉅。《墨經》將名分成達、類、私三種，經上說：

> 名，達、類、私。

經說：

> 名，物，達也。有實必待之名也。命之馬，類也。若實也者，必以是名也。命之臧，私也。是名也，止於是實也。聲出口俱有名，若姓字麗。

這與荀子將名分成「大共名」、「共名」、「別名」及「小別名」極為類似。除了名學，在知識論方面，《墨經》也影響了荀子。

第二節　名的意義及功用

一、名的意義

　　荀子對於「名」本身的意義並未予闡釋，但根據傳統邏輯學的觀點，似乎頗能說明其意。即「名」有雙層意義：一是代表思想或事物的符號或標記（symbol或 sign），不論是以文字書寫出來的，或是由口言說丑的均屬之，為「語言文字」的一部分；一是表現事物本質的「概念」（concept）。「名」不能只是代表個別、具體事物的符號，那樣就與唯名論（Nominalismus）主張的「名」〔註5〕差不多；「名」除了是物質的符號外，更有其抽象的意象，即概念。人之所以異於禽獸者，在於人會思想，有抽象能力，而概念正是人思想的最基本單位，是人運用抽象能力之後的首要產物。有了概念，才能形成判斷或知識；有了判斷，才能形成推理；如此，思想方得以完成。概念、判斷與推理乃是人的思想認識所特有的三種形式，究其源，實出於人的抽象之功。〔註6〕

二、名的功用

　　荀子說：

〔註 5〕　唯名論是西洋中世紀後期哲學的一派，基本上他們認為只有個別的、具體的事物才能存在，才是真實的，至於那些所謂共相的、普遍的、抽象的概念，則只存在於思維的主觀中。因此，他們認為我們的概念並不是客觀事物的影像，而只是一個代表，一個記號。

〔註 6〕　參見趙玲玲，《先秦儒道兩家形上思想的研究》，「名」的部分，頁7。文中對於名的功用、限制及中國哲人對名的使用有切要說明。

名定而實辨。（正名篇）

制名以指實。（正名篇）

名聞而實喻，名之用也。（正名篇）

名也者，所以期累實也。（正名篇）

故名足以指實。（正名篇）

名的作用，一言以蔽之，即在於「指實」、「喻實」及「辨實」。「實」是什麼？實不僅指外在的客觀事物，也指內在於人的情意，舉凡實在之事物，不論其存在樣式為何，是精神的或物質的，是具體的或抽象的，是內在的或外在的，均可說是「實」。按照荀子之意，名的功用即在於指點出它所涉及的「實」。

第三節　制名三要

荀子認為名是應當統一的，為求名的統一，一切名都應由王者制定，普通人民不可隨便擅作，以免亂了名。〔註7〕王者雖制定新名，有些名仍須因襲著以前的用法，他說：

若有王者起，必將有循於舊名，有作於新名。（正名篇）

那些是循於舊名的呢？他說：

刑名從商，爵名從周，文名從禮，散名之加於萬物者，則從諸夏之成俗曲期。（正名篇）

當作新名者，如散名之在人者：「性」、「情」、「慮」、「偽」、「事」、「行」、「知」、「智」、「能」、「病」、「命」等名。至於制定新名，有三件事必須特別注意，他說：

然則所為有名，與所緣以同異，與制名之樞要，不可不察也。（正名篇）

以下就從這三方面來考察制名之要：

一、所為有名

就是為什麼要有名，也就是制名的目的何在。荀子說：

───────────

〔註7〕見〈正名〉篇：「故王者之制名，名定而實辨，道行而志通，則慎率民而一焉。故析辭擅作名以亂正名，使民疑惑，人多辨訟，則謂之大姦；其罪猶為符節度量之罪也。」

> 異形離心交喻，異物名實玄紐，〔註8〕貴賤不明，同異不別；如是，
> 則志必有不喻之患，而事必有困廢之禍。故知者為之分別制名以指
> 實，上以明貴賤，下以別同異。貴賤明，同異別；如是，則志無不
> 喻之患，事無困廢之禍，此所為有名也。（正名篇）

名的基本功用在於「指實」，且上以明貴賤，下以別同異；制名的目的則是志
喻而事成。〔註9〕劉念親釋曰：「貴必有其所以貴，賤必有其所以賤，不明則
嚮偕從違失其道；同必有其所以同，異必有其所以異，不辨則抉擇取舍失其
理。知者欲通天下之志，使無不喻，欲成天下之務，使無困廢。爰為之分別
制名以指責。」〔註10〕

　　如果沒有「名」這種東西，將種種「實」作一固定的分別，那麼各種事務
就很難能和人心相應，既不能相應，那麼每個人所指的東西，與實就有出入，
也會造成彼此溝通上的困難，志則難喻事則難成。例如孔子是聖人，卻稱他為
「盜」；跖是盜，卻稱他為「聖人」，這豈不是貴賤不明嗎？又如牛、馬，我說
牠們是動物，因為我將「牛」字代表一種頭有角、力大的動物，將「馬」字代
表一種沒有角、善走的動物；但是你卻說牛、馬是植物，因為你將「牛」字代
表一株沒有枝芽的大樹，將「馬」字代表一棵美味的園疏，〔註11〕這樣豈不是
同異不能分別嗎？因此，知者將各個事物分別制定名稱，以其名指其實，這樣
就可明貴賤、別同異，人與人之間也能便捷地溝通思想了。

　　為什麼在「明貴賤」與「別同異」之上分別加了「上」、「下」二字呢？
用「下」字表明名的別同異是名的一種基本功用；用「上」字加重明貴賤，
表明明貴賤的雙重意義，也就是除了明貴賤之外，還有別同異的基本功用存
在。名家、墨家論名，只有別同異一種功用，儒家則於別同異之外，加上「明
貴賤」這種功用，即「寓褒貶，別善惡」之意。〔註12〕孔子的正名主義偏重
倫理方面的旨趣，名、墨二家的名論則重邏輯方面的思辨；而荀子正名思想
乃兼二者有之，但終究仍以倫理的旨趣為其依歸。

〔註8〕 此十二字，楊倞注讀四字一句，王先謙校仍之。今從郝懿行說讀六字為句。

〔註9〕 有些學者將「上以明貴賤，下以別同異」視為「所為有名」的答案，其實從
　　　　荀書上下文看來，明貴賤和別同異應是名的功用，透過名的功用之發顯，以
　　　　達成「志喻事成」的目的。

〔註10〕 參見劉念親，《荀子正名篇詁釋》，頁13。

〔註11〕 此例參見楊大膺，《荀子學說研究》，頁82。

〔註12〕 同註4，頁331。

二、所緣以同異

就是根據什麼而有同名異名的分別。荀子說：

> 然則何緣而以同異？曰：緣天官。凡同類同情者，其天官之意物也
> 同；故比方之疑似而通，是所以共其約名以相期也。形、體、色、
> 理，以目異；聲、音、清、濁、調、竽、奇聲，以耳異；甘、苦、
> 鹹、淡、辛、酸、奇味，以口異；香、臭、芬、鬱、腥、臊、漏、
> 庮、奇臭，以鼻異；疾、養、滄、熱、滑、鈹、輕、重，以形體異；
> 說、故、喜、怒、哀、樂、愛、惡、欲，以心異。心有徵知。徵知，
> 則緣耳而知聲可也，緣目而知形可也，然而徵知必將待天官之當簿
> 其類然後可也。五官簿之而不知，心徵知而無說，則人莫不然謂之
> 不知，此所緣而以同異也。（正名篇）

荀子認為同名異名的分別是由於人之天官，即人之耳、目、口、鼻、形體及心官的作用，因為同屬人類，有相同的生理構造及類似的官能反應，[註13] 雖是不同的個人（individual）憑藉個人的天官接物，所得的感覺卻相同（即「天官之意物也同」）。有了以上的前提，肯定不同的人對相同的物可有相同的感覺或「狀」（相當於今言「感覺表象」），人們藉著天官分別各種「狀」，不同的狀給予不同的「名」稱之，例如口之官嚐物，有甘與苦的不同感覺或狀，於是分別以「甘」與「苦」不同的名去稱謂。所以，人由於天官能分別事物之「狀」，於是有了同名異名的分別；從另一個角度說，荀子所言之名，乃是直接表吾人意中之事物的同異之「狀」，而非直接用以指事物之「實」者。[註14]

三、制名之樞要

就是制名的原則。荀子說：

> 然後隨而命之，同則同之，異則異之；單足以喻則單，單不足以喻則兼；
> 單與兼無所相避，則共；雖共，不為害矣。知異實者之異名也，故使異
> 實者莫不異名也，不可亂也，猶使異實 [註15] 者莫不同名也。故萬物

〔註13〕人的生理構造，如人之具有五官及心官；人的官能反應，如口之嚐物所引發
　　　的甘、苦感，或形體觸物所引起的冷熱感等。這些按照荀子的說法，均是「性」
　　　的一部分，乃生之所以然者，人人皆同，即使聖人亦不例外，〈性惡〉篇有云：
　　　「聖人之所以同於眾其不異於眾者，性也。」
〔註14〕參見唐君毅，《中國哲學原論・導論篇》，第五章〈原名〉部分，頁138。唐先
　　　生認為荀子所言之名乃直接指事物之「狀」，而非直接指事物之「實」。
〔註15〕楊倞引或曰：「異實」當為「同實」。

雖眾，有時而欲徧舉之，故謂之物。物也者，大共名也。推而共之，共則有共，至於無共然後止。有時而欲徧〔註16〕舉之，故謂之鳥獸。鳥獸也者，大別名也。推而別之，別則有別，至於無別然後止。名無固宜，約之以命，約定俗成謂之宜，異於約則謂之不宜。名無固實，約之以命實，約定俗成謂之實名。名有固善，徑易而不拂，謂之善名。物有同狀而異所者，有異狀而同所者，可別也。狀同而為異所者，雖可合，謂之二實。狀變而實無別而為異者，謂之化；有化而無別，謂之一實。此事之所以稽實定數也。此制名之樞要也。（正名篇）

現將制名的原則逐一說明如下：

（一）同則同之，異則異之——

在某一個標準或觀點之下，凡是相同的事物，就用相同的名去稱謂它們；不同的事物，就用不同的名去稱謂。例如張三是人，李四也是人，同是人，所以都可以「人」來稱謂。另如牛是牛，馬是馬，馬非牛，牛非馬，所以分別以「牛」和「馬」名之。

（二）單足以喻則單，單不足以喻則兼——

單指「單名」，兼指「複名」（即今之「複合名詞」或「複合概念」）。如果一個事物用單名足以表明就用單名，單名不足以表明就用兼名。例如想要名馬，就用一個「馬」字名之，這就是單名；如果想要名白馬，一個「馬」字不夠，就用「白馬」二字名之，「白馬」一名是由「白」和「馬」二單名複合而成，所以是兼名。

（三）單與兼無所相避，則共；雖共，不為害矣——

如果單名和兼名沒有什麼互相違背的話，就用「共名」，即高一級的類概念，雖然用了「共名」也沒什麼妨礙。例如一群各種顏色的馬雜處，就每隻馬而言，可以「兼名」名之，使其類及色均得以指明；但如果要同時指稱這群馬，就用單名「馬」和兼名「白馬」、「黃馬」……等之共名「馬」名之。〔註17〕

（四）「共名」與「別名」——

「共名」是指高一級的類概念，是大類；「別名」是指低一級的類概念，

〔註16〕俞樾曰：此徧字仍「偏」字之誤。
〔註17〕同註10，頁22，劉釋曰：「無所相避，雖共不害者，如十百成群，毛色錯見，同時並命之仍曰馬，是也。」

是小類，小類包含於大類之中；或者可將「共名」與「別名」視爲相當於今所謂之「類名」與「種名」，種包含於類中。例如鳥、獸、草、木各爲其自身一類的共名；共鳥、獸爲動物，共草、木爲植物，又共動物、植物爲生物，如此「推而共之，共則有共，至於無共然後止」者，就是現在邏輯學上所謂的最高類概念，名爲「大共名」，荀子以爲「物」就是「大共名」。也就是在「存在」的標準或觀點之下，可用共名「物」名一切物，沒有一物可脫離此「物」的範圍。凡一名上推它是別名，下推它是共名。如鳥、獸對二者之共名「動物」而言是別名（上推），對各自的別名「鶯」、「燕」與「牛」、「馬」而言，則是共名（下推）。別鳥、獸可爲鶯燕、牛馬，如此「推而別之，別則有別，至於無別然後止」者，就是所謂的個體（individual）概念，個體概念因爲是最基本的概念單念，所以只能是別名，不可能爲共名。

　　至於荀子將鳥獸稱爲「大別名」這點，頗引起學者爭議。〔註18〕若替荀子尋求可能的合理解釋，可將「大別名」視爲邏輯上的「中間概念」，即一方面是低一級概念（別名），一方面又是高一級概念（共名）；也就是在「大共名」之下的「小共名」可說是「大別名」，在「大別名」之下又有別名，至於無別者則是「小別名」，「大別名」對以上的共名（包括大共名）而言是別名，對以下的別名（包括小別名）而言則是共名。〔註19〕

　　《墨經》也提到「名」的知識，將「名」分成三種，《經》上說：「名，達、類、私。」

　　《經說》上有進一步地說明：

> 名，物，達也。有實必待之（原作文，依孫詒讓校改）名（原作多，依孫校改）也。命之馬，類也。若實也者，必以是名也。命之臧，私也。是名也，止於是實也。聲出口俱有名，若姓字麗（原作灑，依梁校改）。

〔註18〕有的學者認爲荀子的說法是不當的，個體概念才是大別名，鳥獸絕不是，荀子之所以會發生這種錯誤，是因爲當時我國邏輯學尚未發達到西洋邏輯學的詳密程度之故。此說見楊大膺，《荀子學說研究》，頁90。筆者認爲以荀子的聰明才智及縝密的思考態度，斷不會笨到將「鳥獸」視爲別之又別，至於無別者，鳥獸之下尚可分出許多別名是極爲顯明之事，注重經驗的荀子不可能不知道；況且，對一部哲學著作，當儘可能予以合理、圓融之解釋爲是。因此，筆者將採取對荀子之說的可能之合理解釋一途。

〔註19〕參見李滌生，《荀子集釋》，頁517，梁啓雄，《荀子簡釋》，頁314，及羅光，《中國哲學思想史‧先秦篇》，頁620。

荀子所謂的「大共名」即相當於《墨經》中的「達名」，指一切物；凡是任何「實」均可以「物」之名稱之。荀子所謂的「共名」或「別名」（「大別名」）相當於《墨經》中的「類名」，均指一類事物，爲類概念。至於荀子隱而未明言的「小別名」，則相當於《墨經》中的「私名」，專指個別、單一的事物。由此可知，荀子〈正名〉篇的確受了《墨經》思想的影響。

西洋古代邏輯學家波費留（Porphyrius, 232〜305）曾製作著名的所謂「波費留樹」（Arbor Porphyrii），以說明種與類的關係。現仿其型式，試繪圖如下，以說明荀子所謂共名與別名之說：

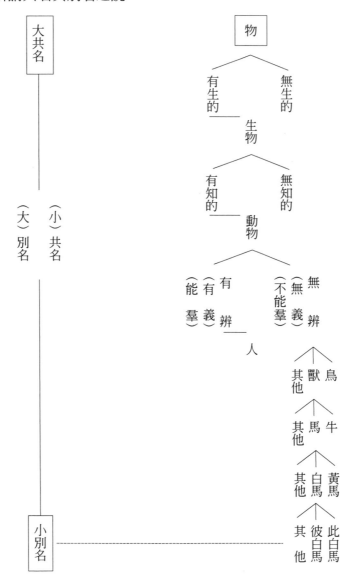

（五）「名無固宜」、「名無固實」與「名有固善」——

　　「名無固宜」與「名無固實」在意義上是一貫的，均言制名之初，「名」與「實」之間並無固定的關係，「甲名」並不一定非命「甲實」不可，所以名無所謂宜不宜。名乃人們約定俗成的。一旦約定俗成，名實之間的關係即經確定，名才有所謂宜不宜的問題；遵守約定地用名就是宜，不遵守約定就是不宜。「甲名」經約定命「甲實」，那麼「甲名」與「甲實」的關係就已確立。至於「名有固善，徑易而不拂，謂之善名」，楊倞注說：「徑疾乎易而不違拂，謂易曉之名也。謂呼其名，遂曉其意，不待訓釋者。」如《論語‧顏淵篇》之「政者，正也」般，就是一個善名。一般人看荀子的正名思想，多注意「名無固宜」、「約定俗成」的一面，常忽略「名有固善」的積極一面，龍宇純先生為此特撰文為荀子辯解。〔註 20〕他認為荀子之前的莊子及公孫龍子，即有類似「名無固宜」、「約定俗成」的主張。如《莊子‧齊物論》云：

> 以指喻指之非指，不若以非指喻指之非指也。以馬喻馬之非馬，不若以非馬喻馬之非馬也。天地一指也，萬物一馬也。可乎可，不可乎不可。道行之而成，物謂之而然。惡乎然？然於然。惡乎不然？不然於不然。物固有所然、物固有所可。無物不然，無物不可。故為是舉莛與楹、厲與西施，恢恑憰怪，道通為一。

雖然莊子此文之主旨與「名無固宜」的語言理論無關，但由「物謂之而然」句及其上下文顯示其確有「名無固宜」及名出於約定的意義在內。另如《公孫龍子‧指物論》云：

> 物莫非指，而指非指。天下無指，物無可以謂物。

　　龍宇純先生以為荀子「名無固宜」的說法受到前二人的影響，加上此一學說無從否定，因此不得不言。但是，「名無固宜」和「名有固善」在意義上是衝突的，名既無所謂宜與不宜，便無所謂固善與固不善；這是兩個不相容的命題，前者說明名與實之間完全出於隨意的約定，後者則依循「聲訓」〔註21〕的觀點，以為也有部分名稱是說得出道理來的。荀子的正名主旨既承襲孔子正名主義而來，而「名無固宜」的主張在此不但不能給予任何協助，反而從根本上否定「名」

〔註20〕　參見龍宇純，〈荀子正名篇重要語言理論闡述〉一文，收於台大《文史哲學報》，第十八期，頁443至頁455。龍氏對「名無固宜」說之由來及「名有固善」說之積極意義有詳細的剖析。

〔註21〕　「聲訓」是一種用同音、音相近或雙聲疊韻字，以推求字義根源的方式，又稱「音訓」。參見《大辭典》，頁3827，三民書局印行，民國74年8月初版。

的當然地位，就好像信奉宗教的人竟研究起上帝存在與否的問題，豈不正是授亂臣賊子以口實，何正名之有？因此，龍宇純先生認爲荀子正名思想的重點在於「名有固善」說，而非「名無固宜」的「約定俗成」說，「名有固善」實有其積極的意義。因此，〈君道〉篇上說：「君者何也？曰：能群也。能群者何也？善生養人者也，善班治人者也，善顯設人者也，善藩飾人者也。」

〈王制〉篇也說：

> 君者，群也。君道當，則萬物皆得其宜，六畜皆得其長，群生皆得
> 其命。

在實際語言中，「君」便是「國君」之意，不作「群」解。荀子定要說「君者能群也」或「君者群也」，無非是循聲訓之法指出其原始命名之意義所在，以要求爲人君者必須做到「能群」的地步，不然就不成其爲君，與孔子說「政者，正也」以要求爲政者必先正己的用意完全一致。〔註22〕這就是「名有固善」說的發用及其對正名思想的積極意義所在，也是制名的一大樞要。

　　筆者以爲，荀子所謂的「名無固宜」和「名有固善」在意義上雖不一致，但並不表示不可並存；二者只要在不同時候或針對不同對象而言，即可並存。在制名之初，的確是「名無固宜」的，桌子可不以「桌子」稱之，書本也可不稱之爲「書本」，而以他名稱之，一旦約定俗成，名即有固宜，固實，桌子就該稱其爲「桌子」，書本就該稱其爲「書本」。至於「名有固善」，乃是制名經過了一段時間，到了某個「有循於舊名，有作於新名」的階段才有的。荀子之提出「名有固善」，確如龍先生所言，有其積極性之意義，以此作爲正名思想的理論依據，應用至倫理及政治上，並爲後王制名應該注意的原則。

（六）物之狀與所——

　　「名」與「實」的數目，並非「一與一對應」（One to One Correspondence）之關係。〔註23〕物有狀同而所異（佔據空間不同）者，如馬甲和馬乙狀同而各居一方，就其名而言，雖可同爲「馬」，但卻是兩個不同的實體。物亦有狀異而所同者，如一個人老時與幼時異狀，卻同是一身；蠶蛾異形，卻同是一體；雖然「狀」隨時間之不同而改變，「所」卻依然不變，這稱爲「化」，就數目看來，仍是一個「實」。由是，我們知道，當許多「實」之「狀」相同時，一「名」可同時指多「實」；而一「實」依其「狀」之改變亦可有不同的多「名」

〔註22〕同註20，頁454。
〔註23〕同註14，頁140。

來表示。可見「名」與「實」乃透過「狀」而產生關係。

第四節　破除三惑

　　荀子言正名，著重於「名」與「實」應有其合理固定的關係；同時對於當時及以前諸子的種種謬誤觀點徹底地給予批判並駁斥之。例如，荀子以爲綜合諸子有關名實問題的謬誤，不外三種：一是用名以亂名者，二是用實以亂名者，三是用名以亂實者。荀子說：「凡邪說辟言之離正道而擅作者，無不類於三惑者矣。」（〈正名〉篇）此三惑若能破除，正名主張方能順利展開。現將三惑的內容及破除之道分述如下：

一、用名以亂名

　　　「見侮不辱」、「聖人不愛己」、「殺盜非殺人也」，此惑於用名以亂名
　　　者也。驗之所（以）爲有名而觀其孰行，則能禁之矣。（正名篇）
「見侮不辱」爲宋鈃（牼）之說，〔註24〕見《莊子・天下篇》〔註25〕及《荀子・正論篇》，〔註26〕「聖人不愛己」和「殺盜非殺人」爲墨者學說，分見《墨辯・大取》〔註27〕及〈小取〉篇。〔註28〕

　　吾人考察言「見侮不辱」者所持的理由，不外「侮」雖是「辱」的一種，即《荀子・正論》篇所謂的「勢辱」（辱有「勢辱」和「義辱」兩種），〔註29〕但並不是「義辱」。宋子可能不以勢辱爲辱，所以說見侮可不必爲辱，故不名之爲辱，如此則可證明其「見侮而不鬥」之論。由此見宋子之說，只存侮之爲別名（種名），而廢辱之爲共名（類名），即其有以別名掩去共名，而用一

〔註24〕按《呂氏春秋・正名篇》，言尹文亦有「見侮不辱」之論。在《莊子・天下篇》，固以宋鈃、尹文爲一派也。

〔註25〕〈天下〉篇曰：「見侮不辱，救民之鬥。」

〔註26〕〈正論〉篇曰：「子宋子曰：『明見侮之不辱，使人不鬥。人皆以見侮爲辱，故鬥也；知見侮之爲不辱，則不鬥矣。』……」

〔註27〕〈大取〉篇曰：「愛人不外己，己在所愛之中。己在所愛，愛加於己，倫列之愛己，愛人也。」

〔註28〕〈小取〉篇曰：「愛盜非愛人也，不愛盜非不愛人也，殺盜非殺人也。」

〔註29〕見〈正論〉篇：「是有兩端矣：有義榮者，有埶榮者；有義辱者，有埶辱者。……流淫汙慢，犯分亂理，驕暴貪利，是辱之由中出者也，夫是之謂義辱。詈侮捽搏，捶笞臏腳，斬斷枯磔，藉靡舌纕，是辱之由外至者也，夫是之謂埶辱。是〈榮辱〉之兩端也。」

名（別名）廢棄他名（共名）之嫌。

再考察言「聖人不愛己」者所持的理由，依照《墨辯》所言，是因爲「己在所愛之中」。意思大略說「己」是「人」中的一個個體，爲「人」的部分，包含於「人」類中，所以只言「聖人愛人」即包括「聖人愛己」之意，不須再多此一言，故說「聖人不愛己」。由此可知，主張此論者只用共名而不用別名，使別名爲共名所掩。

至於主張「殺盜非殺人」者，其理由不外「盜」雖爲「人」，但殺盜時是由於其爲「盜」方殺之，而不是由於其爲「人」；因此殺盜時，吾人可只用「殺盜」一名表示殺盜的事實，無須用「殺人」一名來表示，所以說「殺盜非殺人」。須知，「盜」爲別名，「人」爲共名，殺盜之事原爲殺人之事的一種；殺人可以不必爲殺盜，但殺盜必是殺了人。今只用「殺盜」之別名，而不用「殺人」之共名，是使共名爲別名所掩。

以上三例，或是以別名廢棄共名，或是以共名廢棄別名者，並非毫無理由，但也只是在某種極狹隘的意義下方可成立。固然按照名的可用與否來看，我們可以將「見侮」只說成「見侮」，不必定要說成「見辱」；「愛人」也只說「愛人」即可，不必再強調「愛己」；「殺盜」也只說「殺盜」，不必定要說「殺人」。但是不必定要用之名（如上之「見辱」、「愛己」、「殺盜」）只是表示可以不用，並不表示不可用或必須廢棄。所以，「見侮不辱」、「聖人不愛己」、「殺盜非殺人」這些說法是行不通的。

另外，荀子以爲它們之所以惑於以名亂名，關鍵在於「驗之所以爲有名而觀其孰行」上。爲什麼呢？我們已提過荀子的所爲有名之目的在於別同異、明貴賤，使得志無不喻之患，事無困廢之禍。而名兼有別名與共名，二者正足以別同異。共名所以表一類事物之同，即兼所以表一事物與他事物之相同之處；別名所以表一類事物中有各種之異，即兼所以表一事物與他事物之相異之處。〔註30〕一類事物中的各個種既然相異，於是就有價值上的高下貴賤之分了。也就是說，我們對於事物必須兼有別名與共名的表達，不可偏廢，才能別同異、明貴賤，所爲有名的目的才可達成。因此，以「見侮」稱說的事，也可以「見辱」稱說，以見其同於其他之「見辱」；聖人之「愛己」，既可說是「愛一人」的事，也可說是「愛己」的事；唯有如此，才能兼見「見侮」及「愛己」與他事之同異。另外，以「殺盜」稱說的事，也可兼以「殺

人」稱說，「殺人」之名表示了此殺盜之事與其他殺人之事的相同處；「殺盜」之名則表示了此殺盜之事與其他殺人之事的相異處。

由以上的分析，可以結論出絕不可用共名掩別名，也不可用別名掩共名，如果用此名廢彼名，就是以一名亂他名，陷真理於不彰。

二、用實以亂名

「山淵名」、「情欲寡」、「芻豢不加甘、大鍾不加樂」，此惑於用實以

亂名者也。驗之所緣（「緣」之下，原衍「無」字，據王引之校刪）

以同異而觀其孰調，則能禁之矣。」（正名篇）

「山淵平」為惠施之說，即《莊子‧天下篇》之「山與澤平」；「情欲寡」為宋鈃之說，是《莊子‧天下篇》〔註31〕及《荀子‧正論篇》；〔註32〕「芻豢不加甘，大鍾不加樂」，或謂當時墨者之言，藉以擁護其節用非樂之說，此並無證據支持，固難斷言。〔註33〕

考察惠施言「山淵平」之理由不外有二：一是自天地一體或大一〔註34〕的觀點看萬事萬物，則一切差異都不成為差異了，山與淵也就無所謂高低之別了；一是自物之變化觀點看，自山與淵之相連處看，則山與淵之「實」無別，只是「名」不同而已，故山淵平。如此一來，多名彼此之間意義上（並非物質符號上）的差別則被泯除了。

荀子亦言「物有狀變而實無別，而為異者，謂之化，有化而無別，謂之一實」，不同之二名指謂相同之實是可能的；如蠶化為蛾，「蠶」與「蛾」乃不同之名，卻指謂相同之實。但若據此將同一實之不同的二名視為相等，荀子以為這就犯了以實亂名的錯誤。如何破除此惑呢？關鍵在於「驗之所緣以同異而觀其孰調」上，也就是同名異名之所以建立的根據在於人所經驗到之事物之「狀」的同異上，而不是在於狀所附之「實」或此名所指之「實」上。因此惠施之說好像自某一特定觀點 —— 一物之實不變，而有不同之狀的觀點，據「實」之同而將「狀」之分別泯除，至於表異狀之「名」的分別，亦

〔註31〕 〈天下〉篇曰：「以情欲寡淺為內。」

〔註32〕 〈正論〉篇曰：「子宋子曰：人之情欲寡，而皆以己之情欲多，是過也。」

〔註33〕 馮友蘭，《中國哲學史》，頁380，指出其似為墨者之言。唐君毅，《中國哲學原論‧導論篇》，頁153，則認為其說乃想像之辭，因為「按《墨子‧非樂篇》，其立論皆不否認樂之為樂，唯以浪費財力，不利於民，故非之」。

〔註34〕 見《莊子‧天下篇》：「至大無外，謂之大一。」

予以泯除，故有「山淵平」的主張。按照荀子「山」之名依山之「狀」而定，「淵」之名依淵之「狀」而定，二者之狀本不平，何平之有？如此則足以破除惠施以實亂名的錯誤。

至於「情欲寡」及「芻豢不加甘，大鍾不加樂」，何以亦爲以實亂名之例，由於古籍散佚，殊難有解。然如筆者上文對「山淵平」的解釋無誤的話，同理可推知，持「情欲寡」之說者，其意在泯除情欲「多」與「寡」之分；而持「芻豢不加甘，大鍾不加樂」之說者，其意在泯除「甘」與「不甘」、「樂」與「不樂」之分。假設有一筆固定數目的財富，人多欲，則視爲寡而不足；人少欲，則視爲多而有餘。這就是同一實而有二名，二名同指一實。若因此而泯除「多」與「寡」二名之分別，荀子以爲就犯了以實亂名的錯誤。另者，芻豢之「甘」或「不甘」，大鍾之「樂」或「不樂」，在人的經驗中均是可能發生的。老子言「五味令人口爽」，〔註35〕則甘者可不甘；又言「五言令人耳聾」，〔註36〕則樂者可不樂。因此同一味之實（如芻豢），可甘或不甘；同一聲之實（如大鍾）可樂或不樂。若據其實爲同而泯除其名「甘」與「不甘」，「樂」與「不樂」的分別，荀子以爲這就犯了以實亂名的錯誤。因爲按照荀子之論，同名異名之區別，乃建立在吾人的感覺經驗上。如果人食芻豢而加「甘」，那麼就不是「不甘」，聞大鍾而加「樂」，那麼就不是「不樂」；反之亦然。在同一觀點，不可同「是」又同「非」（相當於「不矛盾律」），所以「甘」與「不甘」，「樂」與「不樂」之名的分別，就不得因實之同而泯除，以實亂名之惑即可破除了。

三、用名以亂實

「非而謁楹，有牛馬非馬也」。此惑於用名以亂實者的。驗之名約，
以其所受，悖其所辭，則能禁之矣。」（正名篇）

「非而謁楹，有牛馬非馬也」疑見於《墨經》，當是指公孫龍派之說。「非而謁楹」四字無確解。梁啓雄《荀子簡釋》引《墨子‧經說》上：「堅（孫詒讓說下說「白」字）異處不相盈，相非，是相外也。」於是認爲「謁」爲「謂」之誤，「楹」爲「盈」之誤，應作「非而謂盈」。〔註37〕按《墨經》本常識觀點，實主堅白相盈不相離、不相外，其「相非是相外也」，乃斥責之語氣。唐

〔註35〕見《道德經》第十二章。
〔註36〕同註35。
〔註37〕參見梁啓雄，《荀子簡釋》，頁316至頁317。

君毅認爲如果梁所說無誤，那麼「非而謂盈」應指主堅白相「非」，以「論謂」世俗常見之主堅白相「盈」之說，而欲易之者。〔註38〕至於「有牛馬非馬也」，有學者以爲原文無誤，其解當如《墨經·經說》下所言：「牛不二馬不二，而牛馬二，故牛不非牛，馬不非馬，而牛馬非馬非牛」。

　　由「離堅白」、「白馬非馬」及「有牛馬非馬」之主張可知，公孫龍派認爲凡可以分別之「名」，皆應指不同之「實」。按照荀子的看法，公孫龍者流正犯了以名亂實的錯誤。因爲不同之二名，其指之實的「範圍」固然不同（如「堅」石指石的硬度，而「白」石指石的顏色），但並不表示二名不能同時指涉一「實」（如「堅」白石之「石」），而同爲一實之異石。如何破除此惑呢？只要考察此派是否犯了「以其所受，悖其所辭」的謬誤即可。以「有牛馬非馬」爲例，吾人既先承受此「馬」之名與「牛」之名，現又說其非馬非牛，是欲辭去此馬之名與牛之名；這正與吾人所先承受者相悖，本身犯了自相矛盾之謬。觀其「所辭」與「所受」相悖，正足以破其說之爲惑矣！

第五節　辨說的目的

　　荀子重「辨」，認爲辨是人之所以異於禽獸，是人之所以爲人的一個重要特色之一。〔註39〕人除了在形體上有異於禽獸者，在心靈上亦有分別之處。他說：

> 人之所以爲人者，何已也？曰：以其有辨也。……然則人之所以爲人者，非特以二足而無毛也，以其有辨也。今夫狌狌形笑亦二足而毛也（王先謙云：宋人所見荀子本，形笑作形相，而毛作無毛），然而君子啜其羹，食其胾。故人之所以爲人者，非特以其二足而無毛也，以其有辨也。夫禽獸有父子而無父子之親，有牝牡而無男女之別。故人道莫不有辨。（非相篇）

「有辨」是人心靈上的作用或現象，及其發而爲言論，荀子稱之爲「辯」，亦

〔註38〕同註30，頁155。

〔註39〕人之所以爲人，按照《荀子》書，計有三點：除了文中「有辨」之外，尚有「有義」及「能群」。見〈王制〉篇：「水火有氣而無生，草木有生而無知，禽獸有知而無義。人有氣有生有知，亦且有義，故最爲天下貴也。力不若牛，走不若馬，而牛馬爲用，何也？曰：人能群，彼不能群也。人何以能群？曰：分。分何以能行？曰：以義。」人與禽獸，在形體上固有區別，但荀子不以其作爲人之所以爲人的特點。

稱之爲「辨說」(「辯說」)〔註40〕或「談說」。何謂辨說？荀子以爲：

> 辨說也者，不異實名以喻動靜之道也。(正名篇)

「不異實名」就是以同樣的名或概念指稱同樣的實（事物），「動靜」是指是非。〔註41〕辯說就是人們用同樣的概念和事物來反覆說明是非的道理。例如「美麗的謊言」，有人認爲其動機是善的，效果也不錯，所以爲是；有人認爲凡說謊都是不應該的，即使美麗的謊言也不例外，所以爲非。於是有動有靜、有是有非，辯說就產生了。

至於荀子重視辯說的理由及辯說的目的，分述於下：

一、重視辨說的理由

> 今聖王沒，天下亂，姦言起，君子無埶以臨之，無刑以禁之，故辨說也。(正名篇)

何謂「姦言」？荀子說：

> 凡言不合先生，不順禮義，謂之姦言。(非相篇)

> 辯說譬喻，齊給便利，而不順禮義，謂之姦說。(非十二子篇)

辯說乃因應時代背景及現實之需求而生。這點與孟子言辯極爲類似，孟子曾說：「聖王不作，諸侯放恣，處士橫議。……見邪說，距詖行，放淫辭，……豈好辯哉，予不得已也。」〔註42〕荀子面臨「天下亂，姦言起」的時代，仍不得已而挺身爲之辯說，故主張「君子必辯」，他說：

> 法先王、順禮義，黨學者，然而不好言，不樂言，則必非誠士也。

> 故君子之於言也，志好之，行安之，樂言之。故君子必辯。凡人莫不好言其所善，而君子爲甚焉。(非相篇)

君子必辯者，純粹是對著姦言蠭起的時代而言，因此荀子重視辯說的第一個理由，是爲了對治姦言的。而凡是不合先王之道，不順禮義之統的，荀子都稱之爲「姦言」或「姦說」。可見先王之道及禮義之統是作爲辯說是非的標準，而姦言正足以淆亂是非。對於荀子，辨姦言本身並不是辯說的目的，而是剷除邪說有助於治道的一種手段。荀子曾說：「是非不亂，則國家治。」(〈王制〉篇）則可見一斑。

〔註40〕「辨」，借爲「辯」，《荀子》書多以「辨」爲「辯」。

〔註41〕楊涼注曰：「動靜，是非也。」

〔註42〕見《孟子‧滕文公》篇。

另外，由「凡人莫不好言其所善，而君子為甚」可知，荀子認為人對自己認為有價值的言論，沒有不好尚的，君子尤其如此。而於「好言」、「樂言」的內容，則必與宣揚先王之道與禮義之統有關。而禮義為治道之所本。可見荀子重視辯說的兩個理由，其實均係就其有助治道之實現這方面而立論的。

二、辨說的目的

> 辨說也者，心之象道也……道也者，治之經理也。心合於道，說合於心，辭合於說。（正名篇）

辨說的目的在於「心象道」，心象道不僅表示心知道，可道，且表示心符合於道，「心合於道，說合於心」就是最佳詮釋。道乃正道，心合於道，就可以正道而辨姦言，所以荀子說：

> 以正道而辨姦，猶引繩以持曲直，是故邪說不能亂，百家無所竄。（正名篇）

「道也者，治之經理也」，楊倞注曰：「經，常也；理，條貫也；言道為理國之常法條貫也。」則「心之象道」之「道」即「治道」。治道或正道的實質內涵是禮義，至此，荀子辨說的目的，和重視辨說的理由，即歸一致，均是要助成治道的。〔註43〕完成治道，是荀子系統中的最高目標，不論其知識論，正名或辨說，雖均屬於解蔽心智方面的表現，但都必須有助治道此目標，然後一切才有其意義。

第六節　辨說的範圍與態度

辨說並不是漫無限制的，它有所謂「範圍」；辨說乃是人去辯說，而且是由兩個（組）或兩個（組）以上不同觀點的人來進行的；此外，既是人，就有所謂「態度」的問題。為此，本節即專就辨說的範圍及辨說的態度兩方面，對荀子之說加以闡明。

一、辨說的範圍

> 君子之所謂賢者，非能徧能人之所能之謂也；君子之所謂知者，非能徧知人之所知之謂也；君子之所謂辯者，非能徧辯人之所辯之謂也；君子之所謂察者，非能徧察人之所察之謂也；有所止（原作正，

────────────

〔註43〕參見韋政通，《荀子與古代哲學》，頁148至頁151。

從楊注或說校）矣。（儒效篇）

可見荀子認爲君子所能、所知、所辯、所察，都不能沒有一定的範圍，均應「有所止」矣。凡在範圍以外的，是不必辯或是不當辯的。據此，辨說的範圍取決於辨說的目的，凡是有助於達成辨說的目的與任務的，都在辨說的範圍之內，否則便在辨說的範圍之外。楊注或曰：「言止於禮義」，如此，禮義就是辨說的範圍。讓我們來看看荀子自己所說：

> 無用之辯，不急之察，棄而不治。若夫君臣之義，父子之親，夫婦
> 之別，則日切磋而不舍也。（天論篇）

基本上，荀子是相當務實的，凡無助於現實人生或治道者，均不予以重視，也就不在辨說範圍之內。至於「君臣之義、父子之親、夫婦之別」，有助於人生治道，所以要「日切磋而不舍也」。他又說：

> 言必當理，……是，然後君子之所長也。凡知說，有益於理者爲之，
> 無益於理者舍之，夫是之謂中說。……知說失中，謂之姦道。……
> 姦道，治世之所棄，而亂世之所從服也。（儒效篇）

「有益於理者爲之，無益於理者舍之」，「理」即爲辯說的標準，即禮義。凡益於理或禮義則爲之，因其有助於治道，屬於辯說範圍；無益理者舍之，因其無助於治道，所以在辯說範圍之外。荀子又說：

> 言而非仁之中也，則其言不若其默也，其辯不若其吶也。言而仁之
> 中也，則好言者上矣，不好言者下也。故仁言大矣，起於上所以道
> 於下，政令是也；起於下所以忠於上，謀（諫）救是也。故君子之
> 行仁無厭。（非相篇）

「仁之中」即是象道的表現，足以達到辯說的任務，所以「好言者上矣，不好言者下也」。「非仁之中」即是不象道的表現，無助於達成辯說的目的，自應默而不言，否則勢必流於姦言、姦說，反而招致悖亂。他說：

> 信信，信也；疑疑，亦信也。貴賢，仁也，賤不肖，亦仁也。言而當，
> 知也；默而當，亦知也；故知默猶知言也。故多言而類聖人也；少言
> 而法君子也；多言無法，而流湎然，雖辯小人也。（非十二子篇）

信所當信固然是信，疑所當疑亦是信，「貴賢」固然是仁，「賤不肖」亦是仁。「言而當」固然是知，「默而當」有助於知，亦是知。荀子言辯說，不僅重視「辯」，也重視「默」；唯有當辯默各得其宜，才能達成辯說以利治道的目的。

總之：禮義是辨說的標準，也是辨說的範圍。凡關乎禮義者，方有益於治

道，才是辨說的範圍；無關乎禮義者，只是「無用之辯」、「不急之察」罷了！

二、辨說的態度

荀子關於辨說態度的主張，可分爲積極的與消極的兩方面。〔註44〕

（一）積極方面

> 辭讓之節得矣，長少之理順矣；忌諱不稱，袄辭不出。以仁心說，以
> 學心聽，以公心辨。不動乎眾人之非譽，不治觀者之耳目，不賂貴者
> 之權勢，不利傳辟者之辭，故能處道而不貳，詘（依俞樾校改）而不
> 奪，利而不流，貴公正而賤鄙爭，是士君子之辯說也。（正名篇）

> 談說之術，矜莊以蒞之，端誠以處之，堅彊以持之，譬稱以喻之，
> 分別以明之，欣驩芬薌以送之，寶之、珍之，貴之，神之。如是則
> 說常無不受，雖不說（悅）人，人莫不貴，夫是之謂爲能貴其所貴。
> （非相篇）

這兩段文字均指出辨說者所應持的積極態度。其中最重要的是「以仁心說」、
「以學心聽」、「以公心辨」，不懼任何權貴，以眞理爲唯一是從的至仁至公態
度。這種態度定是「上勇」者才具有的。荀子說：

> 天下有中，敢直其身，先王有道，敢行其意，上不循於亂世之君，
> 下不俗於亂世之民，仁之所在無貧窮，仁之所亡無富貴，天下知之，
> 則欲與天下共樂之，天下不知之，則傀然獨立天地之間而不畏，是
> 上勇也。（性惡篇）

既以「仁心」、「學心」、「公心」爲辯說的基本態度，必不期以辯說來驕人、
窮人、先人、傷人，他說：

> 兼服天下之心，高上尊貴不以驕人；聰明聖智不以窮人，齊給速通
> 不爭先人；剛毅勇敢不以傷人；不知則問，不能則學，雖能必讓，
> 然後爲德。（非十二子篇）

荀子曾對聖人之辯說態度加以敘述：

> 有兼聽之明，而無奮矜之容；有兼覆之厚，而無伐德之色；說行則
> 天下正，說不行則白道而冥窮，是聖人之辯說也。（正名篇）

總之：辨說的態度，在積極方面，有三個基本原則——「以仁心說，以學心
聽、以公心辨」，其他的施行細則都不過是此三者實際的應用而已。

〔註44〕參見陳大齊，《荀子學說》，頁89。

（二）消極方面

這是指荀子認爲辨說時所不應採取的態度，計有三種：一爲爭，二爲期勝，三爲苟察。

分述如下：

1. 不爭：

> 君子……辯而不爭。（不苟篇）

> 有爭氣者，勿與辯也。（勸學篇）

辨說的目的在於明辨是非，以利治道，並不在於與人爭執。所以對方若有爭氣的情形，就不與之辯說，爲什麼呢？荀子說：

> 故人心譬如槃水……故導之以理，養之以清，物莫之傾，則足以定是非決嫌疑矣。小物引之，則其正外易，其心內傾，則不足以決庶理矣。（解蔽篇）

心境清明，方足以「定是非，決嫌疑」一有湛濁，便「不足以決庶理」。思想如此，辨說亦然。保持清明的心境，頭腦的理智，可以明辨是非；若只是意氣之爭，則與辨說之旨相背馳，而易流於強辯詭辯。荀子又說：

> 辯而不說者，爭也。（榮辱篇）

如果辯論時說不出道理，也只能算是爭。因爲「辨則盡故」（〈正名〉篇），〔註45〕如果不能說出道理，或理由不確切，則無法使人信服，辨說之旨亦無法達成，所以亦在荀子所禁之列。

2. 不期勝：

> 不恤是非，不論曲直，以期勝人爲意，是役夫之知也。……不恤是非然不然之情，以期勝人爲意，是下勇也。（性惡篇）

期勝，就是期待勝利。辨說之旨在於明辨是非，而不是企求辯論場上的表面勝利。荀子將是非與勝負二者區分開，是以期勝之心只是役夫之知、下勇，是不足爲式的。事實上，爭與期勝是相關的。一有期勝之心，勢必出於爭，故必不期勝，始能不爭；一有爭氣，勢必期勝，故亦必不爭，始能不期勝。

3. 不苟察：

> 君君子……說不貴苟察……惟其當之爲貴……山淵平，天地比，齊秦襲……鉤有須，卵有毛，是說之難持者也，而惠施鄧析能之。然

〔註45〕「辨則盡故」與《墨子・小取》篇所說之「以說出故」意義相通。「故」是指原因或理由，「盡故」就是詳盡地說出所以如此的理由。

而君子不貴者，非禮義之中也。（不苟篇）

辨說若不合禮義之中，則流為「苟察」，可見「禮義」是察與苟察評定的標準。荀子又說：

不法先王，不是禮義，而好治怪說，玩琦辭，甚察而不惠，〔註46〕辯而無用，多事而寡功，不可以為治綱紀。（非十二子篇）

故人無師無法……察則必為怪，辯則必為誕。（儒效篇）

「甚察而不惠」可說是「苟察」之註解，雖察卻不順乎禮義，只是無用之辯，不急之察，無利於治道；無師無法的結果，苟察成了怪誕之說。由此，荀子教人要不苟察。

第七節　辨說的種類與等級

在辨說中分為小人、士、君子與聖人四種，其間自有高下之分。荀子說：

君子必辯。小辯不如見端，見端不如見本分。小辯而察，見端而明，本分而理，聖人士君子之分具矣。有小人之辯者，有士君子之辯者，有聖人之辨者。（非相篇）

一、聖人之辨

不先慮，不早謀、發之而當，成文而類，居錯遷徙，應變不窮，是聖人之辨者也。（非相篇）

「聖人之辨」，已達到「從心所欲不踰矩」的至高境地，其言論無須先行預備思慮，一發即當，即中理。這是辯說的最高等級。

二、士君子之辨

先慮之，早謀之，斯須之言而足聽，文而致實，博而黨正，是士君子之辨者也。（非相篇）

「士君子之辯」，雖不比聖人之辯，但經過思慮預備之後的言論仍屬信實博正。

三、小人之辨

聽其言則辭辯而無統，用其身則多詐而無功，上不足以順明王，下不足以和齊百姓；然而口舌之均，足以為奇偉偃卻之屬；夫是之謂

〔註46〕楊倞釋「惠」為「順」；王念孫曰：「惠當為急字之誤也」。

　　姦人之雄。（非相篇）

「小人之辨」，只是在逞口舌之快，對於治道毫無助益，只不過是「姦言」、「姦說」、「怪說」、「奇辭」而已。如惠施、鄧析者流均屬之。荀子說：

　　不卹是非然不然之情，以相薦撙，以相恥作，君子不若惠施鄧析。（儒效篇）

「小人之辨」是辨說中最低級的，也是辨說中應當對治的「姦道」。

第五章 結 論

　　透過以上各章對於荀子的知識論及方法學的敘說，目的在於證明其在荀子學中的樞要性，進而重新結構荀學的思想體系。

　　就荀子本身而言，他無意於構作一套有系統、極嚴密的知識論及方法學，二者的實質意義在於為人類道德之實踐提供一理論基礎。因此，本文的討論絕不是荀子學說的終點，而是起點。然而，筆者深信，起點的穩固絕對有助於終點之達成，所以，荀子的知識論與方法學自有其基本的價值與意義。

　　荀子學說首先以「人之性惡，其善者偽也」（〈性惡〉篇）為出發點。何謂「性偽之分」？曰：「不可學，不可事，而在人者，謂之性；可學而能，可事而成，之在人者，謂之偽；是性偽之分也。」（〈性惡〉篇）從荀子之以「惡」稱性、以「善」名偽可知，道德實踐之基礎定非來自人天生自然之「性」，而另有所據，即「可以知仁義法正之質，可以能仁義法正之具」（〈性惡〉篇）的「心」。「可以知之質」乃就認知而言，「可以能之具」則就實踐而言，可見荀子言心不單就認知上著眼（認識心），也從實行方面考察（自主心）；除此亦可見荀子言「化性起偽」的道德實踐時，必與心之認知相關，「知」、「行」並重，於是成了他的思想特色之一。〈解蔽〉篇中也說：「故治之要在於知道」，「心知道然後可道，可道然後能守道以禁非道。」可見荀子強調「心知道」是道德實踐上的基礎，而「心知道」屬於知識論的範疇，為此，知識論在《荀子學說》中自是極為重要的。

　　至於荀子的方法學 ──「正名」與「辨說」，除了作為知識論上的方法學外，也同是荀子為了達成治道理想的手段。正名與辨說均是為了對治邪說姦言而生；〈正名〉乃是欲將「名」與「實」建立一合理固定的關係，於是有「破

除三惑」，亦有「制名三要」；辨說則欲宣揚「先王之道」及「禮義之統」，駁斥「姦說」、「姦言」，於是在態度上有消極、亦有積極的一面。整個方法學均朝向政治倫理的目的，據此可知，方法學在荀子道德哲學上亦有其特殊的意義。

　　雖然從現今的系統知識論與方法學角度看荀子的知識論與方法學，確有過於素樸與不足之嫌，或自先秦哲學而言，荀子的知識論成就也未必超過《墨經》；只有「正名」說及「辨說」思想稍有獨到之見。但若就其學說本身而言，知識論與方法學確為其道德實踐理論樹立了一個堅實的基礎。

參考書目

一、中文主要參考書籍

1. 清·王先謙撰,《荀子集解》,臺北:世界書局,民國 44 年 11 月台一版。
2. 李滌生,《荀子集釋》,臺北:學生書局,民國 70 年 10 月修訂再版。
3. 梁啓雄著,《荀子簡釋》,臺北:華正書局,69 年 8 月初版。
4. 熊公哲註譯,《荀子今註今譯》,臺北:商務印書館,民國 64 年初版。
5. 日本·久保愛,《荀子增注》,收於嚴靈峰編,《無求備齋荀子集成》,民國 66 年初版,臺北:成文出版社。
6. 日本·豬飼彥博,《荀子增注補遺》,收於嚴靈峰編,《無求備齋荀子集成》,臺北:成文出版社,民國 66 年初版。
7. 著者不詳,《荀子新注》,臺北:里仁書局,民國 72 年 11 月初版。
8. 劉念親,《荀子正名篇詁釋》,收於嚴靈峰編,《無求備齋荀子集成》,臺北:成文出版社,民國 66 年初版。
9. 《荀子引得》,哈佛燕京學社特刊,民國 55 年台北版。
10. 漢·司馬遷撰,南朝宋·裴駰集解,唐·司馬貞《索隱》,唐·張守節《正義》,《史記》,臺北:鼎文書局,民國 70 年 8 月四版。
11. 清·汪中,《述學補遺》,臺北:中華書局,民國 54 年 11 月台一版。
12. 漢·班固撰,唐·顏師古注,《漢書》,臺北:明倫出版社,民國 61 年 3 月初版。
13. 宋·朱熹集註,蔣伯潛廣解,《論語》,臺北:啓明書局。
14. 宋·朱熹集註,蔣伯潛廣解,《孟子》,臺北:啓明書局。
15. 清·魏源,《老子本義》,臺北:世界書局,民國 64 年 4 月四版。
16. 錢穆,《莊子纂箋》,臺北:三民書局,民國 70 年 3 月台三版。
17. 清·孫詒讓,《墨子閒詁》,臺北:商務印書館,民國 64 年台二版。
18. 徐復觀,《公孫龍子講疏》,臺中·東海大學,民國 55 年初版。
19. 漢·鄭玄注,《周禮》,臺北:商務印書館。

20. 漢・許慎撰，宋・徐鉉等補注，《說文解字》，臺北：商務印書館，四部叢刊經部。

21. 唐鉞著，《尹文和尹文子》。

22. 楊筠如，《荀子研究》，臺北：商務印書館，民國 54 年 2 月台一版。

23. 劉子靜，《荀子哲學綱要》，臺北：商務印書館，民國 69 年 12 月台三版。

24. 陳大齊，《荀子學說》，臺北：華岡出版部，民國 60 年 3 月再版。

25. 楊大膺，《荀子學說研究》，收於嚴靈峰編，《無求備齋荀子集成》，臺北：成文出版社，民國 66 年初版。

26. 熊公哲，《荀卿學案》，臺北：商務印書館，民國 69 年 6 月台三版。

27. 韋政通，《荀子與古代哲學》，臺北：商務印書館，民國 74 年 10 月八版。

28. 林麗真，《中國歷代思想家》—六荀子》，臺北：商務印書館，民國 71 年 6 月三版。

29. 牟宗三，《名家與荀子》，臺北：學生書局，民國 68 年 3 月初版。

30. 鮑國順，《荀子學說》析論》，臺北：華正書局，民國 73 年 8 月修訂版。

31. 牟宗三，《才性與玄理》，臺北：學生書局，民國 64 年台再版。

32. 吳康，《孔孟荀哲學》，臺北：商務印書館，民國 60 年 7 月初版。

33. 蔡仁厚，《孔孟荀哲學》，臺北：學生書局，民國 73 年 12 月初版。

34. 胡適，《中國哲學史大綱》，臺北：里仁書局，民國 71 年 8 月。

35. 羅光，《中國哲學史思想史》，臺北：學生書局，民國 71 年 11 月增訂重版。

36. 馮友蘭，《中國哲學史》，香港：文蘭圖書公司，民國 56 年出版。

37. 勞思光，《中國哲學史》，香港：中文大學崇基學院，民國 69 年 11 月三版。

38. 周子同，《中國哲學概論》，臺北：源成文化圖書供應社，民國 66 年 12 月初版。

39. 徐復觀，《中國思想史論集續編》，臺北：時報出版公司，民國 71 年 3 月初版。

40. 徐復觀，《中國人性論史》，臺北：臺灣商務印書館，民國 71 年 7 月六版。

41. 唐君毅，《中國哲學原論・導論篇》，臺北：學生書局，民國 63 年 7 月修訂再版。

42. 唐君毅，《中國哲學原論・原道篇》，臺北：學生書局，民國 63 年 7 月修訂再版。

43. 唐君毅，《中國哲學原論・原性篇》，臺北：學生書局，民國 67 年三版。

44. 吳康，《宋明理學》，臺北：華國出版社，民國 62 年 6 月增訂三版。

45. 李杜，《中西哲學思想中的天道與上帝》，臺北：聯經出版事業公司，民國 69 年 7 月第二次印行。

46. 余書麟，《先秦教育思想》，臺北：華岡出版部，民國 56 年 10 月新一版。

47. 趙玲玲，《先秦儒道兩家形上思想的研究》，臺北：嘉新水泥公司文化基金會，民國 66 年 6 月初版。

48. 唐端正，《先秦諸子論叢續編》，臺北：東大圖書公司，民國 72 年 4 月初版。

49. 柴熙，《哲學邏輯》，臺北：商務印書館，民國 69 年 8 月修訂四版。

50. 柴熙，《認識論》，臺北：商務印書館，民國 69 年 6 月台四版。

51. 張振東，《中西知識學比較研究》，臺北：中華文化復興運動推行委員會主編，中央文物供應社發行，民國 72 年 2 月出版。

52. 汪斯丹博根著，李貴良譯，《知識與方法之批判》，臺北：商務印書館，民國 67 年 4 月五版。

53. 梁啓超，《飲冰室文集》，臺北：永新書局，民國 64 年 5 月新一版。

54. 《大辭典》，臺北：三民書局，民國 74 年 8 月初版。

二、中文主要參考論文

1. 張亨，〈荀子對人的認知及其問題〉，收於臺大《文史哲學報》第二十期，民國 60 年 6 月。

2. 龍宇純，〈荀子正名篇重要語言理論闡述〉，收於臺大《文史哲學報》第十八期，民國 58 年 5 月。

3. 薛保綸，〈荀子的心學〉，收於《哲學與文化》月刊第五卷第五、六期，民國 67 年 5、6 月。

4. 周虎林，〈荀子學術淵源及其流行〉，師大國文研究所集刊第八期，民國 53 年 6 月。

5. 何淑靜，《論荀子是否以「心」為「性」之問題》，收於《中國文化月刊》第四一期、四二期，民國 72 年 3、4 月。

三、英文主要參考書籍

1. Cua, Antonio S., *Ethical Argumentation: A Study in Hsün Tzu's Moral Epistemology*. Honolulu: University of Hawaii Press, 1995.

2. James, William, *The Principles of Psycholog*. Dover Press, 1950.